蘭香十里
乙酉秋節
中菴

四時淸陰
乙酉秋夕節
中菴

지방자치행정 논고

| 지방의 경영화 · 세계화를 위한 제언 |

장병구 저

序文

지방행정과 함께 해 온 지난 40여 년을 이제 돌이켜 보면 어려웠던 시기에 당면한 문제를 해결하기 위해 고심했던 과제들이 다시금 떠오르게 됩니다.

물론 당시와 지금은 너무나 환경이 급변해 있지만 '주민의 참여에 의한 주민을 위한 행정' 이어야 한다는 지방행정의 기조는 달라진 것이 없을 것입니다.

1950년대의 혼란스러웠던 시기에서부터 1960년대 이후의 중앙 집권적인 시대를 거처 1991년 이후 지방자치의 부활을 맞은 시기에 이르기까지 이 분야에서 직접 봉사를 하거나 이를 지원해온 입장에서 볼 때 지방행정의 현실은 늘 부족하고 미흡하여 그때마다 바람직한 개혁의 대상이 되기도 하였습니다.

1980년대의 정황에서만 보더라도 행정 개혁은 이미 상당한 범위에서 이루어지고 있었고 특히 이후에는 경영화의 도입과 나아가 세계화로의 진전이 강조되고 있었던 것입니다.

지금은 지방분권이 본격화되고 있는 시점이기는 하나 지방행정에 대한 민주적 통제나 행정 본연의 생산성과 효율성이 아직도 염려가 되고 있으며 따라서 이러한 시기일수록 지난 날의 자료들에서 얻을 수 있는 것도 있지 않을까 생각됩니다.

이에 본 서에서는 우선 당시의 시책으로 제기되었던 과제들과 관련되는 논단과 칼럼들을 수집하여 제1부에 분야별로 제시하였으며, 최근 인터넷의 보급에 따라 자치정보센터 홈페이지(www. jachi.co.kr)를 통해 이루어진 자치행정관련 주요 상담 항목을 제2부로 엮어 보았습니다.

그리고 지방행정에서의 경영화의 중요성을 감안하여 지방에서 한 주제의 강연을 요약하고 제주도에의 관심을 살필 수 있는 대담 등을 제 3부로 담아 보았으며, 지방행정의 현장에서, 관련 단체의 설립과 운영에서 그리고 강의 연구 등으로 이어지는 생활 기록을 간략히 정리하여 생애역정으로 하여 부록으로 첨부하였습니다.

아울러 이 책의 내용은 주제를 중심으로 체계있게 집필된 것이 아니고 당시의 과제들에 대한 생각과 경험에 관련된 글들을 모아 정리한 것이란 점을 이해해 주기를 바랍니다.

아무쪼록 오랫동안 소망해 온 지방자치행정의 발전에 다소나마 도움이 되기를 바라면서 발간에 이르기까지 협조를 아끼지 않으신 여러분에게 깊은 감사의 말씀을 드립니다.

2006. 3.

저자 씀

목차

목차

I 한국의 지방자치

제1장 지방자치행정

주민참여자치의 발전

1. 분권개혁의 추진

참여정부가 출범한 이래 우리나라의 지방자치는 새로운 개혁의 전기를 맞이하고 있다. 지방분권 로드 맵이 발표된 데 이어(2003. 7.) 지방분권특별법이 제정시행되고 (2004. 1.)지방분권을 향한 개혁 조치들이 크게 진전되고 있음을 볼 수 있다.

지방분권특별법에 따른 후속조치로 중앙권한의 지방이양을 위한 일괄이양법이 추진되고 있으며 지방교육자치제의 보강과 지방자치경찰제도 도입이 준비되고 있기도 하다.

오랫동안 미루어져 왔던 주민투표법도 2004년 7월부터 시행되기에 이르렀다. 지방분권의 뒷받침을 보다 확실히 하기 위한 재정분권 또한 어느 때보다 활발히 추진됨으로써 지방으로의 재원 이전이 점차 확충되어 가고 있다. 지방양여금의 폐지에 수반된 것이긴 하나 지방교부세율이 상향조정되고 국고보조의 정리와 더불어 추가적인 교부율의 인상도 추진되고 있어 지방에서의 재원의 자율의 폭이 넓어지게 되었다. 지방자치단체로의 권한과 재원의 이양을 주로 한 이러한 분권개혁 조치들은 지방자치의 기반으로 주민 생활의 편의와 지역균형발전에도 크게 기여할 수 있을 것이다.

그런데 이러한 분권기반의 제도적 정비에 상응한 주민자율 역량의 제고는 기대만큼 이루어지지 못하고 있는 것으로 보여진다.

지방분권특별법에서도 지방의회의 활성화와 주민 직접 참여의 확대를 규정하고 있고(동법 제13조 제14조)실제 관련제도도 갖추어가고 있으나 주민이 지방조직의 구성이나 사무처리에서의 자율적인 참여는 활발하지 못하며 주민의 자치의식은 아직도 크게 성숙되지 못하고 있는 것으로 보여지기도 한다.

지방자치는 주민이 자치단체를 구성하고 자치단체가 고유의 권한을 가지고 관련된 시책을 주민의 참여하에 자율적으로 결정해 나가는 시스템이라 할 수 있다.

이런 의미에서 당면하여 추진하고 있는 분권개혁이 주민자치 운영에 보다 비중을 두고 자율성 확대로 접근해 나갈 때 우리나라의 지방자치는 더욱 발전될 수 있을 것으로 생각된다. 이제 우리나라에서 지방자치의 한 축으로서의 주민참여 자치의 의의와 실태를 살펴보고 '주민의 자율적인 결정' 이란 지방자치의 본래의 모습을 갖추어 나가기 위한 과제들을 살펴보고자 한다[1].

2. 주민참여 자치의 의의

지방자치에서 주민은 자치단체의 구성원이며 참정권이나 수익권을 가지고 경비를 분담하는 주체이다. 자치운영에서 주민의 참여는 이러한 의미에서 당연하고도 불가결한 요소라 할 수 있다. 흔히 지방자치는 단체자치와 주민자치로 설명되고 있다.

단체자치에서는 중앙으로부터 독자적인 권한의 획보가 중요하며 중앙

1) 여기서 주민참여란 제도적 절차에 따른 공식적인 참여와 비공식적인 참여경로를 포함한 광의의 의미로 본다.

과 지방정부간의 관계가 주안인데 비해 주민자치에서는 지방정부와 주민간의 관계가 주안이 되고 서비스의 내용과 더불어 참여기회의 보장이 중요 과제가 된다. 이는 지방자치의 연혁에서도 충분히 설명될 수 있다. 제대로 된 자치운영을 위해서는 단체자치의 요소로서의 지방분권과 주민자치 요소로서의 주민자율이 함께 실현될 수 있어야 한다는 것이다.

이러한 주민자율에 의한 정책결정에서는 주민의 참여와 주민의사의 반영이 핵심이라 할 수 있다. 지방분권이 확대된다해도 주민의 자율참여가 충분히 보장되지 않는다면 지방분권은 그 의미를 상실할 것이기 때문이다. 따라서 분권개혁에는 지방으로의 권한이양 못지 않게 주민의 자율 역량 강화를 통한 참여 확대에 관심과 비중이 두어져야할 이유가 있는 것이다. 우리나라에서는 1960년대 이후 주민자치는 정지되고 단체자치로만 운영되어온 오랜 경험이 있어 주민자치의 요소는 상대적으로 경시되어 왔으며 이는 결국 자치의식의 성숙을 저해하는 요인이 된 것으로 보여진다.

더구나 비교적 규모가 큰 자치단체에서는 주민의 자율의식의 함양이 그만큼 어려울 수도 있는 것으로 보아야 할 것이다. 따라서 지방분권개혁은 자치단체의 권한확대 못지 않게 주민자치 요소의 강화에 관심이 두어져야 할 것이다.

이러한 주민자치의 실현에는 주민참여의 다양한 형태와 공식, 비공식 경로가 있게 된다. 공식적인 참여로서는 우선 지방선거에 의한 참여(간접참여)와 조례의 개폐나 감사청구 등 주민직접 청구와 주민투표 등(직접참여)이 있다.

그리고 비공식 경로로서는 각종 심의회 등에의 참여와 개별시책에의 참여로 영향력을 발휘할 수도 있는 것이다.

이와 관련 읍 · 면 · 동 단위에서 운영되고 있는 주민자치센터도 주민자치 발전을 위한 중요한 터전이 될 수 있으며 주민자치라는 관점에서 추진 사업을 재조명해 볼 수 있을 것이다.

3. 참여자치의 실태

1) 주민의 간접참여-지방선거

자치단체의 의결이나 집행기관으로서 지방의원이나 단체장은 주민이 직접 선출하게 되며 따라서 선거는 주민으로서의 기본적인 권리이자 책무라 할 수 있다. 선출된 단체장이나 의원들은 주민의 대표로서 대의기능을 충실히 수행하게 될 것이나 이때도 그 역할은 권한의 범위에 따라 달라질 것이다. 이런 의미에서 지방의원의 역할증대는 참여자치의 의의를 더욱 높이게 될 것이며 따라서 지방의회의 활성화는 주민참여 자치의 핵심과제라 할 수 있겠다.

그런데 최근 들어 지방선거에서의 주민의 참여율은 점차 낮아지고 있으며 이는 근원적으로 자치행정에 대한 관심의 부족을 보여 주는 것이라 할 것이다[2]. 이러한 추세에서는 지방자치가 지역의 자율과 활력을 살려나갈 수 있는 역할은 위축될 수밖에 없을 것이며 따라서 지방의회의 기능을 높이고 이에 대한 주민의 이해와 참여의지를 고취시켜나가기 위한 방안들이 마련되어야 할 것이다.

2) 1995년 6월 동시선거에서의 투표율은 68.4%였으나 2002년 6월 동시선거에서는 48.8%로 낮아지고 있으며 2004년 10월 보선에서의 투표율은 28.5%에 불과하였다. 이에 비해 2004년 4.15 총선에서의 평균 투표율은 60.6%에 이르고 있다.

2) 주민의 직접참여- 직접청구/주민투표 등

현대의 지방자치에서는 간접민주주의인 대의제를 보완하는 수단으로 주민의 직접참여의 방법이 늘어나고 있다. 이는 종래 단체자치 중심에서는 볼 수 없던 일이며 주민자치 발전의 징표로 이해되기도 한다. 물론 이러한 현상이 직접민주제가 대의제에 비해 반드시 우수하기 때문인 것은 아니다. 대의제는 주민의 대표제로서 가치뿐 아니라 현대사회와 같은 복잡한 행정환경에서는 전문가로서의 판단을 가능케 하는 장점을 가지는 것이기도 하다. 따라서 직접민주제의 확대는 대의제를 대체하려는 것이 아니라 보완하는데 의미가 있다고 보아야 할 것이다. 우리나라에서도 주민자치의 일환으로 2000년 3월 주민감사청구와 조례의 개폐청구가 도입되었고 주민투표제는 2004년 7월부터 시행되고 주민소송제도 2006년 시행될 수 있게 되었다. 또한 자치단체의 개별시책의 추진에서도 기획, 입안단계에서부터 주민의 참여가 늘어나고 있음을 볼 수 있다. 중앙과 지방 모두 각종 입법예고가 추진되고 정보공개 사안의 확대가 두드러지고 있다. 그러나 이러한 제도의 정비에도 불구하고 운영의 실태는 활발하지 못한 편이라 할 것이다.

■ **조례개폐청구, 감사청구**

자치입법으로서의 조례는 지방의회의 의결로 제정되며 그 제안은 단체장이나 일정 수 의원의 연서로 이루어진다. 조례의 제정은 종래 지방의회의 고유권한이라 할 수 있으며 주민이 직접 관여할 사항은 아니었다. 그러나 조례개폐청구제의 도입으로 주민의 일정 수 이상이 요구하는 조례 제정안은 반드시 의회에 제안되어야 한다.

외국의 경우 주민발안이 주민투표로 바로 입법화되는 예도 있으나 우리나라에서는 지방의회의 의결을 필요로 한 것이다. 그러나 이러한 취지에도 불구하고 조례의 제정 청구는 많지 않은 실정이다[3]. 이는 조례제정의 범위가 제한되어 있기 때문이기도 하겠으나 조례제안 절차에서 일정 수 이상 선거권자의 연서를 요구하는데 따른 부담(20세 이상 주민 총수의 1/20 범위 내에서 시행령으로 정한 인원수 – 최소 370～최대 14만인) 때문이기도 할 것이다(2006년 1월 지방자치법 개정으로 시 · 도는 19세 이상 주민의 1/100 이상 1/70 이하, 시 · 군은 1/50 이상 1/20 이하 범위에서 조례로 정하도록 조정되었음). 그러나 한편 지방자치에서 주민의 역할에 대한 이해와 참여의지의 부족에도 기인된다고 할 것이다.

한편 자치단체의 사무처리가 위법 부당하다고 인정되는 경우, 20세 이상 주민 총수의 1/50 범위 내에서(2005년 법 개정시 시 · 도는 500, 시 · 군 · 구는200명을 초과하지 않는 범위로 조정됨) 조례로 정하는 수의 연서를 얻은 주민은 감독관서에 감사를 요구할 수 있다. 이와 관련하여 연서자 수의 과다와 감사기구의 전문성이 문제로 제기되어 왔다.

■ **주민투표제의 도입**

지방주민에게 과도한 부담을 주거나 중대한 영향을 미치는 자치단체의 중요 정책 사항을 조례로 정하는 사항에 대해 주민의 의사를 직접 확인하는 주민투표제는 참여자치의 주요한 수단이라 할 수 있다. 이러한 주민투표제는 1994년 지방자치법 개정에서 도입이 규정되었으나 그동안 절차규정이 마련되지 않아 계속 미루어져오다 2003년 12월 주민투표법의 제정으로 시행을 보기에 이른 것이다. 그러나 제도 도입에도 불구하고 획일성과 경직성으로 소기의 성과를 가져올 수 있을지 염려가 되기도 한다.

3) 2002년까지의 청구건수는 18건이었으며, 2003년에는 49건이었으나 의결은 2건에 불과하였고 제안된 대부분의 조례도 학교급식과 관련된 조례였다. 2004년에는 일부 광역단체에서 공직자소환조례가 청구되어 의결되기도 하였으나 관련법의 미비로 제소가 되기도 했다.

예컨대 자치단체의 구역 개편관련 사항은 중앙행정기관이 요구할 수 있는 국가정책에 관한 투표 사항으로 하여 주민투표 조례에서 지방자체의 투표대상에서 제외되고 있으며 지방에서는 주민의 선호에 따른 자문적인 투표의 실시마저 고려되지 않고 있다는 점에서 주민투표의 적극적인 활용은 쉽지 않을 것으로 보여진다. 이는 투표발안 절차로 주민이 청구하는 경우 일정수의 투표권자의 연서를 필요로 한다는 점에서도 짐작이 되기도 한다. 결국 주민소환이나 의회해산과 같은 제도의 도입이 되지 않는 한 주민투표의 기회는 그리 많지 않을 것으로 보여진다.

선출직에 대한 주민소환제는 미치는 영향으로 보아 쉽게 도입되기 어려울 것이나 주민자치의 성숙한 단계로의 진입을 위해서는 결국 도입되어야만 할 것이다. 이때 남용이 없도록 견제장치는 물론 두어야 할 것이다.

참고로 일본에서의 주민투표 운영상황을 보면 자치단체 합병과 관련된 구역개편이 대부분을 차지하고 있는 것이다[4]. 또한 일본에서는 주민투표 실시가 관련법 제정의 미비로 개별 자치단체의 조례제정이 있어야만 가능하며 따라서 지방의회에서 주민투표 조례제정 안이 부결되는 경우가 적지 않음에도 불구하고 주민의 제안과 의회의 의결이 조화되면서 자치의식 함양에 기여하는 것으로 평가되고 있는 것이다. 또한 주민투표가 주민소환제나 의회해산청구와 연계됨으로써 주민자치에 활력소로 작용하고 있음을 보게 된다.

■ **주민소송제 도입**

자치단체의 재무회계상의 위법행위에 대하여 주민이 납세자의 입장에서 단체장을 상대로 소송을 제기할 수 있는 주민소송제가 2006년부터 도

4) 朝日新聞 조사에 의하면 2004년중 10월까지 주민투표 실시 건수는 자치단체 합병과 관련되어 171건이었으며 같은 기간 중 172건의 주민투표청구는 의회에서 부결된 바 있다.

입됨으로써 주민의 참여에 의한 주민자치가 더욱 활성화될 전망이다. 이러한 소송으로 지방행정이 위축되거나 안일에 흐를 염려도 없지 않으나 주민 감사청구를 미리 거치게 함으로써 무절제한 행사는 견제될 수도 있을 것이다.

주민소송제는 경우에 따라 금전상의 배상을 내용으로 하는 판결로 귀결됨으로써 낭비적 지출의 배제와 납세가치의 실현에 크게 기여할 것으로 보인다.

3) 주민자치센터 운영

읍 · 면 · 동 단위에서 운영되고 있는 주민자치센터는 조례에 의거 주민자치 의식의 함양과 지역단위 생활서비스를 내용으로 운영되고 있는 일종의 커뮤니티 센터라 할 수 있다. 기초단체의 하부행정조직으로 되어있는 읍 · 면 · 동의 계층을 간소화하는 대안으로 출발한 센터는 당초부터 문화, 체육 활동의 장(場)으로 주로 역할을 해왔으며 주민의 자치조직으로서 주민의 자율적인 권한 행사나 자치의식의 형성과는 거리가 있는 것이었다. 주민자치센터에 설치되고 있는 자치위원회 등이 다소나마 대표성을 가지면서 문화생활 프로그램의 운영보다는 자치사무에 대해 역할을 하게 되는 주민자치 조직으로의 개편이 검토되어 나가야 할 것이다.

4) 개별시책 사업에의 참여

주민자치가 강조됨에 따라 주민이 자치단체의 특정사업의 기획, 추진, 평가에 직접 참여하여 의사를 반영할 수 있게 하는 경우가 점점 늘어나고 있다. 이때 참여하는 주민의 대표는 공모에 의거 선정되는 경우가 원칙이 되고 있다. 그리고 이들의 참여는 사업의 기획단계에서부터 참여할 수 있게 되며 이 경우 사업분야의 정보도 공유할 수 있게 된다. 이 경우 지역에서의 시민단체 대표가 참여하는 경우가 적지 않으며 이로 인해 때로는 편향성이 논란이 되기도 한다. 이러한 행정에의 주민참여는 거버넌스의 입장에서 보더라도 행정과 민간이 협동하는 모델로 발전될 수 있을 것이다.

4. 참여자치의 발전

우리나라에서의 지방자치는 여러 차례의 관련법 개정으로 단체자치의 측면에서 제도적 기반을 갖추어 가고 있으며 1995년 단체장과 지방의회의 동시선거를 계기로 주민자치 또한 크게 진전을 보이고 있다. 그러나 아직도 지방분권은 미흡하고 주민자치의 실제적인 운영은 미숙한 상태라 할 수 있을 것이다.

이제 지방분권특별법 시대를 맞아 지방분권의 진전에 상응한 자율역량의 증대로 주민참여자치가 더욱 성숙될 수 있도록 참여의 방식을 충실히 보완해 나가야 할 것이다.

이를 위한 몇 가지 과제를 정리해 본다면,

1) 지방의회 운영의 활성화

우선 지방선거에 주민의 참여율을 높일 수 있게 하며 이를 위해 선거에서의 자치단체 홍보와 관심을 제고해나가되 중앙정치의 연장으로서의 지방선거 모습을 벗어나도록 할 것이다. 지방선거관리도 자치사무영역으로 하여 참여를 위한 다양한 유인책을 강구할 수 있게 할 것이다.

그러나 이를 명분으로 의원의 처우개선 등이 현안이 되는 것은 바람직하지 않을 것이다.

또한 분권개혁을 통해 확대되고 있는 지방의회의 역할에 대하여 주민의 이해가 높아지도록 의회활동의 홍보와 주민참여의 기회도 더욱 넓혀 나가야 할 것이다.

이러한 의미에서는 2004년도에 주로 수도권 기초단체가 대상이긴 하였으나 재산세 감면 조례의 제정으로 주민부담을 경감케 한 활동 사례는 평가할 만한 것이었다고 할 것이다.

2) 직접민주제의 적절한 활용

주민참여자치의 활성화의 기본은 주민에 의한, 주민을 위한 자치이며 이를 가장 실효성 있게 보장할 수 있는 방안이 조례의 제안이나 주민감사청구와 주민투표제 등이라 할 수 있을 것이다. 자치선진국에서도 대의제의 보완으로서 이러한 직접민주제가 광범위하게 적용되고 있음을 볼 수 있다. 따라서 현재 운영중인 이러한 제도가 본래의 취지대로 운영될 수 있도록 청구요건의 간소화와 주민의 활용 능력을 높혀 나가야 할 것이다.

이를 위해서는 자치행정에 대한 주민의 참여와 연수기회가 확대되어 나가야 할 것이며 읍 · 면 · 동 단위에서 운용되고 있는 주민자치센터 등도 자치의식의 함양을 통해 주민참여의 활성화에 기여할 수 있어야 할 것이다.

주민감사의 청구에는 이미 청구요건의 간소화가 추진된바 있으며 종래 투표권자의 1/50의 범위 내서 조례로 정하는 인원의 서명이 필요하였으나 자치단체 유형에 따라 19세 이상 주민 200명(시군구)~500명(시도)을 초과하지 않는 범위 내에서 조례로 정하는 인원만 필요하도록 관련법의 개정이 이루어진 것이다. 한편 지방감사조직도 전문성과 독자성이 향상될 수 있도록 개편이 검토되어야 할 것이다.

주민투표도 대상이나 절차의 경직성을 완화하고 좀더 다양한 분야에서

투표가 활용될 수 있게 할 것이며, 이를 위해 투표관리도 지방으로 이양함이 바람직할 것이다.

주민소환 등의 주민참여 장치도 분권개혁의 일환으로 함께 추진됨으로써 주민의 자율 운영체계에 상응하는 효과를 거둘 수 있게 할 것이다. 이러한 직접민주제 요소는 체험을 통해 주민의 자치의식 함양에 기여할 수 있을 것이다. 주민이 자치행정의 의사결정에 참여하지 않고서는 자치의식은 결코 함양될 수 없을 것이기 때문이다.

3) 사업추진과 재정운영에의 참여

사업선정의 타당성이나 집행에서의 효율성을 담보할 수 있는 방안으로서의 주민참여는 바람직한 것이나 참여 절차의 투명성이나 공정성이 관건이라 할 것이다. 이를 위해서는 참여대상을 공모제에 의거 선정하는 절차와 규정이 마련되어야할 것이며 운용재원이 지원되더라도 자율 운영의 기조를 벗어나지 않아야 할 것이다. 그밖에 주민의 의사에 따른 예산 편성이나 특정세원 등의 일부 용도를 지정하는 방안도 직접민주제의 일환으로 검토될 수 있을 것이다[5]. 그리고 이러한 조치들은 개별 자치단체에서의 실험을 거처 점차 보급되는 것이 바람직할 것이다. 사업추진에서의 이러한 주민참여는 전문성에 대한 검토와 아울러 주민 만족도에 대한 사전판단을 구한다는 점에서 중요한 의미를 가진다고 할 것이다.

✲ 〈자치의정〉 2005. 1 · 2

5) 일본 埼玉현 志木시에서는 개인주민세의 1%를 주민의견 조사에 따라 용도를 지정, 배분하는 방안이 마련되고 있다(www.asahi.com, 2004. 9 22.).

건국 이후 지방행정 50년

대한민국 정부가 수립된 지 50년이 되는 해를 맞이하였다. 일제의 식민통치에서 벗어나 광복을 맞이한 때가 1945년 8월이었으며 그로부터 3년이 지난 1948. 8. 15. 대한민국 정부는 민주공화정으로 역사적인 출범을 하기에 이른 것이다.

우리는 오랜 기간 왕조시대의 역사를 거쳐왔을 뿐 국민이 주인이 되는 민주정체는 이때 비로소 경험하게 된 것이다. 이 때로부터 국정의 지방적 수행을 담당해온 지방행정은 국민에의 봉사를 기본이념으로 그 소임을 다해 왔다고 하겠다.

한편 대한민국 건국이후 50년의 역정은 순탄치만은 않았던 것으로 우리 모두는 잘 알고 있다. 건국초기에 엄청난 6. 25의 전란을 겪었는가 하면 4. 19 와 5. 16, 5. 17과 6. 29 등 정치적 격변기가 이어졌으며 그때마다 혼돈과 이의 극복과정은 지방행정에도 적지 않는 영향을 주어왔다

그러나 이러한 역경을 거치면서도 대한민국은 성장과 번영의 가도를 달려 왔다. IMF 체제로 어려움을 겪기도 하였지만 그간 펼쳐온 슬기와 용기로 다시 한번 뛰어 나선다면 능히 오늘의 난국을 극복할 수 있으리라 본다.

50년이란 결코 짧지 않는 기간동안 지방행정이 걸어온 발자취는 〈지방행정 50년〉사로도 엮어지겠지만 그간의 변화는 실로 엄청나게 느껴진다.

지방행정환경이나 방식에서 보더라도 종서(縱書)에서 횡서(橫書)기안으로, 주산에서 전자계산으로, 차트에서 워드문안으로, 개별방문민원에서

One-stop 민원처리 등으로 이루 헤아릴 수 없는 변화를 보여왔다.

무엇보다 '주민을 계도하던 시대'에서 '주민이 주도하는 시대'로의 변화는 큰 의미를 지닌다고 하겠다. 더욱이 이 기간에 지방행정에 직접 참여해 온 분들로서는 자랑스러웠던 일, 아쉬웠던 점들이 동시에 회상되지 않을 수 없을 것이다.

지난날의 피폐하던 도시와 농촌이 오늘날 규모있는 생산과 생활의 터전으로 바뀌었으며 교통과 통신의 발전이 가져온 국토모습의 변화는 보람을 느끼게 하고 있기도 하다.

새마을운동이나 시민의식개혁운동으로 새로운 도약을 위한 터전을 꾸준히 마련해오기도 하였으며 민주적인 지방행정을 구현하기 위한 지방자치제도를 도입 · 운영하게 된 것도 자랑스러운 일로 여겨진다.

그러나 한편 졸속행정, 전시행정이란 용어들이 의미하듯 시행착오나 낭비적인 시책수행도 적지 않았음을 솔직히 인정하지 않을 수 없으며 무엇보다 행정의 투명성이나 책임성이 미진하였음이 아쉽게 느껴진다.

따라서 건국 50년을 맞는 시점에서 지방행정인은 겸허한 마음으로 지나온 일들을 성찰함과 아울러 주민에의 봉사자로서의 다짐을 새롭게 해야할 것으로 생각된다.

그 동안 지방행정의 발전된 모습에 경축을 함께 하며 다가올 21세기에의 대비를 보다 철저히 하는 것이 진정한 건국의 의의를 살리는 길이 될 것이다.

산업화시대, 지방화시대를 거치면서 못다한 노력을 이제 정보화시대를 맞아 우리가 앞서 해 나간다면 건국 100년에서의 지방행정을 우리는 보다 밝은 모습으로 맞이할 수 있게 될 것이다.

✽ 〈지방행정〉 1998. 8.

1950년대 지방자치를 되돌아본다
– 중앙과 지방관계

1. 지방자치제도의 도입 배경

1948년 8월 대한민국 정부수립 이후 헌정체제를 갖춤에 있어 주요 관심의 하나는 지방행정의 정비와 민주적 개편이었다. 군정기간을 거치면서 지방제도는 일부 조정이 있었으나 시대요청에 부응한 제도의 정비가 절실했던 것이다. 그러나 이러한 제도의 정비에는 충분한 시간적 여유가 주어질 수 없었다.

특히 지방자치제도의 도입은 법 제정 과정에서 볼 수 있듯이 정부의 신중한 자세에 비해 국회에서의 서두름이 상당한 마찰을 일으키기도 했다. 정부의 입장에서는 당시의 치안상황에서 지방선거는 상당한 부담이 되었고 따라서 시행시기를 대통령령에 위임해 주기를 바랐다. 그럼에도 공포 10일 경과 후 시행키로 한 지방자치법안이 이송되어 오자 정부는 국회에 재의를 요구하기도 했으며, 자치제도의 내용에 있어서도 자치단체에 대한 국가의 감독을 강화하려는 정부의 입장과 자치단체의 자율성을 높이려는 국회간의 대립이 있어 왔다. 결국 양자의 절충을 거쳐 1949년 7월 4일 최초의 지방자치법이 공포되고 동년 8월 15일부터 시행되기에 이르렀다. 그러나 최초의 지방의원 선거는 그로부터 3년여가 지난 1952년 4월에야 시·읍·면의원 선거부터 이루어졌다.

이는 6·25전란의 와중에서 부득이했던 것으로 인정되지만 전란이 끝나기도 전에 지방선거가 이루어진 것은 대통령 임기만료 3개월을 앞두고 직선제 개헌과 연관되는 정치적 의도로도 이해되고 있으며, 이는 또한 지방자치의 출발에서부터 중앙정치와의 연계를 잘 보여주는 것이라 하겠다. 결국 지방자치제도는 중앙정부와 국회의 협의로 마련된 것이다. 행정적인 평가나 자세보다 정치권의 의도와 타협에 의해 주로 결정되어 왔으며, 이는 지방자치법의 제정이나 그후 개정에서도 잘 나타났다고 볼 수 있겠다.

2. 미숙한 여건과 운영상의 마찰

근대적인 지방자치제도는 헌법에 의하여 그 원칙이 보장되었지만 그 내용은 우리 스스로 키워 온 것이 아닌 외래제도의 도입으로써 그 운영과 정착에 처음부터 문제를 가지고 있었다고 볼 수 있다. 제도 정비의 일환으로 이루어져 왔거나 일방적으로 도입된 제도를 보면,

○ 지방행정구역을 종전대로 하고 규모의 합리화나 생활편익을 고려한 개편이 거의 없었으며,

○ 지방자치 단위도 당시 구역계층 중 최상층인 도는 광역자치단체로, 최하층인 시 · 읍 · 면을 기초자치단체로 그대로 설정했으며 군은 행정기관으로 존치했다.

○ 기관구성은 미국의 대도시나 일본에서처럼 기관대립주의를 택하되, 시 · 읍 · 면장의 선출은 유럽에서의 모형을 도입, 간선제로 하였는바 이는 대통령중심제에서 내각제를 가미한 중앙정부 형태의 영향이기도 했다. 이는 자치단체장의 간선에다 의회의 자치단체장에 대한 불신임결의와 자치단체장에게 의회 해산권을 부여하여 견제와 균형을 이루려는 의도에서 더욱 명백히 되었다.

○ 자치단체장의 선출은 시 · 읍 · 면장의 경우 지방의회에서 간선을 하되 시 · 도지사는 임명제를 유지했다. 당시 자치단체장은 모두 임명제로 하자는 주장도 있었으나, 국가기능 수행의 원활과 지방정부에 대

한 주민통제의 조화라는 입장에서 절충이 이루어진 것으로 볼 수 있다.

이상에서 나타난 자치제도의 기본 골격에서 제정 당시 논란이 된 쟁점이 운영면에서는 더욱 큰 문제로 노출되었다. 특히, 지방의회 의원의 선출과 운영 그리고 단체장과의 관계는 간선제와 불신임제도로 극도의 혼란과 불안을 가져왔고 일부 지역이긴 하나 행정수행에 큰 차질을 가져온 것이다.

한편 지방자치에서의 재원조달을 위한 지방세제의 정비도 1949년 12월 지방세법의 제정으로 이루어졌다. 당시 세제정비 방침은 인세에 비해 물세에 비중을 두며 부동구매력을 흡수하고 세제의 간소화와 민주화에 중점을 둔다고 했으나 개편된 지방세구조를 보면 종래 영세세목을 답습한 복잡한 세제로 남아 있었다. 즉 도세의 경우 국세, 부가세가 3종에 독립세로 호별세 등 9종이 있었으며 시 · 읍 · 면세는 국세, 도세, 부가세 7종에 독립세가 5종이었다. 호별세, 어업세, 축견세 등의 세목도 보이고 있어 당시의 경제상황과 지방 소득원의 실상을 잘 보여주고 있기도 하다.

3. 운영경험에 따른 제도의 개편

1950년대 지방자치의 실시기간 중 지방자치법의 개정만도 다섯 차례나 있어 적지 않은 파란을 겪었고 제도의 정착이 이로 인해 어려웠던 것도 사실이다. 그러나 개정의 사유나 내용을 보면 그때마다 정치적 요인이 개재되고 주로 정치권의 의도와 주도로 개정이 이루어져왔다. 그러나 1956년의 제2차 개정은 정부의 지방자치 담당 부서(내무부 지방국) 주도로 종합적인 자료수집과 검토 하에 이루어진 것으로 기록되고 있다. 이는 우리나라에서 지방자치를 운용한 지난 기간의 경험을 바탕으로 실제적 자료와 의견을 수렴하되 실정에 맞는 자치제도의 정립에 주안을 둔 것이었다. 당

시 개편의 주요취지와 내용은 오늘에도 영향을 주고 있는 바 주요내용과 배경을 보면,

첫째, 자치단체장인 시 · 읍 · 면장의 직선이다. 최초에 자치단체의 장을 의회에서 선출한 취지는 직접선출보다 유능한 인재를 간편하게 선출할 수 있다는 것이었으나 반드시 그렇게 된 것은 아니며 오히려 선출에 따른 잡음과 비리가 많았고 더욱이 장의 지위를 지방의회에 예속시킴으로써 주민을 위한 시책보다 의회대책에 지나치게 골몰하게 되어 행정추진이 저해되어 왔다. 따라서 시 · 읍 · 면장의 직선제를 채택하고 의회에 의한 불신임권을 폐지한 것이다. 그러나 시 · 도지사의 경우 주민자치의 원론상 주민선출이 당연하다는 주장이 있었으나 지방행정의 안정성의 필요에 따라 현실론이 우세하여 임명제가 그대로 유지되었다.

둘째, 지방의회 회기일수의 조정이었다. 지방의회의 법정일수 제한이 없었기 때문에 일년 내내 개회함으로써 상설기관화하는 경향이 있어 예산상 경비의 증가는 물론 집행부의 활동에 큰 제약이 되었다. 따라서 회기를 정기회 30일 이내(읍 · 면은 15일), 임시회는 10일 이내로 규정하고 회의 총일수도 시 · 도와 시는 90일, 읍 · 면은 50일 이내로 했다.

셋째, 지방의원 정수의 감축이다. 종래 지방자치법에 의한 정수는 과다하여 의원의 질적저하, 의사집행의 혼란, 의회비 증가 등 폐단이 있었으므로 의원수를 1만8천1백4명에서 1만6천5백15명(서울 47명, 도 3백81명, 시 3백52명, 읍 · 면 1만5천7백35명)으로 10%정도 감축한 것이다. 의원을 명예직으로 하는 한 정수는 다수가 되는 것이 바람직하나, 사실상 직업화하는 경향이 있고 의사진행상 문제로 축소경향이 된 것으로 보여졌다.

넷째, 시 · 읍 · 면장과 지방의원의 임기단축(4년 → 3년)과 자치단체장의 의회 의결에 대한 거부권의 인정이었다.

당시 개편에 즈음하여 내무부 지방국장의 담화발표가 있었는데 그 기조는 자치의 민주성을 살리되 행정의 안정과 능률성을 동시에 확보코자 하는 정부입장의 반영이었다. 지방의회의 회기제한 등 지나치게 의회활동을 규제하는 면이 있어 관료적 편의로 지적되기도 했으나 지방자치의 건전한 발전은 자치권의 신장과 더불어 중앙의 통제도 병행되는 것으로서 의회의 자율적 활동도 집행기능의 효율적 수행을 저해할 수는 없는 한계가 있어야 한다는 입장이었다. 이는 오늘의 자치현실에서도 간과할 수 없는 원칙의 하나라 할 것이다. 그후 정부제안에 의한 지방자치법의 개정이 1958년에도 이루어졌는데 이는 시 · 읍 · 면장과 이 · 동장을 임명제로 바꾸고 지방의원의 임기를 다시 4년으로 연장하며 의회활동을 더욱 규제하는 내용으로서 신중앙집권화 경향과 능률을 명분으로 했음에도 불구하고 역시 장기집권의 일환이었으며, 자치제도의 정착과는 거리가 있는 것이었다.

4. 중앙정부의 역할과 자세

1) 민주적 통제와 행정능률의 확보

지방자치는 크게 보아 국정수행의 한 분야가 된다. 국가적 사무는 정부가 직접 처리하되 지방적 이해가 걸린 사무는 지방자치단체에 맡겨 주민들이 스스로 처리하게 하는 것이다. 주민의 자율이라 하더라도 법률의 범위 내에서 이루어지며 국민적 요구나 전국적 수준을 크게 벗어날 수는 없는 것이다.

1950년대도 같은 맥락에서 이해될 수 있으나 당시는 특히 자치기반이 미숙한데다 처음 제도를 도입함에 따른 부작용과 시행착오가 두드러졌고 또한 오랜 관치적 지방행정에 익숙해 온 관료들이 자치행정을 지도 · 통제해 왔기 때문에 민주성과 능률성의 조화에 있어 능률에 보다 주안을 두어 관료적 편의와 획일성 그리고 권력적 통제의 방법을 지나치게 답습해 온 점은 지적되어야 할 것이다. 관료적 편의로 자치단체에서 일부기능을 분리하여 중앙부처 직할의 특별관서를 설치함으로써 자치단체의 기능을 약화시킨 예도 있는 바, 수산업무의 지방해무청 이양, 도 농사원 설치 등이 이에 해당되며 이들은 그뒤 모두 지방행정기능으로 환원된 바 있다.

2) 획일지시형 지도 통제

자치단체에 대한 중앙의 통제는 나라마다 전통에 따라 다양하게 이루어지고 있다. 영미형 주민자치의 형태에서는 입법통제를 주로 하며 대륙형 자치형태에서는 행정통제를 주로 하고 있는 것이다. 그리고 지도통제의 방법에 있어서도 명령, 승인, 취소 등 권력형 통제보다 권고, 지도 등 비권력적 통제가 자치권의 신장에 바람직한 것은 물론이다.

1950년대의 자치단체에 대한 국가의 관여는 이미 언급된 바와 같이 자치초기의 시행착오 교정의 필요성에다 관치적 전통으로 지시 · 통제형이었음을 부인할 수 없다. 더욱이 자치단체의 간부직 공무원은 국가공무원이었으므로 이들의 인사권은 중앙정부에 유보되어 있었고 이로 인해 중앙공무원과의 순환교류도 일방적으로 이루어져 왔다.

이처럼 자치단체에 국가공무원을 두는 것은 자치정신에는 배치되는 것이나 업무수행의 일관성 유지와 국가사무의 위임처리상 불가피한 것으로 이해되고 있었다. 그러나 이로 인한 자율성의 저해와 인사운영의 이원화의 불편도 적지 않았다.

또 자치단체에 대한 회계 직무감사도 중앙에서 이루어져 자치행정의 위축요인이 되었을 뿐 아니라 지방공무원의 입장에서도 중앙지향의식을 버릴 수가 없게 되었다. 현재에도 자치단체에 대한 감사가 내무부(행정자치부) 또는 감사원에 유보되어 있어 자치단체의 자율성을 저해할 우려가 남아있는 것이다.

한편, 지방재원의 중앙의존이 심화된 1950년대에는 자치단체로서는 보조금의 획득이 지역투자사업의 거의 유일한 방안일 수밖에 없었고 이는 중앙정부의 지방자치단체에 대한 통제효과 면에서도 영향이 컸다. 이런 점에서 당시의 지방재정상황을 좀더 자세히 살펴볼 필요가 있다.

3) 보조금의존의 지방재정

1950년대는 6 · 25전란수행과 전후 복구사업 추진이라는 절대적인 시대적 과제로 인하여 국가중심으로 재정경제가 운영될 수밖에 없었다. 또한 당시는 재정자체가 원조에 크게 의존되었으며 지방세입을 늘려줄 경제적 여건도 불비하였으므로 지방재정의 어려움을 이루 말할 수 없었다. 그럼에도 지방재정의 역할은 증대됨으로써 심각한 위기로 표현될 수밖에 없었다.

당시의 예산분석에서 보면 지방재정은 국가재정 대비 1952년 15.6%, 1953년 25.3%, 1960년에는 37%로 늘어났으나 규모의 영세성을 피할 수 없었다. 자치단체의 자체수입 비중도 1952년 56%였으나 1953년 47%, 1960년 33%로 크게 떨어졌다. 이는 보조금 비중이 1952년 32%, 1953년 40%, 1960년 44%로 크게 늘어남에 따른 것이다. 물론, 1958년부터 지방재정 교부금제도가 설치됨으로써 그 비중이 종래 10% 미만 수준에서 20% 수준으로 상향된 결과이기도 한 것이다. 여하튼 1950년대는 정치적으로 주민자치의 시대이긴 하나 재정 면에서 보면 국고보조의 시기라고 할 수 있다.

이러한 보조의존에서 지방재정의 여건을 개선하기 위하여 개선책으로 도입된 것이 1958년의 지방재정 조정교부금법이었다. 시 · 읍 · 면 자치의 당시로서는 자치단체의 일반재원을 높이는 방안은 지방세가 바람직하지만 수많은 영세한 자치단체에 세수의 증대를 고루 기대할 수는 없는 것이었다. 지방세수는 자치재정의 기간으로 자체경비를 스스로 충당할 수 있는 이상적인 방안이긴 하지만 농촌지역의 소규모 단체가 자주재원으로 자립도를 향상시키기는 어려울 뿐 아니라 단체간 격차만 커지게 되므로 자주적인 사용이 가능하면서 재정력의 균형화에 기여할 수 있는 조정교부금의 확대도입을 시도한 것이다.

종래 이와 같은 기능은 1952년의 지방분여세법으로 분여세에 의해 수행되어 왔으나 재원의 한정성과 교부방식의 개별화, 다양화로 단체간 재정력의 균형에 크게 기여하지 못했다. 당시의 분여세 재원은 제1,2종 토지수득세의 일부(각각 88.50%)와 유흥음식세의 일정액(30%)이었으며 단체간 재원배분방법은 공무원 사무비 30%, 평균담세액 미달 15%, 재정결함 지원 15%, 특별 분여액 40%로 되었었다. 이러한 배분기준에 따라 전국 자치단체에 공정하게 배분하는 것은 당시로서는 상당히 어려웠고 특별분이 크게 유보됨으로써 재량의 여지도 컸다. 따라서 시장에서 읍 · 면장에 이르기까지 분여세(교부금)의 추가획득에 각별한 관심을 갖지 않을 수 없었다.

1958년의 지방재정조정교부금은 현행 지방교부세의 전신으로 자치단체의 기준재정수요와 수입을 객관적 기준에 따라 산정, 그 부족액을 국가예산으로 확보하여 자치단체에 교부하는 제도로서 이로 인해 자치단체의 재정사정은 크게 개선되었다. 이는 당시의 지방세제와 연관해서 이해되어야 하겠으나 당시 국세 부가세, 도세 부가세, 목적세 등 다양한 세목에도 불구하고 자체수입 충당률은 미약한 상태였다.

참고로 당시의 세출상황을 살펴보면 일반행정비가 전반적으로 높아 1951년에는 54%까지 되었으나 1953년에는 40.8%, 1960년에는 26%로 하향된 바 있다. 사업비로서는 공익사업비와 전충용제비의 비율이 높았다. 이는 전시업무 수행과 복구사업의 필요성에서 기인된 것이었다.

4) 중앙정치의 작용

지방자치는 주민에 의한 지방적 사무의 처리로서 국가행정의 지방적 수행의 한 형태이나, 이는 동시에 주민참여에 의한 자치정부의 형성으로 지방정치의 활동영역이 된다. 그러나 지방자치의 원래의 발상과 연혁에서 볼 때 지역주민들이 스스로 생활주변의 일들을 처리해 가는 과정에 정치권의 영향이 컸던 것은 아니며 더구나 중앙정치와의 연계가 반드시 전제되는 것은 아니었다.

오늘날 지방자치에서의 정당참여가 논란이 되는 것도 충분한 이유가 있는 것이며, 이는 정당중심의 자치제도 운영이 장점도 있을 수 있으나 그 부작용을 우려하는 까닭에 정당참여를 배제하는 자치정의 형태도 선진국에서 많이 볼 수 있는 것이다. 문제는 그 나라의 실정에서 어떤 형태가 부작용을 최소화하며 지방자치의 발전에 기여할 수 있는가에 있는 것이다. 돌이켜 1950년대의 자치상황의 전개에서 보면 최초의 지방의원 선거가 1950년 4월 25일과 5월 10일에 각기 이루어진 것은 대통령직선개헌 관철과 밀접히 연관되었다는 데서 중앙정치에 의한 지방자치에의 작용으로 볼 수도 있는 것이었다.

1950년대 지방자치법의 여러 차례의 개정은 주로 단체장의 선임방법과 의원정수의 조정, 선거구의 획정 등 정략적 의도가 크게 작용된 결과로 자치의 순수성과 안정성에는 별반 기여하지 못한 것이었다. 운영 면에서도 중앙정치의 대결과 혼탁이 그대로 지방에 투영됨으로써 자치의식, 재정 빈약 등 미숙한 여건에서 출발한 지방자치는 결국 중단되고 말았다.

5) 1990년대 자치에의 교훈

1950년대 자치가 제도나 운영 면에서 많은 문제점을 제기했으나 완전히 실패했다고는 볼 수 없다. 1958년 말부터 집권연장의 와중에 휩싸이고 1960년대 초에 이르러 중앙정국의 격변에서 끝내 좌초되고 말았으나 우리 나라에서의 자치운영에 귀중한 경험과 교훈을 주고 있는 것이다. 그동안 자치여건도 크게 개선되었으며 지방자치법도 중요 쟁점에 이견이 있었으나 정치적 타협으로 새롭게 정비되었다. 따라서 1990년대 이후에는 지방자치가 원래 모습대로 제 기능을 다할 수 있으리라고 기대된다.

그럼에도 불구하고 염려스러운 것은 중앙정치의 관심이 지나치게 자치에 쏠려 지방자치가 정치권의 파쟁에 휩싸이지 않을까 하는 것이다. 정당의 당세 확장이나 입지강화에 지방자치 선거가 이용되고, 지방의회가 정당간의 정치의 장이 될 때 자치 본래의 기능은 위축될 수밖에 없을 것이다.

다음으로 지방행정을 담당하는 부서에서도 지방행정의 안정성과 일관성, 능률성을 증진시켜 나가야겠지만 지방자치의 민주성을 최대한 신장시킬 수 있는 방향으로 제도를 계속 발전시키고 지방자치에 대한 통제도 지도위주로 운영해 나가야 할 것이다. 또한 자치의 내실을 다지기 위해 자치사무를 계층별로 명확히 하며, 이에 따른 재원대책을 강구하는 것이 중요하다. 지방세제의 구조개편, 지방교부세의 확충 등 당면과제가 조속히 추진되어야 할 것이다. 아울러 중앙지원 재원의 배분도 객관성과 신뢰성을 높여 나가야 할 것이다. 때문에 일시적인 비효율과 혼란이 예견되더라도 이를 운영 면에서 극복해 나가야 할 것이며 이를 이유로 제도 자체를 기피하거나 변형시켜서는 안될 것이다.

✻〈지방자치〉 1990. 2.

읍 · 면 · 동제의 개혁–주민자치센터

① 읍 · 면은 한때 자치단체가 될 정도로 역사성과 주민에의 접근성을 가지고 있었으며 읍 · 면 자치는 1950년대 우리나라의 지방자치의 기본구조이기도 하였다. 당시 지방자치가 여러 요인으로 성공하지 못한데다 5 16 이후 군 자치로 개편되면서 오늘 날 읍 · 면의 역할은 그 때 이미 결정지어진 것이라 할 것이다. 그후 읍 · 면 자치 논의가 잠시 있었지만 부정적인 견해가 다수였던 것이다. 그동안 중앙집권적인 여건에서도 읍 · 면 행정에서는 의미 있는 시책들이 강구 된 바도 없지 않았다. 별정직 읍 · 면장 제나 읍 · 면단위 예산 편성제, 읍 · 면 직원 교류근무제 등이 그 예라 할 수 있을 것이다. 그러나 이는 어디까지나 일선 행정조직으로서의 읍 · 면 행정의 개선 방향이라 할 것이다.

② 지방분권시대인 오늘날의 읍 · 면 · 동의 개혁의 의의와 방향은 근본적으로 주민참여에서 공감을 가져올 수 있는 것이라야 할 것이다. 물론 행정계층으로서의 지위와 역할에 대한 변화도 같이 검토되어야 할 것이다.

세미나의 발제 Ⅰ · Ⅱ에서는 스위스, 영국과 일본의 주민자치에 관한 사례를 잘 보여주고 있으며 발제 Ⅲ에서는 주민참여에 입각한 관치가 아닌 자치적 시각에서의 개혁의 틀이 잘 제시되고 있다. 특히 현행 읍 · 면 · 동제의 문제점으로 제시한 시 · 군의 하부 행정기관으로 한정된 규정이나 읍 · 면 · 동 기능 전환시책의 실패 등은 적절한 지적으로 볼 수 있겠다.

③ 읍 · 면 · 동은 기초자치단체 내의 일정구역을 단위로 한 하부 행정조직으로만 볼 것이 아니라 주민의 행정서비스 수요를 행정과 주민의 협력 속에서 해결해 나갈 수 있는 주민조직으로서의 역할도 수행할 수 있게 하는 것이 바람직할 것으로 생각된다. 이른바 준 자치조직이 되도록 하는 것이라 할 것이다. 행정계층으로서의 읍 · 면 · 동은 폐지되고 주민자치조직으로 재구성하되 필요에 따라 행정업무의 일부를 위탁받아 수행할 수 있게 하자는 것이다. 이로써 종전과 같은 위임 행정기능은 축소되고 자체업무의 비중이 늘어나게 될 것이다.

현재의 주민자치센터 기능은 대부분 시설관리나 테마별 운영이기에 이를 정리 민간에 이양하며 자치센터 운영을 위한 위원회 등도 실제적인 주민자치조직으로서 지역자치위원회로 기능과 역할을 개편해 나가되 대표성과 전문성을 높여 나가도록 해야 할 것이다. 민원의 일부 처리 등 위탁사무는 읍 · 면 · 동의 업무로 일정기간 유지하고 소요 인력도 배치 할 것이지만 읍 · 면 · 동의 권한의 확대는 바람직하지 않다고 하겠다. 읍 · 면장은 별정직으로 하되 주민대표의 추천으로 단체장이 임명토록 함으로써 자치단체 행정의 안정성과 일관성을 유지해 나가도록 하는 것이 바람직 할 것이다.

구역의 규모가 과대하거나 과소한 읍 · 면 · 동의 경우 구역의 분할이나 통합운영도 가능할 것이다. 그러나 조직 활동의 단위를 이동규모로 세분화를 하는것은 콤뮤니티 활동의 단위로서는 바람직할 수도 있겠으나 의미 있는 자치기능과 역할을 하기에는 미흡하지 않을까 생각된다.

또한 제주특별도의 설치(안)에서 볼 수 있는 바와 같이 자치단체의 계층이 축소되고 구역이 확대되는 개혁이 앞으로 이루어져 갈수록 기초단위에서의 주민자치의 기반은 필요하리라 본다.

기초단체 내 분권적인 운용에 관하여 소개되고 있는 여러 사례 가운데서도 일본의 일반제도로서의 지역자치구제는 우리에게도 참고가 될 수 있지 않을까 보여지지만 지연조직의 활동기반이 잘 갖추어진 일본의 경우에 비해 그렇지 못한 우리나라의 경우에는 어려움이 있을 것으로 보여지기도 한다. 지방분권과 아울러 주민자치의 성숙을 바라는 의미에서 지역에서의 자치적 콤뮤니티 조직과 활동이 활발히 될 수 있는 지원책이 강구되었으면 한다.

✲ 〈읍 · 면 · 동제 개혁세미나〉 토론요지, 2005. 11.

〈주민자치센터의 나아갈 방향〉

우리나라에서의 읍 · 면 · 동을 단위로 한 주민자치센터는 읍 · 면 · 동 기능전환에 따른 후속조치로서의 성격을 띠고 출발한 것이었다. 당초 행정계층 간소화의 취지에서 읍 · 면 · 동의 폐지 방향으로 시책이 추진되었으나 폐지에 따른 부작용을 감안, 기능의 축소로 방향이 전환되면서 남은 시설의 이용과 반발하는 주민에 대한 이해와 서비스 제공을 위해 추진된 것이었다(1999. 2월). 따라서 읍 · 면 · 동의 자치센터로서의 역할은 잔존하는 행정기능과 주민에의 생활 서비스가 혼합된 형태로 처음부터 자치의식 함양이나 자치행정 기반확립을 목적으로 설립된 것은 아니었다.

기능전환사업이 추진되면서 읍 · 면 · 동은 기능이 축소된 형태로 존치되고 주민자치센터는 남은 시설을 이용, 문화 · 여가 프로그램을 주로하여 운영 되었으나 시책이 본격 추진되면서 시설정비를 위한 신규지원이 크게 이루어지기도 하였다.

자치센터의 운영위원회 구성도 각계 인사 중 읍 · 면 · 동장이 위촉하는 형식이 되어 자치기능 수행 형태나 대표성과는 거리가 있게 되었다.

센터가 수행하는 환경정비나 자율방범을 자치기능으로 내세우기도 하나 자치센터로 불리어지기에는 역할이 너무나 부족하며 역시 행정자문조직이나 부분적인 콤뮤니티 조직으로 볼 수 있는 것이 아닌가 생각된다.

명실공히 지방자치의 기반으로서의 읍 · 면 · 동 자치센터로 육성되기 위하여는 목표와 방향을 새롭게 정립 출발해야 할 것이다. 그리하여 여가 이용이나 생활 편익시설 운영의 프로그램 운영으로 유지되고 있는 현 센터의 기능과 체제는 민간 기능으로 이관하고 지역 과제를 해결해주는 역할을 할 수 있는 준 자치적인 조직으로 발전시키는 방안을 모색해 나가야 할 것이다, 읍 · 면 · 동은 기초자치단체 업무의 일정부분 수행이 불가피한 만큼 이를 위탁(수탁) 처리하도록 하고

① 읍 · 면의 경우(농촌지역)에는 준 자치기능을 부여하며 주민자치센터 위원회를 주민이 직 · 간접으로 선출하는 방식이 되도록 하되 자체 권리 능력도 인정될 수 (법인격) 있도록 할 것이다. 그리고 필요한 지역에서는 콤뮤니티센터의 역할을 겸할 수 있게 한다.

② 동의 경우는 본청의 지소형태가 되게 하고 시설이용 중심의 프로그램은 동 구역과 관계없이 클럽별로(임의적) 공동 활동을 하는 콤뮤니티

(동민)센터가 되도록 할 것이다. 운영조직은 구성원의 자율사항으로 한다. 구역에 따라서는 시설의 공동운영도 강구될 수 있을 것이다.

시 · 군 단위의 자치가 효율적이긴 하나 지역단위 공동체의식의 정착과 발전에는 미흡하며 따라서 자치행정의 원활한 수행과 주민참여를 높이기 위한 조직구성이 필요하다고 할 것이다. 이에 현재의 읍 · 면은 준 자치행정 조직으로, 현재의 동은 모델 콤뮤니티 거점으로 각기 자치단체 주관사업으로 발전되도록 할 것이다[6].

6) 장병구 : ≪일본의 지방분권과 주민자치≫ 2003. 참조

지방분권과 능력개발

오늘날 지방분권은 주민에 보다 가까운 지방정부의 권능을 강화함으로써 주민 생활의 질적 개선을 이루어 가려는 민주적 제도로 많은 나라에서 정착되어가고 있다.

여기서 분권이란 단순한 행정적인 권한의 지방적 분산이 아니라(Deconcentration) 정치적 분권(Devolution)을 의미한다. 실제 선진제국에서의 지방제도는 이미 이러한 정치적인 분권을 구현하고 있으나 개발도상국에 있어서는 아직도 분권이 미흡하며 때로는 행정분산으로만 추진되고 있기도 하다.

지방분권에 대한 많은 이해와 당위성에도 불구하고 집권화가 때로는 효과적인 지역개발과 급속한 경제성장에 유용하기 때문일 것이다. 한국에서의 분권화도 이런 여러 요인에 의해 역사적으로 오랜 집권화를 거친 후에야 실현될 수 있었기에 그 발전과정과 전제조건의 충족면에서 많은 경험과 사례를 가지게 되었다.

그런데 분권화가 착수되면서 가장 먼저 요구되는 과제는 다양한 주민요구를 수렴하고 추진해야 할 지방정부의 능력확보(Capacity Building)가 되고 있다. 스스로 주민에의 서비스를 하거나 중앙정부로부터 이양된 권한을 제대로 추진하기 위해서는 이를 감당할 수 있는 능력이 있어야 하기 때문이다.

지방정부 관리의 효율성과 책임성의 구비는 올바른 자치행정의 요소가 되고 있다. 그런데 지방으로의 분권화가 이루어지지 않으면 이러한 지방정부의 능력은 실제적으로 개선될 수 없다는 주장도 의미가 있다.

따라서 권한의 이양과 능력의 향상은 상관관계라 할 수 있으나, 그러나 많은 개발도상국에서의 실제는 능력개발이 우선 중요하며, 이의 개선없이는 지방분권이 더 진전될 수 없음을 보여 주고 있다.

1. 능력개발의 제요소

행정업무를 달성함에 있어 요구되는 일반적인 전제는 조직과 자원의 효과적인 관리라 할 수 있다. 즉 합리적인 조직과 능률적인 관료, 적정한 재원과 기술의 동원 그리고 이들의 관리 체계는 모든 행정업무의 성취에 있어 기본적인 요소인 것이다.

주민생활에 필요한 서비스와 지역질서의 확립에 필요한 전문적 능력의 구비는 자치정부의 필수적인 요건이라 할 것이다. 지방정부가 필요로 하는 전문능력을 영역별로 보면

○ 업무의 계획과 분석 평가

○ 행정조직의 편성과 운영

○ 재원의 확보와 관리

○ 지역계획의 수립과 조정

○ 공공시설의 입지 및 조성

○ 공사 등의 설립과 관리 등이라 할 수 있을 것이다.

한편 행정의 책임성의 확보와 주민의 요구에 즉각 대응할 수 있는 신축성이야말로 지방정부와 공무원이 반드시 갖추어야 할 요소라 할 것이다.

그리고 이러한 행정관리의 능력과 책임성의 제고는 우수한 인재의 채용과 공무원의 연수에 의하여 가장 잘 향상될 수 있다. 따라서 지방공직자의

교육은 이런 의미에서 자치행정의 성패를 좌우할 수 있는 능력개발의 중요요소라 할 것이다.

나아가 자치행정단위가 기본적으로 효율적인 행정이 가능한 규모가 되어야 하며 따라서 지나친 소규모 단체의 통합도 필요하게 된다.

2. 자치단체의 능력개발상황

한국에서의 지방자치제도는 1949년에 도입되었으나 1961년 군사쿠테타로 지방선거가 중단된 이래 1991년 지방자치가 부활될 때까지 권한의 지방분산형태로 운영되어 왔다.

따라서 자치경험의 부족과 운영의 미숙함은 아직도 많은 문제를 제기하고 있다.

주민자치가 부활된 이후에도 많은 자치단체의 현장에서는 권한의 이양과 재원의 지원을 호소하고 있으며 정부도 이에 호응하여 1991년이후 1,157건의 사무를 지방에 이양하고 지역개발세 등 세원의 신설조치도 취하였으나 아직은 크게 미흡한 실정이다.

이에 지방으로서는 권한 이양의 추가 요구와 이에 상응한 능력개발을 위한 노력을 계속해 나가고 있다.

3. 공무원의 교육 훈련

한국에서는 오랜 기간 공무원 교육을 중시해왔고 시 · 도(광역단체) 단위에는 지방공무원교육원이 설립 · 운영되고 있으며 교육투자를 게을리하지 않고 있다.

교육성적은 5급이하 공무원에 있어 승진과 연계되고 있으며 또한 상위직급으로 승진되는 경우 일정기간 교육을 받게 하고 있다. 이러한 지방공무원의 교육에 관하여는 기본법이 제정되어 있으며 국가의 지원과 감독이 따르게 된다.

선출직 공무원에 대하여는 각 대학에서 리더십을 중심으로 특별 연수과정을 운영하고 있으며 스스로 판단에 따라 여기에 참여하고 있다. 최근에는 세계화 정책의 추진에 따라 해외로의 인재의 교육파견과 훈련이 확대되고 있다.

4. 조직의 개편

적정한 서비스의 제공을 위해서는 지방정부도 이에 필요한 조직을 스스로 편성 · 운영할 수 있어야 한다. 그러나 조직은 일반적으로 확대되기 쉽고 따라서 오랜 기간 한국에서는 지방조직이 중앙의 직접통제하에 있었으며 전국적으로 획일화된 조직을 가지게 되었다.

이로 인해 지역특성에 맞는 업무추진이 곤란하였으나 지방자치가 부활된 이후 이에 상응한 지방조직의 개편과 자율적인 통제 시스템이 크게 신장되었다. 이러한 결과로 단체에 따라서는 지역경제와 주민복지 조직의 확충이 크게 이루어졌다. 또한 기획관리 부서가 단체마다 설치되어 자주적 기획업무의 발전을 주도할 수 있게 되었다. 또한 이러한 조직의 재편성은 기구와 정원의 감축을 가져온 예도 적지 않다.

5. 재원의 관리

한국에서는 지방세 등 주요 자주재원의 확보 범위가 법률에 의해 규정되고 자주적인 조정 권한은 크게 제한되고 있다. 그러나 세외수입 분야에서의 수입증대 노력은 단체마다의 재량의 여지가 크다. 지방정부에서도 수익사업을 경영할 수 있으며 지방공무원의 능력에 따라 세수의 추가적인 확보도 가능하다.

이를 위해서는 지방공무원에 대한 경영 마인드 제고가 필요하며 민간기업에의 파견연수도 실시하고 있다. 또한 자치단체는 지방공사와 같은 공기업의 설립 · 운영도 가능하여 여기에는 민간수준의 전문 경영인을 배치하도록 하고 있다. 특히 민간과의 자본과 기술의 협력으로 관민공동의 사업체를 설립 · 운영하는 예도 적지 않다.

6. 지역계획 및 환경관리

국토계획의 기본방향에 따라 지역단위의 토지이용계획이 지방에서 스스로 이루어질 수 있어야 하나 한국에서는 이러한 지방의 권한은 아직도 미흡하다. 또한 환경관리도 대부분 자치단체에서 이루어질 수 있어야 하나 중요 공단지역 등에서의 환경감시는 국가의 영역이 되고 있다.

이러한 분야는 결국 지방의 자주 입법의 영역이 되어야만 실효를 거두게 될 것이나 업무영역이 아직 이에 미치지 못하고 있다. 이는 결국 자치단체의 권능에 대한 국민의 신뢰가 미흡한 것으로 볼 수 있으며 따라서 전반적인 지방정부 관리능력의 개발과 기술수준의 향상의 필요를 더해준다 하겠다.

7. 정보전산화

정보화시대를 맞아 행정정보의 수집 관리가 신속하게 이루어지고 관련자에게 동시에 전파될 수 있는 전산 정보망의 구축이 필요함에 따라 지역적인 종합정보망이 시도되고 있다. 주민등록, 세무, 수도, 토지 관리 등 분야별 전산 시스템은 상당수준 확보됨에 따라 민원처리가 대폭 간소화되고 있으며 인력감축과 능력 개발에 기여하고 있다.

또한 인터넷을 활용하는 단체도 점차 늘어가고 있으며 앞으로 이 분야는 더욱 활성화가 기대된다.

8. 정보공개와 주민권익 보호

행정의 신뢰회복은 행정의 투명성을 확보하는데 있으며 이는 행정정보의 공개없이는 어렵다. 한국의 지방자치단체는 중앙정부에 앞서 조례로 정보공개제도를 도입 큰 성과를 보여주었다. 정부도 최근들어 정보공개법을 제정한 바 있다.

또한 지방정부는 민원의 신속한 처리를 위해 일회 방문처리제 불허민원 재심 등 다양한 주민 권익보호조치를 경쟁적으로 채택하고 있어 단체장의 민선이후 크게 신뢰를 높이고 있다.

9. 능력개발을 위한 중앙의 대책

분권화의 촉진을 위한 지방의 능력개발은 무엇보다 당사국의 중앙정부가 관심을 가지고 이를 지원해 주어야 한다. 이러한 지방자치단체의 능력개발을 위한 지원방안으로는 기본적으로 자치단체로의 적정한 권한이양과 재원배분이 있어야 할 것이나 그밖에도 관리능력의 향상을 위해

○ 지방 간부공무원의 기술습득과 관리 능력 향상을 위한 연수기관의 설치 및 운영비 지원

○ 중앙과 지방단체간 전문분야별 인사교류의 실시 지원

○ 지방으로 우수인재 유치를 위한 근무조건과 처우개선책 등을 강구하고 있다.

또한 지방재정의 효율성을 높이기 위해 일부 예산운영의 기준과 조직 및 정원의 기준도 제시하고 있다. 그리고 공무원의 보수나 근무기준은 중앙정부가 정하고 있다.

이로 인해 자율성이 저해되는 면도 있으나 재정효율을 위한 불가피한 조치로 이해되고 있다. 한편 이 분야에서의 통제는 최근 크게 완화되고 있다.

한편 지방의 이러한 능력이 미진하다고 하여 계속 분권을 미룰 때 지방의 능력개발은 더 이상 진전될 수 없을 것이다.

진정한 능력개발은 분권을 경험하면서 터득할 수 있으며 따라서 능력개발은 분권과 동시적 내지 상호적인 것이라 할 것이다.

한국의 경우를 보더라도 상당기간 지방의 재정자립도의 빈약을 이유로 지방자치의 실현이 미루어지기도 했다. 그러나 재원이나 권한 배분은 중앙정부의 정책적 결심으로 동시에 해결될 수 있고 설령 재원이 부족하거나 능력이 다소 미흡하더라도 분권화가 이루어지면 이는 점차 극복될 수 있음을 보여주고 있다.

10. 자치단체연합 등의 지원활동

자치단체의 능력개발을 위한 조치들은 개별단체의 노력으로 해결되기 어려운 경우가 많으며, 따라서 자치단체의 연합에 의한 공동노력이 효과적일 경우가 적지 않다. 이는 이미 선진 여러 나라에서 실시되고 있다. 이러한 업무중에는 예산운영의 기준이나 전문인력의 국내외 연수, 입법활동 영역의 협의 등 자치단체의 형평성 유지와 연관되는 분야의 업무가 많다.

특히 지방의 세계화가 진전됨에 따라 외국의 자치단체와의 교류지원과 자료수집전파 연수지원 등이 중요한 과제가 되고 있다.

한국에서는 자치단체국제화재단(KLAFIR)이 자치단체의 출연으로 설립되어 자매결연 알선과 우수사례의 소개, 국제통상교육, 선진단체와의 연수 · 교류지원 등 능력강화에 기여하고 있다.

연수사례로서는 미국의 Asia 재단과 공동으로 자치단체 고위관리자의 미국 자치단체의 현장연수가 실시되고 있으며, 정책관리자의 외국대학연수도 지원하고 있다.

또한 아시아 권역에서는 적은 수이지만 해외 단체의 지방공무원 연수도 실시하게 될 것이다. 후자는 한국에서 처음 실시되는 외국 자치단체의 능력개발의 지원사례가 되리라 본다.

이제 세계적인 분권화의 진전을 위해서는 능력개발 분야에서의 각국 자치단체와 자치단체 연합의 이러한 국제 협력이 보다 촉진되어 나가야 할 것이다.

✲ 〈자치단체 국제교류〉 1997. 5 · 6

지방행정개혁의 회고와 전망(1980년대)

1. 서론

1948년 8월 대한민국정부가 수립된 이래 주민에 의한 자치행정을 시도하는 등 민주국가로서의 면모를 갖추면서 지방행정은 제도적 기반정비와 그 운영의 보완 · 개선이 발전 지향적으로 꾸준히 추진되어 왔다.

먼저 1950년대에는 지방의회를 구성하는 등 지방행정의 민주적 운영과 더불어 능률적 수행을 시도하였으나 주민자치의식의 부족, 지방재정의 빈약 등 당시의 미숙한 사회 · 경제적 여건으로 적지 않은 시행착오를 겪기도 하였다.

1960년대 이후에는 국가시책의 지방적 수행이란 지방행정의 역할과 중요성에 대한 인식이 높아지면서 지방행정은 능률 향상을 위한 개선작업을 촉진해 왔다.

이러한 지방행정의 발전과정에서 행정개혁으로 특징지을 수 있는 사례나 내용을 따로 간추려 본다는 것은 매우 어렵다고 하겠다. 왜냐하면 지방행정개혁을 위한 특별기구의 설치나 추진 기간 내지 대상을 별도로 설정하여 추진한 경우가 거의 없었기 때문이다. 물론 정부가 1968년부터 국무총리실 산하에 행정개혁조사위원회를 설치하여 행정관리와 민원개선을 별도로 추진해 왔고, 1980년대에 들어서서는 총무처에 행정조사연구실을 두어 행정을 저해하는 요인을 발굴하여 개선작업을 추진해 온 범위내에서는 그 내용이 분명해진다고 할 수 있다.

따라서 여기에서는 중앙이든 지방이든 그러한 명칭이나 형식을 떠나서 실제 지방행정의 능률화 · 합리화를 위하여 제도나 운영의 쇄신을 획기적으로 추진하고 그 성과를 나타낸 사례들을 중심으로 행정개혁의 내용을 살펴보고자 한다. 그것은 행정개혁이 행정의 발전과 개선의 흐름 속에서 크게 구획될 수 있는 전기나 영향을 준 질적인 행정변화요 발전이라 할 수 있기 때문이다.

2. 지방행정개혁의 경과

지난 지방행정의 40년사에서 볼 때, 지방행정의 제도나 운용의 합리화 · 간소화 특히 주민부담의 경감과 형평성의 증대, 그리고 주민 편익의 증진을 위한 개선사례는 1960년대에 시작되고 1970년대에 본격화되었다고 할 수 있다.

우선 1960년대 이전은 지방행정의 초창기요 자치행정의 시험기로서 당면한 미비점을 보완하며 제도의 정착을 위해 노력한 시기라 하겠다.

1960년대는 5.16혁명에 따른 정치적 변혁이 행정면에서도 상응한 개혁을 요청하여 지방행정의 능률과 생산성에 가치를 두고 표준화 · 간소화를 위한 작업이 활발히 추진됨으로써 근대적 행정관리의 정립에 크게 기여하였다.

1970년대에 들어서는 주민생활수준의 향상과 사회적 이동에 따른 인구구조의 변화로 주민의 욕구가 다양해지고, 이와 더불어 급격한 행정수요의 팽창에 따른 부작용은 행정 자체내의 개혁의 필요성을 본격 대두시켰으며, 특히 민원서류의 제도적 개선책이 크게 진전되었다.

1980년대에는 자율과 개방체제에 적응할 수 있는 제도적 개선책에 보다 주력해 왔다.

이러한 흐름 속에서 개혁의 추진사례 등을 지방행정과 관련하여 중요사항만 분야별로 살펴보고자 한다.

1) 자치계층의 개혁

1949년 지방자치법이 제정 · 시행되면서 지방행정은 도와 시 · 읍 · 면의 중층적 구조하에 자치행정을 기본으로 이루어져 왔다. 그러나 지방의회의 구성과 자치단체장의 선출 등 당시의 지방자치는 그 운영과정에서의 미숙 등으로 부작용도 적지 않았지만, 기본적으로는 읍 · 면이 기초자치단체로서 규모면에서나 재정면에서 영세성을 면치 못하여 자치의 실효를 거둘 수 없었음은 주지하는 바와 같다. 이에 1961년 지방의회가 해산되고 주민자치가 정지되는 상황에서 지방자치에 관한 임시조치법에 의거 시 · 읍 · 면 대신 시 · 군이 기초자치단체로 되었던 것이다. 이러한 조치는 자치구조상의 일대개혁이라 할 수 있다. 이것은 외국의 예에서 볼 수 있는 바와 같은 소규모 기초자치단체간의 병합방법이 아닌 획일적인 조치로써 지방행정의 효율성 향상을 도모한다는 데 특색이 있었다. 이는 현행 지방자치법에서도 그 골격이 그대로 유지되고 있다. 그러나 시 · 군 자치는 주민의 자치의식면에서나 접근성면에서 논란의 대상이 되어오고 있다. 한편 중앙 - 도 - 군 - 읍 · 면 · 리로 이어지는 행정계층상의 다층구조는 행정능률상 간소화되어야 할 것임에도 불구하고 변화를 기하지 못했다는 점에 대해서는 다소 아쉬움이 있다고 하겠다.

2) 행정사무 이양

지방자치단체의 사무는 종전의 지방자치법상 「지방자치단체는 그 지방의 공공사무와 법령에 의하여 그 단체에 소속된 사무를 처리한다」라고 규정하여 포괄적 수권방식을 취함으로써 국가사무와 지방자치단체의 사무구분이 명확치 못한데다 오랜 중앙집권적 행정행태로 지방사무는 상대적으로 빈약하였고, 행정개선 과정에서도 언제나 일선으로의 사무이양이 강조 추진되어 왔다. 1970년 3월에는 이를 촉진하기 위해 행정권한의 위임 및 위탁에 관한 규정이 제정되기도 하였다. 그 결과 1986년까지 중앙에서 시 · 도로 900건, 시 · 도에서 시 · 군 · 구로 1,825건, 시 · 군 · 구에서 읍 · 면 · 동으로 70건 등 2,795건의 사무가 이양됨으로써 행정의 현지성 확보와 주민편의에 기여해 왔다(1991년 출범한 권한이양추진위원회는 2005년 11월까지 1,346건을 대상 업무로 확정 이양 추진 중이다). 그러나 건수에 비해 중요사무의 이양은 여전히 미흡한 실정이다. 특히 관련 사무의 동시

이양이 되지 않음으로써 이양의 실효를 거둘 수 없거나, 이양에 따른 인력과 예산조치가 수반되지 않음으로써 그 처리에 실효를 거두지 못한 경우도 없지 않았다.

3) 행정구역 개편

지방행정구역은 지방자치단체에 있어서는 지역적 구성요소이며 지방행정기관에 있어서는 그 직무의 관할구역으로서 행정의 안정성과 능률성에 크게 연관되고 있다. 따라서 적정한 규모의 구역을 설정한다는 것은 행정효율을 위해 불가피한 요소이기에, 꾸준히 개편이 추진되어 왔다. 그러나 구역이 갖는 전통성, 주민이해의 상반 등 현실적 요인으로 행정계층구조의 문제와 더불어 전면적인 개혁조치에는 이르지 못하고 있다.

실제 행정구역은 1896년 한말의 개혁 당시 13도 1목 7부 341군의 골격을 그대로 유지하고 있다고 하겠다.

그러나 정부수립이후 여러 차례의 구역 개편도 이루어져 왔는 바 당시의 9도 133군 14부 73읍 1,456면에서 1특별시에다 4직할시 9도 139군 57시 189읍 1,274면으로 개편되었다. 특히 시 · 읍으로의 승격과 직할시의 증설이 특색이라 하겠다(2005년 현재 구역은 1특별시 6광역시 9도 77시 88군 211읍 1,209면임).

이는 산업화 과정에서 인구의 도시집중으로 거대도시 내지 중소도시가 성장하고 이에 따른 행정적 대응조치라고 볼 수 있어 당연한 귀결이라 할 수 있다. 그러나 이러한 조치들로 도시수요의 해결에는 상당히 기여하였으나 잔여 농촌지역인 군의 상대적 위축과 동일한 경제생활권을 인위적으로 분리시키는데 따른 불편과 부작용이 문제점으로 지적되었다.

4) 기구와 정원관리

행정개혁의 취지를 능률과 효율성의 추구에 있다고 볼 때 지방행정의 기구와 정원은 합리화의 중요한 대상이 아닐 수 없다. 지방행정 사무의 양적 증대와 질적 고도화는 이를 담당, 처리하는 조직과 정원의 팽창을 가져왔다. 정원의 경우 1961년의 37,032명에서 1987년 148,635명으로 약 4배 증가하였다. 1980년대 들어 사업소의 통 · 폐합, 병원의 공사화 등으로 일부 인력의 정비도 있었으나 새마을 사업, 주민등록 업무, 농촌 · 도시지도 정비 업무 등의 폭주로 증원이 불가피하였다. 지방기구도 단체별 규모에 따라 중앙부처에서 유형화하여 지도해왔으며 업무량의 증가에 따라 확대되어 왔다. 1981년에는 작은 정부를 지향하려는 정부방침에 따라 일부 도의 산림, 수산국이 농정, 식산국으로 통합되고, 부군수직을 결원시 자동 폐지하는 방법으로 감축을 시도하였으나 그 후 거의 환원되는 결과가 되었다.

그간 각 기관마다 일정한 결원의 충원유보, 일선기관으로의 정원이관, 업무의 민간위임 등으로 인력운용의 효율화를 기해 왔다. 그러나 근본적으로는 지방공무원의 정원이 수반되는 직제개편은 중앙의 승인에 유보됨으로써 강력한 통제가 이루어져 왔고 이러한 경직된 통제가 때로는 신축적인 지방행정 관리에 어려움도 주어왔다. 따라서 업무량의 정확한 측정과 정원기준의 설정으로 자율적 조정하에 행정의 효율화와 원활한 운영을 도모해 나가야 할 것이다.

5) 민원처리 개선

행정개혁의 궁극적 목표는 주민편익의 증대와 주민부담의 감소일 것이다.

최소의 비용과 시간으로 주민의 요구를 수렴 · 처리해 주는 민원처리의 제도개선은 행정발전의 중요과제로 꾸준히 추진되어 왔다. 특히 1970년대 이후 인허가의 폐지, 신고로의 전환 등 행정규제의 축소 · 완화와 민원서류 서식간소화, 첨부서류의 감축 등 민원처리의 개선이 본격적으로 이루어졌다.

모든 민원서류의 준거가 되는 민원사무처리규정이 1970년 12월에 제정됨으로써 민원처리 기한이 지정되었고 또한 복합민원처리제로 동일안건 관련사안은 동시에 심사처리 해주는 편익이 이루어지게 되었다.

그러나 가장 획기적인 발전은 아무래도 민원실의 설치와 창구 즉결의 실시를 들 수 있다. 1968년 11월 부산시와 도의 민원실 설치를 제도화한 이래 1970년 1월 20일부터 전국 시 · 도, 시 · 군 · 구, 읍 · 면 · 동에 민원실을 설치하고 전체 1,187종의 민원서류 중 21%에 해당하는 225종을 창구즉결토록 하였던 것이다. 그밖에도 우편민원의 실시, 전화민원, 그리고 민원처리 대행제 등 각종 민원창안이 실시되었다.

아울러 민원처리의 신속을 위해 기관마다 자동복사기 등 행정장비가 보급되었고 이에 따라 인력과 시간 절약에도 크게 기여하게 되었다.

6) 주민등록과 전산화 추진

주민등록은 1962년 5월 주민등록법이 제정된 이래 주민주거사항의 정확한 기록관리로 행정발전에 크게 기여하였다. 특히 1978년 9월부터 개인별 주민등록표 작성이 완료됨에 따라 읍 · 면 · 동의 7종의 장표 관리가 통합되었고 이에 따라 전산화의 기초가 마련되었다. 이는 주민등록번호의 부여와 더불어 행정능률에 크게 기여한 일대개혁조치라 하겠다.

지방행정에 있어 전산화는 1978년 부산시의 재산세의 용역처리를 기점으로 추진되었고, 이어 1979년에는 내무부에 전산계를 설치하였으며 1980

년대 들어서는 본격적인 전산화의 기틀을 마련하였다. 그리고 각 시 · 도에서 개발 · 운영중인 전산화업무는 23종으로 확대되었으며, 토지기록의 온라인 처리망의 완성으로 토지세제의 발전에도 기여하고 있다.

7) 재무구조와 예산개혁

지방자치단체의 일반회계예산의 순계규모는 1962년도에 100억원이었으나 1987년에는 4조6천761억으로 지난 25년간 명목상 약 468배의 증가를 보이고 있다. 같은 해 세출구조를 보면 일반행정비는 26.4%로 1962년도의 56%에 비하면 크게 낮아졌으나, 연도별 추이에서 보는 바와 같이 예산규모의 신장에 따른 상대적 하향으로 볼 수 있다.

예산운영의 중점은 언제나 일반경상비의 절감이었으며 1980년대 들어서도 안정기조 속의 지방예산은 건전재정과 긴축, 대절약의 지표로 요약되어 왔다.

그러나 지방행정인력의 증가는 필연적으로 경상비의 팽창을 가져왔으며 이의 절감을 위해 편성된 예산액의 5~10%를 유보하는 배정통제 등 강력한 예산 통제책으로 제어해 왔다.

지방재정 구조상의 또 하나의 문제점으로 지방채의 증가를 들 수 있다. 지방자치단체의 모든 채무는 내무부의 승인을 받는 데다가 그간의 긴축기조 예산운영으로 엄격히 통제되어 왔음에도 불구하고 기상재해의 복구와 특히 지방도로사업의 기채 사업으로 자치단체마다 매년 예산압박의 주 요인이 되어오고 있다.

그리고 예산의 편성에서부터 본원적 개혁을 시도, 80년대 들어 영기준(Zero Base) 예산제도의 도입으로 사업전반에 대한 효율분석에서 예산편성에 임하기도 했으나 다양한 사업을 평가하는 기준의 문제와 경제외적

요인에 의해 큰 실효를 거두지 못하였다.

8) 지방세제 개혁

지방세는 지방수입의 주종이요 지방자치는 주민이 스스로 부담하는 지방세를 전제로 하는 것이다. 그러나 이러한 자율부담의 절차적 기구인 지방의회가 구성되지 않은 상황에서 지방세의 논의나 발전은 스스로 제약될 수밖에 없는 것이 1960년대 이후의 상황이었다. 그럼에도 불구하고 지방재정력 강화의 일환으로 지방세원의 확충을 위한 노력은 꾸준히 추진되어 왔고, 이는 국세로부터 지방세의 독자적 영역확보로 나타났다.

1961년 지방세와 국세의 조정에 관한 법률, 그리고 이어서 지방세법이 제정 · 공포됨으로써 지방세의 기틀이 정립되었고 이어 여러 차례의 재원확충을 위하여 세법개정이 이루어졌다. 그러나 지방행정의 개혁차원에서 볼 때 세수증대 입장보다는 주민부담의 경감과 공평한 과세분담의 노력이란 입장에서의 세제개편으로 평가되어야 할 것이다. 그러한 의미에서 1973년의 주민세 신설은 주민부담의 균분화를 위한 개선이었으며, 1984년의 농지세제 개선도 주민부담의 실제화와 공평화에 기여한 일대개혁이라 할 수 있다. 농지세는 그간 수익세로 조수입 기준의 과표와 기초공제 내지 세율도 불합리하여, 소득세 형태로 개정함으로써, 세수는 감축되었지만 세정합리화에 크게 기여하였다. 모든 과세는 과표와 세율에 의해 결정된다는 입장에서 과세표준의 결정, 소득표준율의 산정 등 기술적, 전문적 분야에서의 연구 발전도 꾸준히 이루어져왔다. 그러나 지가의 등락이 심화됨에 따라 부동산 과세시가표준은 가장 비현실적 대상이 되고 따라서 지가고시의 현실화와 일원화란 과제를 제기하였다. 세정운영면에서는 공개와 예고, 구제절차의 개선이 세정민원 해소에 크게 기여하였다.

3. 지방행정 개혁의 평가

지방행정에서의 개혁작업은 중앙행정의 주도하에 전국적 획일적 시책으로 추진되어 오면서 전통적 · 비합리적 행정행태나 타성을 과감히 탈피하는 등 행정의 생산성과 능률성 향상에 크게 기여해 왔다. 그러나 지방에서의 의존성 · 형식성으로 소기의 성과를 거두지 못한 면도 있었으나 중앙계획 자체의 지나친 전시성, 일관성의 결여, 지나친 획일성 등으로 지역의 특성을 오히려 살리지 못한 면도 없지 않았다. 주민자치가 제한된 상황에서 이의 대안으로 주민과의 대화나 참여행정을 계속 추진하여 지방행정의 신뢰성을 제고해왔으나, 노력에 비해 그 성과는 미진했다고 하겠다. 앞으로 지방자치의 본격적 실시와 더불어 주민과의 거리감을 해소할 수 있는 방안이 지방행정개혁을 통하여 더욱 진지하게 강구되어야 할 것이다.

지방행정개혁의 지나온 경과를 보면서 개혁의 저해요인으로도 볼 수 있고 또 앞으로 개혁의 성과를 위해 보완되어 나가야 할 요인으로도 볼 수 있는 몇 가지 사항을 간추려 본다.

1) 행정의 전문성 확보

지방행정은 국가의 정책적 요구나 변혁에 대응하여 체계적 기반을 지탱해 온 성과 못지않게 전문성과 효율성에 손상을 받아온 일도 적지 않았고 개혁의 노력은 때때로 한계를 지닐 때가 적지 않았다. 행정개혁은 행정적 · 전문적 입장에서 추진될 때 보다 성과가 거양될 수 있을 것이다.

2) 행정의 현지성 존중

중앙부처 위주의 행정수행에서 지방행정의 종합성과 현지성을 더욱 존중해 주는 여건이 조성되어야 할 것이다.

특별관서의 통합문제나 지방사무의 내실있는 이양도 중앙의 지방에 대한 신뢰와 존중이 없이는 어려울 것이다.

3) 주민의 관심과 참여

지방행정개혁은 지역주민의 적극적인 관심과 참여가 긴요한 것이다. 지방행정은 선택과 부담의 입장에서 주민의 이해가 필수적이며 보다 엄격한 주민의 감시대상이 될 때 개혁은 더욱 촉진될 것이다. 앞으로 지방행정개혁을 주관해 나갈 별도 기구를 중앙과 지방에 각각 설치하되 반드시 민간에서의 참여가 보장되어야 할 것이다.

4. 지방행정 개혁의 전망

주민화합 · 자율의 시대적 요청과 더불어 지방화 시대가 내실있게 진전되어 나가야 할 시점에서 지방행정의 신뢰성과 효율성의 확보가 더욱 기대된다.

선진복지사회로의 진입을 앞두고 윤택한 생활환경과 공평한 대우를 기대하는 주민의 여망을 큰 부담의 증가없이 실현함에 있어 현행 제도와 체계는 부단히 쇄신되고 개혁되어야 할 것이다.

예산부문의 낭비는 철저히 배제되고, 절약과 능률의 지표가 보편화되어야 할 것이다. 행정추진의 공정성과 객관성이 보장되고 공개화된 행정에로의 이해기반이 조성되며 주민의 직접 참여가 보장되어야 할 것이다. 이러한 전제하에서 앞으로 전개될 지방행정 개혁의 주요대상과 중점방향을 전망해 보고자 한다.

1) 지방행정 계층과 구역의 적정화

현 행정체계상 도 · 군 · 읍 · 면 · 리의 계층구조는 행정능률면에서 종국적으로 감축 · 간소화되어야 할 것이며, 우선 읍 · 면과 이 · 동 중 선택적으로 육성하는 방안이 강구되고 규모가 과대한 도나 군은 조정되는 것이 바람직할 것이다. 이는 2000년대의 발전된 지방행정 체제로서 사회 · 경제적 변화에 상응할 제도의 개혁이라 할 것이다.

또한 자치구조상 특별시와 광역시에 자치구를 새로이 둠으로써 도시 · 농촌지역 모두 2 계층의 자치단체를 갖게 됨으로써 앞으로 대도시 지역에서의 일방적 행정처리를 위한 원활한 조정이 더욱 기대된다.

도시인구 집중화는 당분간 지속되고 이에 대응한 시 승격은 계속 늘어나겠지만 이는 신중히 추진되어야 할 것이다. 광역시로의 승격 요구도 경쟁적으로 제기되겠지만 분리 승격보다 사무 배분과 감독에 특례를 두는 형태로 발전되는 것이 바람직할 것이다.

2) 사무배분과 종합행정체제 확립

주민에 가장 가까운 지방자치단체에 사무가 우선 배분 추진될 것이다. 개정된 지방자치법에서는 국가와 지방자치단체간의 사무배분원칙과 사무를 예시하고 있어 종래와 같은 무분별한 사무처리의 혼란과 경비부담전가 등의 사례는 줄어들겠지만 지방자치단체가 그 사무를 처리해 나갈 수 있는 능력을 재원과 인력 · 기술면에서 갖추는 것이 중요할 것이다. 그렇지 못할 때 자치법상의 사무구분은 지켜지기 어려울 것이며 변형된 형태로 사무의 처리나 간섭이 나타날 수도 있을 것이다. 종전의 경우 시 · 군이나 읍 · 면 단위로 이양되었던 업무가 다시 환원된 예도 있었는 바 이러한 경향은 이양자체의 판단에도 문제가 있었지만 처리태세의 미비가 더 문제였다고 할 수 있다. 또한 지방의 각종 특별관서는 자치단체 중심으로 통합운영되도록 개편됨으로써 주민편익과 주민통제가 효율적으로 이루어 질 수 있을 것이다. 1980년대에 들어서도 이와 상반되는 경향으로 노동행정, 환경행정 등의 분야에서 별도 기구를 두어 왔으나 전문성의 강조에도 불구하고 실효성은 저하되고 있어 지역책임행정의 입장에서도 재고되어야 할 것이다.

3) 행정 감량과 민간위탁의 확대

간소한 정부의 여망은 민간자율의 확대와 더불어 더욱 높아질 것이며 따라서 행정책임의 직접적 수행은 제한될 수밖에 없을 것이다. 이는 행정에의 경영원리의 도입과 더불어 차제 민간영역으로의 위탁 등이 늘어날 것이다. 아울러 공사 · 공단 등 간접적 경영형태로도 발전될 것이다. 이는 행정경비의 절감은 물론 관 · 민 · 참여의 행정 형태로 행정책임을 적절히 분산할 수 있기 때문이다.

지나온 지방행정의 환경으로 업무량이나 질에서, 근무시간이나 조건에서 무제한적 봉사로의 행정영역을 확대해온데 대하여는 정상적인 영역과 방법으로 환원되어야 할 것이며 또 그렇게 될 것이다. 이는 앞으로 늘어날 주민의 복지수요에 대해서도 감안될 수 있는 해답이 될 것이다.

4) 지방예산과 세정개혁

지방재정의 계획적 운영은 투자재원의 효율적 배분과 주민여망의 공평한 수용을 위해 이룩해 나가야 할 과제이다.

지방자치단체별 연차 개발계획과 중기재정계획이 이루어지면서 투자사업 심사제가 실질적으로 이뤄져 나갈 것이다.

특히 수요가 늘어나는 체육, 문예, 복지시설 등은 지역단위의 효율적 운영을 감안하여 설치하고 시기와 규모를 적절히 조정하여야 할 것이다. 지방자치단체의 일반가용재원을 확충해 나가기 위해 국고보조와 그 지방적 부담의 일반재원화가 예산효율 차원뿐 아니라 사무감소화와 인력의 감축 입장에서도 계속 추진되어야 할 것이다. 지방재원의 확충책으로 전매익금의 배분을 늘리는 방안이 강구되었으나 지역과 관련된 다양한 세원을 자주적으로 운영해 나가야 될 자치재정의 입장에서는 지방세원이 재산과 소득간의 균형 그리고 소비세목의 이양 등 지방중심의 근본적 개편이 바람직하다. 세정운용면에서도 우선 부동산 과세시가표준을 현실화하되 세율을 하향조정하는 방향으로 합리화가 추진되어야만 주민이 수긍하는 신뢰세정이 이루어질 것이다. 또한 각종 지방세의 감면조항도 대폭 정리됨으로써 공평세제로 보다 접근해 나갈 것이다. 아울러 수익자부담을 적극 활용하여 행정서비스에 반드시 주민의 부담이 수반되고 특별한 사업추진엔 수혜자의 부담을 적절히 해나가도록 할 것이다. 새마을사업에서 수혜주민의 일부 부담 · 분담 원칙이 오히려 사라져 가는 현실에서 재검토되어야 할 것이다. 저부담고복지의 주민욕구 속에 운용될 지방재정은 철저한 예산절감과 공평한 경비부담이 그 지주가 되어야 할 것이다.

5) 사무관리 전산화의 촉진

정보화사회를 이끄는 첨단 전자기술의 발전은 날로 전산화의 영역을 확대촉진해 나갈 것이다. 지방행정 전반에 걸친 전산화의 확대는 기본 전산망의 구성과 더불어 분야별로 보편화되어 갈 것이며 사무자동화를 위한 요원과 장비의 확보, 교육 · 훈련이 지속될 것이다. 간편하고 능률적인 창안이 부단히 제시됨으로써 자치단체 스스로의 노력에 의거 행정개혁은 보다 활력화될 것이다.

6) 지방자치 운영의 건전화

개정된 지방자치법(1988. 5. 1. 시행)은 지방자치행정의 민주성과 능률성을 도모하여 지방자치의 건전한 발전을 기함을 목적으로 하고 있으며 이를 위한 보완조치들을 강구하고 있다.

지방의회 의원의 소수 정원제, 회기의 제한, 일방적 예산증액의 억제, 자치단체 장의 선결처분권 등이 그 예라 할 것이다. 이러한 자치규정의 보완으로 과거 자치운영에서와 같은 마찰과 더불어 비능률은 없어질 것으로 기대된다.

그러나 제도 여하에 불문하고 이를 운영해 나가는 모든 관계인사들의 특별한 노력이 있어야 할 것이다.

이상에서와 같은 개혁의 노력이 지속될 때 신뢰할 수 있는 간소하고도 효율적인 지방행정, 밝고 건강한 지방행정이 이루어질 것으로 기대된다.

✲ 〈지방행정〉 1988. 5.

4. 15 총선과 지방자치

1. 4. 15 총선의 의미

2004년 4월 15일은 참여정부 출범 1년여만에 실시되는 국회의원 총 선거일이다. 갈등과 대립 비리의원 구속 등으로 얼룩진 16대 국회를 마감하고 변화와 개혁의 흐름에 맞는 새로운 국회를 구성하는 선거가 이루어 지게되는 것이다. 국민이 주권자로서 국정에 관한 최종 선택을 하는 절호의 기회이기도 하다. 매 4년마다 있는 총선거이지만 이번 선거는 어느때 보다 주목의 대상이 되는 의미있는 선거로 보여진다. 그 이유로는

○ 노무현대통령의 신임투표 문제가 완전히 해소되지 않은 상태에서 더구나 탄핵정국과 교차되면서 총선 결과와 재 신임은 어떤 형태로든 연관이 되고 국정 1년에 대한 평가의 의미를 가지게 될 것이며,

○ 지난 대선 과정에서의 불법선거 자금의 노출로 여야 모두가 정치 부패의 늪에서 벗어나지 못하고 있기는 하나, 한편 선거 관련법 등의 과감한 개정을 통해 정치에 대한 불신을 해소하고 정치개혁에 기대를 걸게 하는 선거이며,

○ 시민단체의 활동 등으로 국민의 참여의지가 어느 때보다도 활발하고 이른바 물갈이 여론이 높은 가운데 지역주의가 어느 정도 완화될 수 있을는지 관심을 가지게 하는 선거란 점등을 들 수 있을 것이다.

정치적으로 보면 국회의 입법기능과 행정감시기능이 앞으로 4년간 노무현정부를 지원하는데 중점을 두게 될 것인가 아니면 견제하는데 주력하게 될 것인가가 들어날 것이며, 이는 앞으로의 국정 전개방향이나 국가의 진로와도 크게 연관되는 선택이 될 것이다.

현재까지의 선거에의 접근과정을 보면 각 정당은 개혁적인 취지에 맞는 인사의 공천에 역점을 두고 있으며 그 결과로 17대 국회는 어느 때보다도 새로운 면모를 갖춘 국회가 될 것으로 보인다.

한편 주요 정당간에는 공명선거 논란과 새 국회의 주도권 확보를 위한 경쟁이 치열해지고 있으며 이로 인해 총선 이후 정국 운영에도 부담이 되지 않을까 우려가 되기도 한다.

그러나 이번 선거는 정치개혁 입법의 시행으로 구태를 완전히 벗어나기는 어렵다 하더라도 후보자들은 어느 때보다도 선거관련 법령의 준수에

관심을 가질 것으로 보여지기도 한다.

2. 지방자치관련 입법쟁점

4. 15 총선으로 새로 구성될 국회는 앞으로 4년간의 국정수행에 중요한 역할을 하게 될 것이다. 우선 각종 입법활동에 있어 방향과 내용을 어떻게 설정할 것인가에 관심이 모아진다. 정부의 정책의지나 역할에 따라 다소 다를 수도 있겠으나 기본적으로 개개 의원들의 성향이나 정당의 선호에 따라 민의를 수렴하는 과정이나 입법에서의 결과가 달라지게 될 것이다. 여기서는 지방자치영역에서 보여 줄 법제활동이 무엇보다 관심의 대상이라 할 것이다.

16대 국회에서 이미 지방분권특별법, 국토균형발전특별법 등이 통과됨으로써 국가의 분권적인 기본구조는 짜여졌으며 따라서 새로운 국회에서는 이러한 기조에 따라 제시된 관련법들을 정비해 나가게 될 것으로 보인다. 그렇다 하더라도 선거에서 국민의 의사가 어떻게 표시되느냐에 따라 분권지향의 정책내용이나 수용의 강도는 달라지게 될 것이다.

앞으로 국회에서 다루어질 지방자치와 관련되는 쟁점 과제들을 살펴보면 다음과 같다.

1) 국가사무의 지방이양이다

지방에서 처리할 수 있는 사무는 자치단체에서 처리해야한다는 지방자치 본래의 취지에 따라 중앙부처가 수행하고 있는 각종 기능, 사무에 대하여 법률 종류별로 검토하여 이양사무를 발굴하며 이를 개별 법률이나 일괄이양법을 통해 지방에 이양해 나가게 될 것이다.

이는 대부분 국회의 심의, 의결을 거치는 법률에 의하지 않고서는 결코 이루어 질 수 없는 일들이다. 따라서 의원들의 이해와 협조가 따라야 할 것이다.

물론 관계 법률의 정비를 위한 기초작업은 정부의 전문기구의 조사연구 및 관련부처와의 협의에 의해 이루어진다고 하겠으나 현실적으로 주무부서의 이양기피 현상으로 이양사무의 발굴이 어렵다고 볼 때 의미 있는 분권이 되기 위해서는 국회에서의 적극적인 관심과 촉구가 있어야 할 것이다.

일본의 예에서 보면 부처업무의 지방이양이나 민간화에 있어 국회에서 오히려 이견이 제기되고 입장을 달리하는 경우도 볼 수 있으며, 공공사업과 관련되는 보조사업의 감축 등에는 정치적인 이해가 특히 민감하게 작용되고 있음을 보게 된다.

그러나 한편 일본에서의 지방분권작업은 본격 착수에 앞서 의회에서 분권촉진 결의가 있었고 이러한 정치적인 강도높은 지원에 힘입어 지방분권법이나 후속 관련 법률들이 마련되고 성공적인 분권작업이 될 수 있었다는 점에서 볼 때 지방분권을 위한 정치적인 결의는 참으로 중요하다고 할 것이다.

분권과 관련하여 주민생활과 지방행정에 큰 변화를 가져 올 수 있는 분야로는 경찰과 교육업무를 들 수 있을 것이다. 국가경찰과 병행하여 지방에서 관장하는 지방경찰을 두고 교육집행기관을 일반행정과 긴밀히 연계토록 하는 내용이 될 것으로 보이는 이들 안들은 모두 연구, 검토를 하고 있는 사안이긴 하나 정부의 합리적인 대안마련과 국회의 신중한 결정이 있어야 할 것이다.

지방분권특별법에서는 특히 지방자치와 관련되는 법령의 제 · 개정에서 지방분권의 기본이념에 적합하도록 하여야 한다고 규정함으로써 이러한 방향에서 벗어나는 입법은 제어될 수 있지 않을까 기대된다.

2) 국고재원의 이양이다

사무이양에는 재원의 이양이 반드시 따라야 할 것이다. 우선 국고보조금 등 특정재원의 감축과 지방교부금 등 일반재원의 확충이 이루어져야 할 것이지만 기본적으로는 자주재원으로서 지방세수의 확충이 있어야 할 것이다. 이를 위해서는 세법개정을 통한 지방으로의 세원이양이 이루어져야 할 것이다. 그러나 국고보조재원의 감축에 대한 국회의 이해도 쉽지 않다고 보아야 할 것이다. 국고재원을 줄이려는 정책은 역할 축소로 이해될지도 모르기 때문이다. 더구나 국민의 부담을 추가할지도 모를 세제개혁에는 거부감이 있을 수 있고 이런 의미에서도 지방분권시스템의 우위성이나 불가피성을 이해하고 주민들의 자율성을 내실있게 구현해 줄 인사들이 새로운 국회에는 많이 진출해 주기를 기대해 본다.

3) 주민참여와 자치입법 영역확보이다

지방자치는 지방사무에 대해 스스로 참여하, 결정하며 책임을 지는 것이라 할 수 있다.

이중 어느 한 분야도 소홀히 되면 온전한 자치가 될 수 없을 것이다. 근간에 와서 주민참여의 촉진을 위해 정보공개관련 법제나 주민투표법 등이 마련된 바도 있거니와 지방분권특별법에 제시된 주민소환 등에 관한 법도 조속히 마련되고 시행이 준비되어야 할 것이다.(지방자치 로드맵 참조) 지방자치에서도 국정에서와 같이 대의제가 기본구조이나 주민의사의 충실한 반영을 위해서는 이러한 직접민주제에 기초한 제도로의 보완이 필요한 것으로 보여지기 때문이다.

아울러 자치입법의 영역이 신장될 수 있도록 입법(조례)사항에 대한 제한을 완화하고 지방행정관련 개별 법률에서도 가급적 대통령령보다는 조례에 위임하도록하는 노력이 있어야만 지방자치의 입지는 확보될 수 있을 것이다.

3. 단체장 등의 사임과 보선

임기도중에 단체장이나 지방의원이 사직하는 경우 자치행정의 정상적인 운영에 지장을 가져오지 않을까 우려가 되기도 한다. 17대 총선에서도 13명의 단체장과 34명의 광역의회의원이 입후보를 위해 사직하였으며 대전광역시의 경우 5개 구청 중 3개 구청장이 사임함으로써 시정 공백의 우려가 현실로 나타나고 있는 실정이다.

이에 따라 시민단체 등의 비난도 높아지고 있다. 자치단체장이나 지방의원도 다른 공직자와 같이 사임함으로써 국회의원 후보가 가능하다 하더라도 주민생활과 지역발전에 미치는 영향을 고려할 때 임기 중 이탈은 자치발전에 결코 도움이 되지 않는다고 할 것이다.

따라서 임기중 사임으로 보궐선거를 치르는 부담을 주지 않는 것이 정도라 할 것이다.

그런데 단체장의 경우 사퇴는 연임제한과 연관이 적지 않는 것 같다. 3기에 한하는 연임제한은 지방자치의 침체를 막고 활력을 높이기 위해 지나친 장기 재임을 억제하려는 취지이나 법적인 제한이란 점에 문제가 있는 것 같다.

다선(多選)의 비율이 높은 일본의 경우를 보면 인사편향의 방지나 조직의 활성화를 위해 연임제한의 필요성은 인정하면서도 법과 원칙에 위반될 수도 있다는 점에서 아직까지는 일부 자치단체의 연임제한권고 조례의 제정에 그치고 있음을 볼 수 있다.(예: 동경도 杉並구 등)

한편 단체장의 사퇴나 선거법 위반 등으로 그 직을 상실한 경우에는 보궐선거가 조속히 이루어져 행정공백을 최소화함이 당연할 것이나 현행 선거법에서는 전국적인 동시 보선의 원칙에 따라 상, 하반기로 나누어 동일자에 실시함에 따라 상당기간 공백이 불가피한 경우도 있게되며 보선에 의한 임기도 전임자의 잔임 기간으로 함에 따른 문제점도 있는 것 같다.

따라서 단체장의 보궐선거의 경우는 단체별로 개별실시도 가능하도록 하며 이를 위해서는 지방선거관리업무도 분권운영의 방향으로 개선책이 강구되어야 할 것이다.

4. 지방자치선거 개혁

시대적 요구가 되고 있는 정치관련 개혁입법이 오랜 진통 끝에 지난 3월 임시국회에서 통과되기에 이르렀다.

- ○ 국회의원의 정수와 선거구의 재 책정 및 1인 2표제의 도입
- ○ 기업의 기부행위 제한 등 투명한 정치자금의 확보관리
- ○ 지구당의 폐지 등 효율적인 정당활동과 관련된 공직선거법, 정당법, 정치자금법 등이 일괄개정된 것이다. 이러한 정치권의 강한 의지는 다가올 지방선거에서도 그대로 반영되어 나감으로써 지방정치풍토의 개선에 기여할 것으로 기대된다. 이와 관련된 주요과제로는 다음과 같다.

1) 깨끗하고 공정한 선거 운영이다.

총선 후보나 관련자의 돈봉투 수수 등으로 이미 고발된 사례도 여러 곳 있거니와 이는 확대된 보상금 지급의 효과로 볼 수도 있겠으나 공명선거를 바라는 시민의식의 향상으로 볼 수 있을 것이다. 여하튼 지난번 제주 교육감 선거에서와 같이 부정선거운동으로 후보자 전원과 상당수의 선거

인이 구속되는 사례 등은 되풀이되어서는 아니 될 것이다[7].

지방선거에서 부정이 없는 깨끗하고 공정한 선거운영이 보장되지 않는다면 지방자치는 제 기능을 할 수도 없고 기대하는 의미도 없게 될 것이다.

2) 정당공천의 재검토이다.

지방자치의 취지나 현실 정치와의 관계에서 볼 때 지방선거에서 정당공천은 이점보다 폐단이 더 큰 것으로 평가되고 있는 듯 하다. 특히 단체장의 정당공천은 중앙당이나 지역구의원에 예속되기가 쉽고 지방행정에 부당한 부담이 될 수도 있으며 선거를 전후한 이적등의 파문도 여기에 기인되는 것으로 볼 수 있을 것이다. 현재 기초의원을 제외하고 실시되고 있는 정당공천제는 장 · 단점이 있기는 하나 올바른 선거문화 정착을 위해서도 폐지가 더 합리적일 것으로 생각된다[8].

3) 참신하고 유능한 인재의 확보이다

지방 선거에서는 종래 지역의 특정유지들이 큰 비중을 차지해 왔으나 이제는 이러한 현상에서 벗어나 각계의 젊고 유능한 인재들이 선거를 통해 진입할 수 있어야 할 것이다. 물론 이는 유권자의 판단 몫이긴 하나 지방선거가 거듭되어 가면서 자치정을 이끌어 갈 유능한 인재의 충원이란 면에서 이제는 진전된 모습을 보여주어야 할 것이다.

특히 여성의원의 진출에 대해서는 국회에서도 비례대표의 50%이상을 여성에 배정하기로 하였으며, 이미 광역의원 비례대표의 50%는 여성에게

7) 2004. 1. 25., 3. 2. 중앙일보 기사

8) 2005. 6. 30. 관련법 개정에서는 오히려 기초의원 선거에까지 정당공천이 확대된바 있다.

보장되어 있으나(2006년부터 기초의회에도 비례대표제 시행) 여성의원의 비율은 여전히 낮은 편이다. 이를 촉진할 제도적인 장치도 필요하겠으나 이 분야에서 보다 적극적인 지원과 참여의지가 기대된다고 하겠다.

지방자치의 건전한 정착은 지방 선거문화의 개혁에서부터 이루어져야 할 것이며 4. 15 총선도 이러한 성숙된 지방자치 정착에 기여하는 또 하나의 계기가 되어야만 할 것이다.

✻ 〈자치발전〉 2004. 4.

대의 민주제와 2원 대표제

지방자치 정부의 구성과 운영에서는 대의민주제가 일반적인 모델이 되고 있다. 중앙정부이든 지방자치단체이든 민주주의 제도하에서는 선거에 의해 선출되는 대표자에 의한 정치, 행정이 보편화되고 있음을 보게 된다. 이는 지역이나 인구의 규모가 어디서든 직접민주제를 운영할 수 있는 범위를 벗어난데다 전문영역의 대표자에게 국정이나 자치정의 과제를 위탁 운영함이 보다 바람직하기 때문이라 할 수 있다.

그러나 이러한 대의제에서는 선거가 일단 실시된 후에는 다음 선거 때까지는 다수 주민의 의사에 반하는 시책이 추진되더라도 마땅히 대응할 방법을 찾기가 어렵다.

그래도 자치정에서는 대의제의 원칙에 의하면서도 사안에 따라 주민의 직접참가 등 직접민주제 요소의 도입으로 주민의 의사가 반영될 수 있는 조치가 강구되고 있으며 이로써 간접민주제를 보완하고 있다.

나라에 따라 다르기는 하나 주민발안에 의한 직접 입법이 허용된다던가 주요시책의 찬부를 주민에게 묻는 주민투표제가 채택되기도 하고 그리고 선출된 기관의 해직 등 소환(Recall)을 요구할 수도 있게 하고 있다. 그러나 이러한 제도가 지나치면 대의제는 허상이 될 수밖에 없어 그 범위와 대상은 신중한 선택을 하게 된다.

일본의 예에서 보더라도 조례의 제안 등 직접청구는 유권자의 1/50이상 서명으로 가능하게 하며 나아가 주민소환은 1/3이상의 주민의 서명을 필요로하게 하고 있다. 이러한 서명요건은 소규모 단체에서는 가능하나 대도시 이상의 단체에서는 사실상 실현이 기대되기가 어렵다. 그리고 주민투표제는 그 필요성에도 불구하고 아직도 일반적인 법제화되지 않고 관련 조례는 주민의 다수가 서명청구를 하더라도 의회에서 부결되는 경우가 오히려 더 많은 실정이다. 여하튼 조례의 제정은 지방의회의 의결이 절대적인 전제가 되고 있다. 주민투표제의 법제화는 대의제의 근간으로서의 지방의회의 역할과 권능의 훼손을 우려하여 채택이 유보되고 있는 것이다.

한편 자치기관의 구성에서도 의결기관과 집행기관을 주민이 각기 선출하는 2원대표제가 한국이나 일본 등 여러 나라에서 채택되고 있다. 그러나 여기서도 단체장(집행기관)과 의회(의결기관)의 관계에 견제와 균형이 이상적으로 작용될 수 있어야 하나 정책의 기획과 집행권을 가지는 수장의 역할이 늘어나는 경향이 있다. 그럴수록 의회는 수장에 대한 감시와 견제기능을 제대로 해나가야 하며 그렇게 되기를 기대하고 있는 것이다. 그러나 의정 운영의 실제를 보면 여당화 경향이나 전문성의 결여로 견제가 어려움을 보여주고 있다.

이제 지방분권이 진전될수록 자기결정 영역은 확대되고 그만큼 의회의 역할도 중요할 수밖에 없으며 지방의회는 정책능력향상과 더불어 주민참가를 확대하는 개혁적인 조치가 우선 요구되고 있다.

이러한 현상은 1원 대표제, 즉 영국에서와 같은 의회(Council)형의 기관구성에서는 제기될 수 있는 문제는 아닌 것이다. 여기서는 의결과 집행 기능이 일원화되어 있기 때문이다.

지방자치의 기관구성에 관하여 대의제에 기초하면서도 주민참가에 의한 직접민주제 요소가 보완되는 것이 지방의회 등의 침체를 극복하기 위해 필요할 수도 있을 것이다. 그러나 이는 단체장이나 지방의회의 기능과 역할에 대한 본질적 부분을 훼손하는 것이어서는 안될 것이다. 또한 기관구성에서 2원 대표제가 채택되는 경우에는 의회와 단체장간에 적절한 균형이 이루어질 수 있어야 하며 그렇지 않으면 2원 대표제의 의미는 상실될 수밖에 없을 것이다. 그리고 우리나라에서도 1원 대표제 방식의 선택적 도입방안을 연구해 볼 수 있지 않을까 생각된다.

✻ 〈자치의정〉 2003. 7 · 8

지방의회와 청원제도

우리나라 국민은 누구나 정부기관이나 자치단체에 대해 문서로 청원을 할 수 있다. 이는 헌법에 보장된 기본적인 권리이기도 하다. 이러한 청원의 대상과 처리 절차에 관해서는 청원법이 별도 제정되어 있으며 국회나 지방의회의 활동과 관련된 청원에 대하여는 그 절차를 특별히 국회법이나 지방자치법에 규정을 두고 있다.

지방자치와 관련해 볼 때 청원은 주민참여의 수단이기도 하며 지방의회는 청원을 수리하여 처리할 수 있는 권능을 가지게 된다. 그런데 지방의회가 청원을 수리하고자 할 때는 반드시 지방의원의 소개가 있어야 하며 이는 국회에서의 청원과 같은 절차적 요건이기도 하다.

지방의원은 주민의 대표로 지역단위에서 선출되는 특성상 청원의 대상인 지역 민원의 소재나 현안에 대해 잘 알 수 있으며 또한 소개의원의 설명 등으로 청원사항의 심의 처리에도 도움을 주고자하는 취지로 이해된다.

여하튼 지방의회의 청원수리 기능은 주민의 의견을 수렴하여 지역정책 형성과 집행부의 견제에 기여하며 개별 주민의 피해에 대한 권리구제의 수단으로서도 유용하게 작용할 수 있어 그 의미는 적지 않는 것으로 보여진다.

더구나 청원의 대상으로서는 피해의 구제, 비위의 시정이나 법령의 제정 개 · 폐 등 공공기관의 권한사항이면 모두가 대상이 되며 다만 재판에 간섭하거나 법령에 위반되는 사항만 배제하고 있어 그 대상은 광범위한 편이다.

그러나 한편 수리된 청원은 심사는 하되 반드시 채택해야 되는 것은 아니며 내용이 집행부소관이면 이송하고 처리결과를 받아 볼 수 있다. 어느 경우든 청원자에 그 결과는 통보하도록 하고 있다.

지방의회에서의 청원은 의원의 소개가 있어야한다는 점에서 일반 민원으로서의 진정 등과는 형식상 구분된다. 진정 · 탄원 등 일반 민원에는 특별한 형식상의 요건이나 내용상의 제한도 없고 처리결과는 통보되고 있어 오히려 쉽게 이용이 가능하기도 한 것이다.

그러나 청원은 의원의 소개라는 격식으로 민원으로서의 중요도를 나타내기도 하나 한편으로는 오히려 소개의원에 부담이 되고 제출자에게도 불편을 주고 있는 것이다.

청원의 소개활동이 의원 고유의 직무이기는 하나 이로 인해 개인 이해나 지역 분쟁에 휘말릴 우려도 적지 않기에 의원들로서는 소극적일 수도 있기 때문이다. 실제 이러한 사유 등으로 인해 청원의 활용이 저조하게 되는 경향도 없지 않는 것으로 보여진다.

참고로 지방의회 출범이후 지난 10여 년간(1991-2001) 광주광역시와 전라남도의회의 의정활동을 분석한 자료에 의하더라도 청원접수 실적은 총 86건과 14건에 머물러 비교적 낮은 편임을 알 수 있다. (한국지방자치학회보 2002 가을호 , 자치의정 2004 제5호)

한편 실제 청원사항도 간단한 민원이기보다는 지역적인 갈등을 수반하거나 고질적인 장기 미결 민원이 다수이며 지방자치단체의 경우 집행기관을 이미 거친 사항이 적지 않아 청원에 의한 민원 해결은 쉽지 않다는데 근본적인 문제가 있다고 할 것이다.

그럼에도 불구하고 다른 일반 행정기관과는 달리 주민의 대표기관인 지방의회로서는 올바른 정책형성에 필요한 여론의 수렴이나 지역갈등의 조정해결이란 역할을 위해서도 주민에 의한 청원의 활용은 더욱 촉진되어야 할 것으로 생각된다.

지방의회에서의 청원제의 활발한 운영을 위해서는,

○ 청원제도의 취지에 대한 홍보를 강화하여 주민의 이해를 우선 높여나가야 할 것이며,

○ 지방의회의원으로서도 주민의 피해구제나 지역갈등해소에 적극적인 자세를 가지고 성의있게 이를 소개하거나 처리해 나가야 할 것이며,

○ 지방의회의 주요 정책결정에 주민의 참여를 촉진하기 위해서라도 청원에 의한 주민의견 수렴을 보다 확대하고 존중해 나가야 할 것이다.

물론 주민참여의 보다 적극적인 방안으로 최근 도입 시행되고 있는 직접청구로서의 조례의 제안이나 개폐청구, 감사의 청구 그리고 주민소송제 등이 주민의 요구를 법률적인 절차에 따라 확실하게 성취할 수 있게 한다는 점에서 청원제도의 의미를 위축시킬 수도 있겠으나 이러한 제도는 엄격한 시행요건 등으로 오히려 쉽게 활용되기가 어렵다는 점에서 자유로운 의견의 개진이나 개별요청도 담아낼 수 있는 청원제도는 주민에 의한 자율적인 참여자치에서 유용한 가치를 계속 지니게 될 것이다.

따라서 간접 대의기구로서의 지방의회의 성격에서 보나 주민참여에 의한 의회기능의 활성화와 신뢰의 확보를 위해서라도 지방의회에서의 주민청원은 보다 충실한 운영이 기대된다고 하겠다.

✻ 〈자치의정〉 2005. 5 · 6

지방의회의 전문성

지방의회는 지방자치를 실질적으로 가능하게 하는 장치라 할 수 있다. 주민이 스스로 결정을 하고 책임을 지는 지방자치를 위해서는 주민의 직접참여가 바람직하기는 하나 광역에 걸친 주민의 의사를 담아 모아내는 일은 쉽지도 않거니와 복잡한 현대 사회문제의 해결에 적절한 방법이 될 수도 없기 때문이다.

그리하여 많은 나라에서는 주민의 간접적인 참여에 의한 대표성을 근거로 대의제에 입각하여 지방의회를 통해 지방자치행정을 수행하고 있는 것이다. 이때 지방의회는 본연의 업무로써 조례의 제정이나 의결권의 행사 및 집행부 감시 등 권능을 제대로 수행할 수 있어야 할 것이며 그렇지 못하다면 대의제는 허구가 되거나 불안정한 장치가 될 수밖에 없을 것이다.

지방의회가 이러한 원래 모습과 기능을 효율적으로 달성하기 위해서는 무엇보다 의정활동에서의 전문성의 확보가 긴요하다고 하겠다. 지방행정 자체에서도 전문성 수요가 날로 높아져 가고 있어 관련된 정책의 수립, 평가나 대응을 위한 의회의 역할도 전문성이 없이는 이루어질 수 없게 된 것이다.

지방의회가 전문성을 확보하고 이를 제고시켜 나가기 위해서는 선거과정을 통해 유능한 전문식견을 갖춘 인사가 선출, 영입되는 것이 가장 바람직할 것이나 실제 선거구단위에서의 선거에서 전문성있는 인사가 선출된다는 보장은 없는 것이다.

지방의원의 선출과정에서 전문인사의 확보를 다소나마 가능하게 하는 절차가 광역의원 선거등에 도입되고 있는 비례대표제라 할 수 있을 것이다(2006년부터 기초의회에도 도입). 그러나 실제는 정당별로 설정되는 명부가 의정활동에서의 전문성보다는 다른 정치적 요인이 더 작용되는 것이 아닌가 보여지기도 한다. 한편 지방의원의 겸직제한을 완화함으로써 각계 전문가의 진출에 도움을 줄 수도 있으나 우리나라에서는 엄격한 겸직제한이 따르고 있는 실정인 것이다.

지방의원의 전문성 향상과 관련하여 그동안 크게 논란이 되어 온 과제라면 지방의원의 유급화와 보좌관제 도입문제라 할 수 있겠다. 우리나라에서 지방자치의 초기부터 유지되어 온 명예직 의원제는 지방자치 본연의 취지에서는 당연한 의미를 갖는 것이기도 하였으나 복잡한 현대사회 문제를 다루어 나가야 할 오늘날의 자치행정의 입장에서는 적절치 않으며 따라서 보다 전문적인 인재의 확보를 위해서도 개정이 불가피하였다. 지난해 개정된 지방자치법에서는 이러한 명예직 규정을 삭제함으로써 의정활동비 등에서 상당한 처우의 현실화가 이루어질 수 있게 되었으나 아직도 보수제로서는 미흡한 수준이라 할 것이다. 여기에는 열악한 지방재정여건을 감안하지 않을 수 없었을 것이다(그러나 2006년부터 지방의원은 유급제로 개정됨).

아울러 의원보좌관제는 의원의 전문성 향상과 의정활동의 효율화에는 상당한 기여가 있을 것으로 보이나, 소요경비의 증대와 주민이 바라보는 의원의 역할에 대한 이해에 차이가 있다는 점에서 보다 시간을 가지고 검토해 나가야 할 과제라 할 수 있을 것이다.

그밖에 의원의 전문성을 향상시킬 수 있는 방안으로는 의원의 연수활동 강화와 의회관련 직원의 보강을 들 수 있을 것이다.

의회마다 사무조직의 일환으로 갖추고 있는 전문위원제는 부족한 지방의원의 전문성 분야를 보완하는 제도로서 바람직하나 실제 인원의 제약에다 적임자의 확보도 어려우며, 따라서 이들의 채용과 관리면에서 기준이 보완되고 직무능력의 향상책이 강구되어야 할 것이다.

지방의회의 일반사무직원도 의회가 갖는 여러 기능을 지원하고 있으며 전문성 확보분야에서 기여를 할 수 있을 것이나 이를 위해 사무직원 독자의 인사체계를 갖추게 하자는 논의는 신중한 검토가 있어야 할 것이다. 의회사무직에 대한 단체장의 임명권 관여에는 문제가 있는 것도 사실이나 대안이 가져 올 부작용도 적지 않을 것이기 때문이다.

지방의회가 부활된지도 이미 십여 년이 지남으로써 이제 그 동안의 노력으로 의정활동에 관한 상당한 경험과 자료의 축적도 이루어지고 있으며 여기에는 의원에 대한 연수나 연찬도 크게 기여한 바 있을 것이다. 그러나 이 분야에서도 보다 보강된 프로그램의 마련이나 자율적이며 체계적인 연수활동 노력을 결코 소홀히 할 수 없을 것이다. 지방의원 선거때마다 새로이 등원하는 의원들이 적지 않다는 점에서도 연수의 의미는 크게 보여지고 있는 것이다.

지방으로의 권한이양 등 분권화가 본격화되는 시점에서 이제 지방자치의 중심 축으로서의 지방의회의 역할증대에 상응한 효율적인 의정활동을 위한 전문성의 제고 노력이야말로 어느 분야보다도 촉진되어야 할 과제라 할 것이다.

✲ 〈자치의정〉 2004 . 5 · 6

6. 30 지방의회제도 개혁

풀뿌리 민주주의로서의 지방자치가 본격적으로 실시된지도 10년을 맞이하게 되었다. 그동안 지방행정의 현장에서는 민원서비스를 중심으로 주민을 위한 자치행정이 제 모습을 보여 주었는가 하면 때로는 비효율적인 예산운영 등 부작용의 노출로 지방자치에 대한 회의적 논란도 적지 않게 있어 왔다.

이 모든 공과는 지방자치제도와 운영을 담당해온 중앙과 지방의 관계기관들의 성의와 노력에 크게 달린 것이었다고 할 수 있을 것이다.

최근 이루어져 온 지방자치에 관한 여러 평가에 의하면 지방자치의 밝은 미래를 위해 혁신적인 변화가 필요한 것으로 제시되고 있으며 이러한 개혁의 기본방향은 지방으로의 권한과 재원의 이양 및 주민자율 참여의 확충으로 보여졌다.

그 중에서도 주민에 의한 참여자치의 핵심이라 할 수 있는 지방선거의 절차와 지방의회 구성의 개혁은 무엇보다 중요한 과제였다고 하겠다.

2005년 6 월 30일 국회를 통과한 지방자치법과 공직선거법 등의 개정은 이러한 배경에서 나온 구조적 개혁 조치로서 우선 긍정적인 평가를 할 수 있을 것으로 생각된다. 관련분야에서의 개정안의 요지를 먼저 살펴보면,

① 지방의회 의원에 지급되던 회기수당을 직무활동에 대해 지급하는 월정 수당으로 유급제로 전환하고 이에 상응하여 기초의회의원의 정수를 총 2,922명으로 감축조정하며,

② 기초의회의원 선거에서 그동안 배제되어 왔던 정당공천제를 도입하고 선거구 당 2~4인을 선출하는 중선거구를 채택하며 지역구 의원 정수의 10%에 해당하는 비례대표를 두되 시 · 도의회 의원의 경우와 같이 50%이상을 여성으로 추천한다는 내용이 되고 있다. 특히 비례대표의 홀수는 여성으로 추천하도록 하고 있다.

지방의회의원의 유급제는 지방의회의 전문성제고와 의회 기능의 활성화를 위해 오랫동안 주장되어 왔으나 지방자치의 본래의 취지와 주민부담의 가중을 이유로 미루어져 왔던 과제이기도 하며 이와 관련된 논란도 적지 않았다.

이런 점을 감안하여 이번 개정에서는 전문성을 갖춘 유능한 인사들의 영입으로 의정의 활력화를 이루어 나가고자 유급제를 도입하였으며 다만 이에 따른 자의적인 수당의 인상을 자제하도록 단체마다 의정비 심의위원회를 새로이 두어 여기서 결정되는 범위 안에서 수당의 지급기준을 조례로

정하도록 하고 있는 것이다.

이로써 자율적인 보수의 통제가 어느 정도 이루어질 수도 있지 않을까 기대가 되며 그렇게 된다면 반론을 제기하고 있는 주민들의 이해도 얻을 수 있지 않을까 생각된다.

한편 지방의회의 전면적인 개편을 의미하는 이번의 개혁조치는 기초의원선거에서 정당공천을 새로이 인정함으로써 역시 논란이 되고 있다. 정당정치의 일반적인 추세나 책임성의 강화란 입장에서는 바람직한 면도 있으나 지방자치의 중앙정치에의 예속에 따른 정쟁의 확산이나 부조리가 염려되지 않을 수 없는 것이다.

오히려 기초단체장의 경우 이미 인정되고 있는 정당공천도 배제해야 한다는 주장도 그동안 설득력있게 거론되어 온 점을 감안한다면 국회정치개혁특위에서의 여야 타협의 산물이라 할 수 있는 정당공천제의 운영에서는 주민의 불신이 나오지 않도록 더욱 민주성과 투명성 공정성이 보장되어야 할 것이다.

광역의회에만 두어 온 비례대표제를 확대하여 기초의회에도 이를 두며 여성의원의 확보를 위하여 50%이상을 여성으로 추천케 하는 대안들은 충분히 공감이 되는 방안들이라 하겠다. 그동안 지역구에서의 여성의 당선비율은 너무나 저조하였기에 비례대표를 통한 여성참여확대와 의정수행이 기대되어 온 것이다.

중선거구제로의 전환도 선거운동에 다소 부담이 있겠으나 지역대표성의 강화를 위해 진전된 안이라 할 수 있을 것이다. 기초의회 의원들에게 읍 · 면 · 동 단위 대표라기보다는 전 시 · 군 · 자치구의 대표로서의 의의와 역할을 더 기대할 수 있기 때문이라 할 것이다.

이번 지방의회의 개혁은 대의제를 기간으로 하고 있는 우리나라의 지방자치 발전 도정에서 중요한 의의를 가지는 것이라 할 것이나, 의도하는 성과를 거두기 위해서는 지역주민이 그 취지를 충분히 이해하는 가운데 자율적인 참여와 책임있는 판단을 해 줄 때 가능할 것이다. 2006년부터 지방동시 선거에서 1인 6표제가 도입된다고 볼 때 우선 이의 올바른 행사가 기대된다고 하겠다. 아울러 지방자치의 실천 역으로서의 지방의원의 책임있는 역할과 중앙 정치권의 지역의 특성에 대한 배려가 개혁을 성공으로 이끄는 중요한 관건이라 할 수 있을 것이다.

✲ 〈자치의정〉 2005 . 9 · 10

반부패와 투명성

반부패만큼 이 시대에 절실하며 중요한 과제도 없을 것이다. 당면해서 우리가 추진하고 있는 금융이나 기업에서의 구조조정, 정부나 자치단체에서의 서비스 향상 등 여러 기대도 투명성에 입각한 반부패의 기본에서 이루어지지 않는 한 신뢰를 얻기가 어렵고 이와 관련된 노력들은 제대로 평가받을 수 없게 될 것이다. 그러나 이러한 업무분야에서의 투명성이나 반부패의 확립은 결코 쉬운 일이 아님을 또한 누구나 쉽게 느끼게 될 것이다. 그만큼 부패는 뿌리가 깊고 만연되어 있으며 반부패의 오랜 역사나 운동에도 불구하고 쉽게 가라앉지 않을 뿐 아니라 산업사회 후기에 들어서는 더욱 기승을 부리고 있음을 보게 된다. 또한 이는 비단 우리나라에서만의 문제도 아닌 것이다. 얼마 전 국제 투명성기구(TI, Transparency International)에서는 각국의 반부패지수를 발표한 바 있거니와 우리나라는 지표상 전년도 수준으로(4.0점) 90개국 중 48위라는 부진함을 보여주었다. 10점 만점을 얻은 덴마크나 북구의 선진 여러나라 수준에는 미치지 못한다 하더라도 아시아권에서는 제자리를 찾아야 할 것이나 실제 싱가포르, 일본, 대만 등에 모두 뒤지는 위치에 있어 안타까움을 더하게 하였다. 이는 바로 오늘의 우리의 도덕적 능력이나 수준에 대한 평가요, 국가신용도와도 연관된다고 보아야 할 것이다. 뿐만 아니라 국내의 한 여론조사기관의 조사에서도(1999년 Gallup 조사) 90% 이상의 국민이 부패의 심각성을 인식하고 있으며 이러한 조사가 아니더라도 거의 매일의 언론 보도에는 비리 관련 기사가 큰 비중을 차지하고 있음을 보게 된다. 또한 최근의 반부패국민연대주최의 한 설문조사발표에서도 민선자치 이후 지방에서의 비리가 늘어나고 있다는 점을 보여주고 있어 지방자치의 여러 긍정적인 효과에도 불구하고 지방행정의 투명성을 높이고 신뢰를 쌓아가는 면에서는 큰 진전이 없는 것으로 보여졌다.

그 동안 역대 정부도 '기강 확립'이나 '서정 쇄신' 또는 '사회정화'나 '공직 사정' 등의 엄정한 구호를 내걸고 강도 높은 반부패 활동을 해왔으나 크게 개선된 분위기를 느끼지 못하는 것이 아닌가 생각된다. 이러한 강도높은 사정활동이 효과를 갖지 못한 이유는 이 문제가 단순히 제한된 몇 가지 조치들로 해결될 수 있는 사항이 아닌 점도 있으나 일시적인 국면전환용이었거나 단편적이며 경중이 맞지 않는 추진으로 성과를 얻지 못한 것으로 볼 수도 있을 것이다. 부패의 근원을 정경유착으로 보는 시각이 있는가 하면 행정에서의 투명성 결여로 보거나 특히 각종 정부규제가 가져오는 당연한 결과로도 보고, 이의 해소를 적극 추진해 오고 있기도 하다. 그러나 부패의 요인이 결코 그것에만 있다고 보기는 어렵고 오히려 우리 모두의 정서상의 비합리성, 연고와 정실이 중시되는 사회 문화에서 연유된 면이 적지 않다고 보아야 할 것이다. 따라서 부패의 근원적인 해소를 위해서는 과감한 규제철폐나 정보공개 등으로 자율성과 투명성을 높이는 한편, 국민 정서나 의식면에서 합리성 있는 기준이 존중될 수 있게 되어야만 할 것이다. 이미 오래 전에 공직사회에서는 청탁 근절이 강조되어 왔으며, 심지어 그 유무에 대한 보고를 정례화한 일도 있었지만 어느 정도 성과가 있었는지는 알 수도 없는 일이었다. 여하튼 정실에 따른 청탁 등은 금전상의 유혹에 못지 않게 공직사회에서는 경계의 대상이 되어 왔다고 하겠다.

최근에 와서는 반부패와 관련하여 전에 없던 바람직한 몇 가지 특징적인 모습들을 볼 수 있게 되었으니, ① NGO 등에 의한 반부패 노력이 점차 활발히 이루어져가고 있으며 ② 정부나 기업 등에서도 스스로 투명성을 높이는 노력들을 계속하고 있고 ③ 특히 반부패특별위원회가 대통령 직속으로 설치되고 반부패기본법의 제정이 추진되는 등 근원적인 부패 치유책에 착수한 점들이라 할수 있겠다. 먼저 행정감시역을 자임하고 있는 반부패연대 등 NGO 단체들은 각종 인허가 과정이나 행정 기관의 판공비 등의 집행내용의 공개를 요구하고 이에 대한 소극적인 반응에도 불구하고 이를 관철해 나가고 있으며, 예산낭비와 비리 요인을 제거하기 위해 청렴계약제(Integrity Pact) 등 반부패의 선진적인 사례들을 도입하기 위해 적극적인 노력을 하고 있음을 보게 된다. 청렴계약제는 공사 발주자와 시공자간의 뇌물공여 등의 배제를 약속하는 것으로 이를 위반시에는 계약취소나 입찰참여금지 등 엄격한 제재가 따르는 제도로 서울시에서도 그 도입이 추진되고 있다. 또한 행정기관의 판공비나 업무추진비는 과거 주민계도와 보상 등의 명목으로 크게 증가되어 온 것이지만 과연 그렇게 많은 금액이 필요한지는 그 당시로서도 회의적일 수밖에 없었다. 그 밖의 분야에서도 정보공개의 확대는 절실하나 아직도 여기에는 많은 장벽이 있다고 보아야 할 것이다. 그러나 정보공개야말로 바로 주민의 알 권리를 충족하면서 주민에 대한 행정의 책임성을 높인다는 점에서도 적극적으로 활용될 수 있어야 할 것이다.

그밖에 행정기관 스스로의 투명성 제고를 위한 노력으로서는 그동안 서울시에부터 운영되어 온 온라인 민원공개시스템이 이미 널리 알려지고 있거니와 부패소지가 큰 분야에서 민원 당사자의 설문과 기관별 반부패 노력을 종합평가 발표하는 청렴도 측정평가제도도 운영되고 있음을 보게 된다. 그밖에 인사운영에 공정성을 높이기 위한 각급 인사위원회에서의 심의기능 강화나 보조금 또는 교부금의 배정기준을 보다 세분화, 객관화함으로써 자의성을 배제하는 노력도 진전된 개선 방안이 되고 있다. 그러나 무엇보다 사회전반에서의 부패를 근절하기 위해서는 먼저 정치자금에 관한 엄정한 규칙과 위반자에 대한 예외없는 제재가 따라야 할 것이다. 이러한 노력의 일환으로 현안이 되고 있는 반부패 관련법제의 조속한 정비가 요청된다고 하겠다. 결국 반부패와 투명성의 확보를 위해서는 사회지도층의 의지가 무엇보다 확고하고 이를 행동으로 지속화해 나갈 수 있어야 하리라 본다. 그리고 특히 공직자들에게는 공직에 대한 가치관과 반부패의 확고한 윤리의식의 제고가 무엇보다 중요하며 이와 병행,상응하는 보수의 보장도 따라야 할 것임을 새삼 일깨워 준다고 하겠다.

✽〈자치공론〉 2001. 2.

행정평가와 인센티브

중앙행정기관의 민원처리에 대한 만족도가 지난해는 62.3점으로 그 전년의 61.0점보다 향상되고 있다거나 서울시의 주요 서비스에 있어서도 민원행정, 사회복지관, 시내버스 등 분야별 만족도가 조사, 발표되고 반부패지수를 근거로 한 청렴도에 대한 기관별 평가도 나오는 등 최근 행정성과의 측정평가나 행재정 인센티브의 도입이 늘어나고 있음을 볼 수 있다.

행정평가란 행정기관의 사업실적(output)이나 성과(outcome)에 대한 판단이라 할 수 있으며, 따라서 평가결과에는 책임의 구분이나 인센티브의 적용이 가능하게 된다. 그러므로 평가에는 반드시 일정한 기준이나 지표가 설정되고 이에 따라 시책이나 사업의 타당성이나 달성도가 판정되는 것이다. 그리고 이러한 평가의 궁극적인 지향점은 행정의 주민에 대한 책임성과 납세의 효율성이라 할 것이다. 또한 이러한 평가에서는 관련된 모든 자료는 주민에게 공개를 원칙으로 하며 이로써 투명한 서비스와 생산적인 행정에 기여할 수 있게 되는 것이다. 평가는 정부(총리실)의 업무평가에서부터 각 부처의 시책별 평가, 시도의 관내 단체에 대한 평가 그리고 일부 시 · 군에서 볼 수 있는 읍 · 면 · 동 단위에 대한 평가 등 다양하게 이루어지고 있다. 최근에는 이러한 행정기관의 권위적인 평가 경향에 대응하여 시민단체들에 의한 공공기관 업무평가도 있는가 하면 또한 민관의 협조 방식에 의한 공동평가도 실시되고 있다. 이러한 시민이 참여하는 평가는 서비스의 수혜자가 직접 사업에 대한 만족도를 평가함으로써 직접적이며 생동감있는 결과를 얻을 수 있게 되고 평가의 신뢰도 그만큼 높아진다고 하겠다.

한편 행정평가의 방법에 있어서는 목표대비 성취도가 중요한 지표가 되는 것이다. 그리고 이 경우 실적보다는 성과, 다시 말해 주민에게 실제적인 효용을 증대시켜 주는 결과를 지표로 하여야 한다는 것이다. 예컨대 주민의 안전을 위한 방범활동의 경우 순찰횟수나 장비의 확보 상황 등 실적이 손쉬운 기준이 될 수도 있으나 이는 기관의 노력도 평가로는 인정될 수 있으나 실제 시민이 느끼는 성취도는 도난 등 범죄율의 저하라는 객관적인 지표가 더 적합한 것으로 볼 수 있다는 것이다. 그런데 실제평가에는 이러한 성과지표에 의한 평가보다 실적심사 중심의 평가를 자주 볼 수 있게 되는 것 같다. 정부는 이제 이러한 평가를 제도적인 차원으로 발전시키기 위해 〈행정평가에 관한 기본법〉을 제정하기에 이르렀으며 앞으로 평가의 체계화와 시행에 따른 미비점이 더욱 보완될 것으로 기대되기도 한다.

그런데 이러한 성과 위주의 평가는 공기업의 경영평가에서 더욱 잘 나타나고 있는 것이다. 공기업에서의 평가결과는 바로 관계 업무 종사자에 대한 성과급 지급 기준이 되기 때문일 것이다. 지방공기업에서 이러한 경영평가가 시작된 것은 1990년대 초로 기억된다. 당시 정부투자기관 등 공기업에서 시행되오던 경영평가를 지방공영개발분야와 상수도사업 등에 우선 적용하여 평가를 시도해 본 것이 이제는 거의 모든 지방공기업 분야로 확대되기에 이른것이다. 당시 평가기준의 설정은 사업부서 담당자와의 협의를 가지면서 사업목표에 대한 계량적인 지표와 개선 노력도 등 비계량지표로 구분, 평점이 가능하도록 기준을 설정하였으나 역시 평가에서의 재량성이 크지 않았나 생각된다. 이러한 문제를 보완하기 위해 외부 전문컨설턴트를 위촉, 평가단을 구성함으로써 평가의 객관성과 신뢰성을 높여 나가도록 하였다.

이제 평가는 사업경영분야뿐 아니라 행정 일반영역으로 확대되고 있으며 특히 정책의 당부를 판단하는 요소로 인식되기에 이르렀다. 외국의 경우를 보더라도 미국에서는 연방정부가 업적평가법(GPRA:Government Performance and Results Act 1993)에 따른 관리를 하고 있고, 오레곤주나 서니빌시의 평가는 벤치마킹의 대상이 되기도 한다. 영국에서는 자치단체의 감사기관(Audit Commission)에서 업적평가지표를 마련하고 이에 의거 자치단체들이 평가를 하게 되어 있으며 이는 공개되어 서로 비교되도록 하고 있다. 일본의 자치단체에서도 근간 평가제도의 도입이 늘어나고 있으며 새로 설치된 총무성에는 행정평가국이 설치되어 정책평가제도에 관한 사무를 총괄하며 법제화를 추진해 나가고 있음을 볼 수 있다. 우리나라에서의 이 분야에서의 지난 사례를 돌아본다면, 오래전 일이긴 하나 1960년대 후반에 있었던 지방행정 실적심사를 연상하게 된다. 당시 시도행정을 종합 심사, 평가하여 연말에 개최된 전국시장군수대회에서 우수단체에 대한 시상을 해왔는데 이의 심사와 시상을 둘러싸고 지나친 경쟁과 부작용이 노출됨으로써 오래 지속되지 못한 예가 있었던 것이다. 당시 심사평가의 기준이 미흡한 점도 있었으나 중앙부처의 일방적인 평가, 그리고 지나친 점수 매김과 서열화에 따른 시상 등이 문제가 된 것으로 보여졌다. 실제 상급기관에 의한 평가는 감사와 유사하게 보여지고 지나친 인센티브와 연계될 때에 공정성과 합리성에 불만스러움이 나타날 수 있게 된다고 하겠다. 자치단체간이나 산하 기관간의 경쟁을 유도하는데 있어서 도움이 되는 평가이긴 하지만 이점에 한계가 있다고 보아야 할 것이다. 결국 이러한 행정평가의 발전 방향은 평가가 어디까지나 자체평가가 원칙이 되고 또 다른 통제이미지를 벗어나 자체적인 정책 개선의 역할을 다할 수 있게 함이 바람직할 것이다. 아울러 평가지표의 성과위주 개편, 그리고 주민의 만족도에 바탕을 둔 신뢰의 유지에 주안을 두어야 할 것이다. 그리고 평가결과를 인센티브로 활용함에 있어서 사업비의 시상이나 재정 지원의 인센티브가 가능하겠지만 지방교부금에 있어서의 패널티식 운영에는 신중을 기해야 할 것이다. 재정조정교부금은 자치단체간 주민의 수혜도의 균형화를 목적으로 하는 재정조정제도의 일환이며 따라서 단체의 기관에 의한 부적정한 활동이나 저조한 경영성과를 이유로 주민에게 불리한 영향을 바로 미치게 하는 것은 결코 바람직스러운 일은 아닐 것이기 때문이다. 이제 행정평가의 도입이 더욱 확대되는 경향을 보면서 자치단체의 예산이 성과 중심으로 편성운용되고 나아가 복식회계제도가 도입된다면 더욱 바람직스러운 평가가 될 것으로 생각되며 따라서 이 분야에서 현재 추진되고 있는 시범사업과 연구 과업이 성공적인 결실을 맺게 되기를 기대해 본다.

✲ 〈자치공론〉 2001. 3.

지방행정 평가의 시대

행정평가, 경영평가, 재정평가, 의정활동평가 등 공공기관의 시책이나 업무추진에는 평가가 점차 필수 과정이 되고 있으며 이런 의미에서 지방행정은 가히 평가의 시대를 맞이한 것으로 볼 수 있겠다.

정부는 2001년 1월에 이미 정부업무의 평가에 관한 기본법을 제정하여 국가 중요기관과 정책수행에 관한 평가를 매년 실시하고 있으며 광역자치단체인 시 · 도에까지 위임사무 등 국가 중요사무를 대상으로 평가를 해 오고 있다.

2003년도에도 시도의 일반행정, 복지행정, 지역개발, 환경 관리 등 부문에서 31개의 시책을 선정하여 합동 평가를 실시하고 결과를 발표한바 있다. 평가방법으로서는 서면평가 현장평가를 주로 하되 민원서비스에 대한 만족도 조사도 실시하며 이를 종합 평가하고 있다.

지방자치단체도 같은 법에 의거 매년 평가를 하도록 제도화되어 있으나 아직 자체평가는 제대로 이루어지지 않고 있는 것 같다. 이에 자체평가 지침을 마련 시달하는 등 행정평가의 올바른 시행을 위한 정부의 노력도 볼 수 있다.(2004년도 자치단체평가 지침)

이러한 평가가 일찍 도입된 분야는 아무래도 공기업분야일 것이다. 정부투자기관의 사업이나 지방공기업 등에서는 일찍부터 경영목표의 성취도와 효율적인 관리에 대하여 일정한 평가지표를 마련 매년 평가를 해 왔고 이를 연말 상여금 지급 등에 반영해 왔다.

이제 더 나아가 지방재정운영에 대한 평가도 본격화될 것으로 보인다.

지방재정에 대한 직접적인 통제로서 종래 있어왔던 예산편성지침 시달이나 개별승인 등은 폐지되고 지방양여금의 개편 국고보조재원의 과감한 정리와 일부재원의 지방교부금으로의 전환 등을 내용으로 하는 지방재정 분권개혁의 추진으로 개별자치단체의 재정운영성과와 적합성에 대한 평가가 불가피하게 되었기 때문일 것이다.

이는 예산운영의 성과를 주민에 알기 쉽게 설명하고 납세자인 주민의 재정운영에 대한 참여와 이해를 최대한 구하는 방법이기도 한 것이다.

그런데 지방행정분야에서 이러한 평가가 제대로 수행되기 위해서는 상급기관에 의한 수직적인 평가보다 자치단체의 사업분야에서 자체평가가 먼저 이루어져야 할 것이다.

자치단체 자체의 비죤과 목표에 따라 사업담당자가 스스로 평가를 통해

plan - do - see 의 순환과정에 따른 보완이 계속 될 수 있어야 할 것이다. 그러기위하여는 담당자의 평가업무나 기법에 대한 이해가 선행되고 평가 준비작업으로 사업목표와 평가지표의 설정이 명확히 이루어질 수 있어야 할 것이다.

그리고 정부에 의한 시 · 도 평가는 위임사무 등에 대한 시책평가에 그치고 평가 결과의 인센티브나 역 인센티브로의 활용에도 신중을 기해야 할 것이다. 또한 평가가 종합평점에 따른 시도간 순위경쟁으로 흐르는 경향도 바람직하지 않을 것이다.

평가란 문책이 따르는 조사와 내부관리 개선에 주안이 있는 감사와는 달리 성과도와 효율성을 기준으로 주민에 대한 이해를 구해나가는 외부역할에 비중이 두어진다고 할 것이다.

따라서 이러한 취지에 맞는 운영이 되기 위해서라도 자치단체 스스로 설명책임을 다하는 자세로 전문가의 조력을 얻어가면서 시범적인 추진을 통해 평가제도를 익혀 나갈 수 있게 할 것이다.

이제 지방에서도 다양하게 이루어지고 있는 평가의 시대를 맞아 행정평가에 대한 올바른 이해와 실제적인 평가역량이 우선 배양되기를 기대해 본다.

✲ 〈자치발전〉 2004. 11.

제2장 지방의 경영화

지방경영사업의 전개방향

지방경영이란 지방행정의 경영에 대한 접근범위와 방법에 따라 개념이 달라질 수 있다. 광의로 보면 지방자치경영은 자치행정 전반에서의 경영적 노력 즉 최소비용과 최대수익을 위한 활동이며 이는 도시경영의 정의에서와 같이 자치단체의 전반적인 운영을 경영관리적 측면에서 보는 시각이며 지역경영개발전략을 추구하는 의미로 볼 수 있다. 한편 협의로 보면 지방자치경영은 자치단체의 경영사업을 의미하게 된다. 여기에도 자치단체가 직접 혹은 간접으로 경영하는 공기업적 사업과 기타의 경영수익 사업으로 나누어 볼 수 있으며 전자는 최협의의 개념으로 이는 곧 지방공기업경영의 의미가 된다. 이하에서는 자치경영을 광의로 접근하여 자치단체 운영의 경영화와 그 의의 그리고 이에 따른 재정관리의 경향을 살펴보고 이어서 보다 구체적으로 지방자치경영사업의 실태와 당면과제를 해결하기 위한 발전방향을 검토해 보고자 한다. 이러한 자치경영의 활성화와 건전화 방향의 설정은 지방자치행정의 효율성과 지방자치경영사업의 수익성을 제고하는데 크게 기여할 수 있을 것이다.

1. 지방자치 경영화의 의의

지방자치는 주민대표기관의 선임과 이들의 활동에 따른 정치과정을 필수 요건으로 하며 여기에는 일반적으로 정당의 관여에 의한 정치화가 따르게 된다. 우리나라에서도 지방의회의 구성에 이어 그 운영이 점차 활발히 되고 있으며 자치단체장의 선출이 또한 지방자치에서의 최대 관심의 대상이 되고 있다. 정치적 민주화는 지방단위에서도 자주성과 민주성을 갖춘 인재를 요건으로 하고 있으며 오히려 지방자치단체의 서비스 영역이 국민생활에 보다 밀접히 연관된다는 점에서 그 의의가 더 크다고 볼 수 있다.

그러나 한편 지방자치의 이러한 정치적 가치도 자치단체가 본질적으로 추구해야 하는 주민복지 증진과 지역발전 목표를 달성할 수 있을 때만이 그 의미를 가질 수 있을 것이다.

한 지역의 발전은 그 지역의 인적, 물적자원과 이를 활용할 주민의 지혜와 노력에 달려 있으며 그 지역 관리의 책임을 지고 있는 자치단체의 역할에 크게 의존될 수밖에 없다. 지방자치단체는 따라서 그 지역을 발전시킴에 있어 필요한 발전전략을 수립하고 이를 주도적으로 추진해 나가야 한다. 여기에는 자치단체의 장을 비롯한 행정담당자들의 경영능력이 중요시될 수밖에 없다. 보다 구체적으로는 지방의 주민에게 필요한 서비스를 적기에 수준 높게 공급하기 위한 다양한 체계를 설치 활용하여야 하며, 따라서 자치단체가 직접 경영하는 공영사업은 물론 관련 민간자본의 참여 등 민간활력의 활용이 더 바람직할 수도 있는 것이다. 이러한 공공분야에서의 민간 경영방식의 도입이나 경영사업활동은 결국 자치행정의 경영화로의 접근이며 이는 지방행·재정 운용의 생산성과 효율성을 보다 높일 수 있는 계기가 될 수 있는 것이다. 지방자치단체는 지방정치기능과 함께 이러한 지방경영체로서의 서비스 기능을 동시에 갖게 되며 양자는 적절히 조정, 운용되어야만 하는 것이다.

2. 지방재정의 기업화 경향

다양한 주민 수요에 대응할 지방재정은 조세수입의 한계로 세외수입에 보다 의존하게 되며 이는 추가적 세수없이도 서비스의 제공을 가능케 하는 방안이기도 하다.

지방자치가 진전될수록 주민의 수요는 다양하게 되고 기대수준은 높아지게 되며 따라서 선택된 이용에 따른 사용자부담원칙에 의한 서비스 제공이 확대될 수밖에 없는 것이다. 이는 우리나라에서의 근간 지방재정의 확충이 1989년까지는 일반회계세입의 증대에 기인하였으나 1990년 이후에는 주로 공기업 특별회계의 주도에 의해 이루어지고 있는 데서도 잘 나타나고 있다.

이러한 사업영역에서의 서비스 제공에는 시장경제와의 관계에서 민간부문의 기업성도입의 필요성을 또한 더해 준다. 따라서 이러한 공공서비스의 제공측면에서는 사업경영의 효율화를 촉진하기 위해 생산성 제고를 위한 경영효율화 방식의 도입이 필요하게 되고 나아가 민간기업의 참여를 위한 새로운 경영방식의 도입도 요청되고 있는 것이다.

따라서 지방자치행정의 추진은 주민복지와 지역발전계획을 성취하기 위한 합리적인 경영에 주력하게 되며, 자치재정은 주민부담의 최소화와 지출(투자)효율의 극대화를 위한 사업의 선택과 재원배분에 중점을 두게 되는 것이다. 그리고 이러한 행 · 재정활동은 민간재원의 활발한 도입에 의한 지역경제의 활성화 노력에 연계됨으로써 지역발전에 활력을 더할 수 있는 것이다.

그러나 한편 지방재정의 확대와 기업화 경향에서는 재원의 확대조성에 따른 재정운용의 불건전화와 사업경영면에서의 공익성의 저하를 경계하여야 한다. 일반적으로 공기업에서는 공익성을 추구하는 정도에 따라 생산성 내지 효율성은 저하되고 재정수지는 적자가 되며 서비스의 질적 저하와 주민부담의 가중을 가져올 수 있기에 이에 대한 적절한 대응책이 필요하게 된다.

3. 지방경영사업의 실태

지방자치단체의 행정서비스공급은 일반재원에 의한 일반회계의 직영방식이 원칙이나 서비스의 성질에 따라서는 특정재원에 의한 특별회계의 방식이 될 수 있으며, 이들은 지방공기업법의 적용을 받는 공기업특별회계와 기타 특별회계사업으로 구분될 수 있다. 그러나 이상의 직접경영방식 외에도 공사, 공단 또는 민관 공동출자 경영의 제 3 섹터로 간접경영방식이 있으며 근간 이러한 방식이 점차 늘어나는 경향이 있다. 이는 사업경영에 있어서 보다 폭넓은 기업성의 도입과 민간자본의 유치 필요성에 기인된 것이라 할 수 있다.

우리나라의 지방경영사업 추진에 있어 몇 가지 특징을 살펴보면,

첫째, 지방공기업의 형태에 있어서 직접경영방식이 간접경영방식보다 월등히 많다는 것이다. 이는 상하수도사업이나 공영개발사업이 공사방식으로의 전환이 순조롭게 이루어지지 않은 결과라 할 것이다.

시 · 도립병원은 1982년부터 의료공사로 전환되었으나 이어서 계획된 상수도사업의 공사전환은 노사관계의 불안정요인 등으로 실현을 보지 못하였다.

둘째, 지방공기업법에 제시된 사업종류는 많으나 현재 운영되고 있는 사업은 한정되고 있다는 것이다. 이는 지역발전이나 주민생활편익 증진에 있어서 공기업의 활용이 미진한 결과라 할 것이다. 그리고 지방공기업법의 적용이 규모에 의해 제한됨으로써 사업수가 적고 이로 인해 동일한 종

류의 사업이면서도 법적규제나 지원에서 제외되는 법 비적용 사업운영이 많다는 것이다.

셋째, 공공사업의 민간위탁이나 민관합동 출자방식의 제3섹터의 도입이 잘 이루어지지 않고 있다는 것이다. 1960년대부터 부산, 대구, 경기 등 지역에서 주식회사 형태의 자치단체 출자회사가 설립된 바도 있으나 실효를 거두지 못하였고 1992년에 들어서야 비로소 공기업으로 전남 장흥 표고 공사가 처음 설립되기에 이른 것이다. 지역경제의 활성화를 위해서는 이러한 제3섹터의 설립이 확대되어 나가야 하겠으나 이를 위해서는 민간자본의 참여가 촉진될 수 있도록 종래에 민자유치가 특혜로 비추어졌던 상황의 개선이 있어야 할 것이다.

일본에서는 자치단체가 25% 이상 출자한 제3센터 법인이 3,867개에 이르며(1990. 2.)주요 활동분야는 운수, 에너지, 도시개발, 관광, 주차장, 의료, 유통, 통신, 연구, 환경사업 등 다양하고 법인형태도 사단, 재단법인 뿐 아니라 주식회사 형태의 법인도 큰 비중을 차지하고 있음을 볼 수 있다. 일본의 경우 이러한 제3섹터 방식의 경영으로 지역활성화에 크게 기여하고 있으나, 한편 이들에 대하여 자치단체의 통제가 어렵거나 기채사업이 과다하게 되어 부실하게 되는 경우도 있어 이의 개선책이 강구되고 있다.

넷째, 지방공기업의 운용성과를 살펴보면 수익과 비용의 비율(수지율)은 지난 해 전체적으로 흑자이나 상수도와 하수도는 단체별로는 순 손실이 초과된 단체가 적지 않으며 공영개발사업의 경우 전체적으로 손실을 보이고 있는 것이다(2005년의 경우 흑자단체는 167, 적자 단체는 140이 되고 있다). 상수도사업에서의 적자는 시설투자의 과중에 따른 재무구조의 악화에도 원인이 있으나 수도료율의 통제로 원가 미달요금을 지속하고 있는데도 크게 기인되고 있는 것이다.

개발이익의 공영화를 위해 크게 확충되어 오고 있는 공영개발사업의 경우 용지보상이나 택지개발비 등 선 투자가 불가피함에 따라 당년에는 손실을 보이고 있으나 분양이 진전되고 사업이 종료되면 저렴한 택지 공급원칙에 의하더라도 상당한 이익이 되고 있는 것이다. 그러나 재원의 조달은 주로 선수금(25.8%), 분양금(25.7%), 국민주택기금 등에 의존되어 있으며 자체재원의 미약과 특별저리자금지원이 되지 않음으로써 사업추진과 나아가 재정운영에도 영향이 우려되고 있다. 특히 부동산경기의 불안정 때문에 앞으로의 수지전망은 더욱 어렵고 재정운영에도 큰 부담이 될 것으로 예상되고 있다. 지방자치단체는 이러한 공기업사업외에도 경영수익사업으로 토지이용, 관광유원지개발, 건설자재생산 등 다양하게 사업을 추진하고 있다.

이상의 특징에서 볼 때 지방공기업 영역의 확대와 경영방식의 다양화, 사업추진에서의 효율화와 전문화 등은 지방경영사업에서의 개선이 이루어져야 할 당면과제라 할 것이다.

4. 지방경영사업의 발전방향

지방자치단체가 직접 또는 간접으로 경영하는 지방공기업의 원활한 운영여부는 주민생활의 기초적인 편익제공에 크게 영향을 미치게 되며 나아가 토지개발이나 관광리조트개발 등 공영사업은 지역발전의 성패와도 직결된다. 따라서 지방자치단체의 이러한 경영사업의 역할과 능력이 제고될 수 있도록 이 분야에서의 발전방안이 적극 강구되어 나가야 할 것이며 그 방향은,

첫째, 지방공기업영역의 적정화라 할 것이다. 공공재로서의 성격이 강한 서비스 뿐 아니라 준공공재에 있어서도 균형있는 공급과 개발이익의 공적

인 환수를 위해, 토지 · 주택 등의 개발사업은 물론 관광휴양시설 · 경제유통시설 등의 지역개발사업이 지역경제 활성화의 선도역으로 우선 공기업영역에서 추진될 수 있을 것이다. 그러나 한편 기존의 공기업영역에서도 민간위탁 내지 민간참여로도 공공재로서의 저해우려가 없는 사업은 민영화함으로써 효율화를 이루는 등 공공과 민간부문의 분담구분이 보다 적정화되어 나가야 할 것이다.

둘째, 지방공기업의 책임운영 강화이다. 현행 자치단체의 사업본부, 사업단 등 행정조직에 의한 직영위주의 방식에서 벗어나 책임경영이 보다 강화될 수 있는 공사, 공단 등의 형태로 전환함으로써 경영의 효율성을 높일 수 있을 것이다. 현안 과제인 공영개발사업의 공사전환도 사업의 지속성이 보장되는 한 노사관계나 보상문제 · 조세부담 등 어려움이 있겠으나, 이를 보완하면서 단계적으로 추진해 나가야 할 것이다. 공사화에 따른 노사관계의 불안은 업무의 공공성이 갖는 특성상 관계종사자의 특별한 이해로 이를 극복할 수 있을 것이다.

셋째, 공영사업에 있어서 민간참여에 의한 민관공동출자사업의 활성화가 요청되고 있다. 이는 공공재원의 한계에서 오는 새로운 재원확보 방안이 되며 사회간접자본 시설이나 지역경제 활성화사업의 추진에서 필요한 재원과 기술의 확보방안이기도 하다. 종래 자치단체의 출자를 제한해 오던 지방재정법의 관계규정이 개정됨으로써 지방공기업법의 적용을 받지 않는 법인에의 출자도 할 수 있게 됨으로 인하여 제3섹터의 운용은 앞으로 활성화될 수 있겠으나 민간출자를 보다 촉진하기 위한 세제금융상의 특별한 지원법제가 마련된다면 더욱 효과적일 것이다.

넷째, 양질의 자금을 안정적으로 확보할 수 있는 제도의 마련이다. 공영사업에는 장기적인 투자재원이 크게 소요되며 이러한 재원의 일부는 지역

개발기금에서 충당되고 있으나 주로 선수금이나 은행차입 등 외부자금에 크게 의존할 수밖에 없다. 현재의 금융 여건상 이러한 자금의 기채조달은 어려운 상황이며 또한 차입이 된다 하더라도 이자율이 높고 상환기간이 짧아 공공시설 정비에는 적합치 않은 실정이다. 따라서 공영사업에 장기저리자금의 융자를 전담해 줄 "지방공기업금융공고"의 설립이 절실히 요청되고 있다. 이러한 금융공고의 설립에 있어서 국가와 자치단체의 출연은 제한될 수밖에 없고 주로 공고채 발행에 의존하게 되나 시중의 고금리 추세로 상당한 어려움이 예상된다. 따라서 기금의 적절한 운영을 위해서는 정부의 투 · 융자 특별회계나 지역균형개발 특별회계에서의 지원 또는 각종 공공기금의 일부가 할애되어야만 할 것이다.

다섯째, 공기업경영의 전문화와 생산성의 향상이다. 비용과 수익계산에 의한 수지율을 높여 나가며 원가관리와 품질관리의 철저로 사기업 못지 않은 생산성을 확보해 나가야 할 것이다. 이를 위해서는 공영사업 전반에 관한 정보의 교류, 상담, 지도, 교육연수 등 진흥시책과 지원이 있어야만 할 것이다. 이런 당면한 경영전문화 수요에 대응하여 지방자치경영협회가 설립된 바 있거니와(1992. 3.) 경영사업에 대한 정보의 수집전화, 경영상담 평가, 교육연수 등 업무를 활성화해 나가야 할 것이다. 이를 위해 자치경영지의 발간, 지방경영교실의 개설, 지방공기업사업의 진단, 공기업등 지역경영사업에 대한 조사연구 등이 자치경영협회의 당면과제가 되고 있다.

일본에서도 자치단체와 민간기업이 공동 출연한 제3섹터 방식의 지역활성화센터(재단법인)가 지역의 시책정보를 종합, 전파함과 아울러 인재육성 등 업무를 추진하고 있고 지역종합정비재단이 고향창생(創生)운동의 일환으로 설립되어 융자의 지원알선등 지역진흥사업을 지원하고 있다.

여섯째, 공기업등 경영사업에 대한 평가의 실시이다. 경영활동은 조직과 재원을 활용하여 설정된 목표를 달성하기 위한 총제적 노력이라 할 수 있으며 이는 공기업경영에도 적용될 수 있다. 여기서는 계획(plan)-집행(do)-평가(see)의 순환과정이 이루어짐이 중요하다. 국영기업체 등에서는 일찍부터(1968) 경영평가가 이루어져 왔으나 지방공기업에 있어서는 1991년 공영개발사업에서 처음으로 시행된 바 있다. 앞으로 상하수도, 병원 등 직 · 간접 경영대상에는 반드시 평가체계의 도입에 의한 개선활동이 이루어져 나감이 바람직하다. 이를 위해 계량 혹은 비례량 등 정확한 평가지표가 개발되고 공정한 평가단의 구성과 운영이 있어야 할 것이다.

이러한 다양한 시책이 효과적으로 이루어질 때 지방공기업의 비효율성은 불식되고 건전하며 생산적인 경영이 확보됨으로써 주민복지에 기여하는 지방차지경영이 이룩될 수 있을 것이다.

지방공영사업의 이와 같은 강조는 시장경제원리와 민간주도의 경제운영기조에 배치되는 것으로 지적될 수도 있을 것이다. 공공사업의 민영화와 규제완화는 행정개혁의 시대적 과제로 신 자유주의의 물결을 타고 확산되어 온 것이 사실이기 때문이다. 영국에서의 대처리즘과 일본에서의 행정개혁 동향 등은 대표적인 추진사례라 할 수 있다. 그러나 이러한 민영화의 강조는 공영화에서 제기되는 일부 문제를 해소할 수는 있으나 또 한편으로는 공익성 저하 내지 상실이라는 새로운 문제에 직면하며, 구체적으로는 개발이익의 사유화와 대기업의 독점이익을 조장하는 결과가 된다는 점에서 균형있는 경제사회를 향한 정책과제로서는 오히려 적정한 범위의 공영화가 유지되어야 할 것으로 생각된다. 또한 공영사업으로 경영되는 사업의 범위는 직 · 간접으로의 공익성을 최소한 가지는 사업이어야 함은 당연하다고 보아야 할 것이다.

✲〈도시행정연구〉 1992.

지속가능한 개발 (Sustainable development)

인간생활의 향상은 끊임없는 개발이 이루어질 때 가능하다. 개발은 국토의 형태를 변형하며 생활에의 유용성을 증대시켜나가는 것이라 할 수 있다. 그런데 빈곤에서 탈피하고자 하는 개발에는 자연 환경의 훼손이 항상 수반될 수밖에 없다.

최근 개발도상국에서의 경제개발이 가져오고 있는 지나친 환경훼손에 대해 우려의 소리가 높아져가고 있다. 그런가하면 개발도상국에서는 지구환경문제를 선진국에서의 그 동안의 과도한 개발의 결과라고 성토하고 있는 실정이다.

1972년 UN환경회의(스톡홀름회의)이후 세계환경협력기구나 관계자 회의에서는 이러한 환경 피해를 줄이기 위해 개발과 환경의 조화를 강조해오고 있으며, 이를 지속가능한 개발(Sustainable development)로 표현하고 있다. UN에는 지속가능개발위원회(C.S.D)가 설립되어 이 문제를 다루어 나가고 있다. 이는 또한 1992년 리우지구환경회의 이후 세계적으로 각 자치단체가 채택하고 있는 지방의제(Local Agenda 21)에 제시되고 있는 정책목표이기도 하다. 이스탄불에서 채택된 Habitat 선언에서는 지구환경을 보전하고 인간정주환경에서 생활의 질을 향상시키기위해 생산과 소비, 교통과 정주개발에서 지속성 있는 패턴을 지켜 나가기로 하고 있다. 이는 다음 세대를 위한 기회의 보전을 의미하기도 한다.

그런데 실제 행정을 수행함에 있어 개발과 환경의 조화는 어려운 경우가 적지 않다. 해안의 매립을 보전보다 우선해서 추진할 것인가 또는 공원지역에 이용시설을 어느 정도 확충할 것인가에 관하여는 관계자 모두의 의견의 일치를 보기 어려운 것 같다. 여기에 사업추진 당사자의 수익성이 개입하게 되면 공정한 판단은 더욱 어렵게 된다.

한 두 가지 예를 제주도 개발과 관련하여 살펴보면 해안지역의 매립으로 상업 · 관광용지를 조성코자하는 사업이 큰 논란 속에 추진된 적이 있는가 하면 한라산 국립공원에도 일정구간에 로프웨이(케이블카)시설이 필요하지 않는가에 관한 논란이 제기된 적도 있다. 관광객의 편의나 이용에 따른 피해의 축소를 위해서는 필요하다는 개발전문가의 주장이 있는가 하면, 또 다른 환경전문가들의 반대의견으로 결국 무산되고 만 적이 있다. 자연생태계의 파괴가 가져올 부담이 가장 큰 이유였다. 이는 설악산 등 국립 공원관리에서 다 같이 제기되는 문제이며 미결로 남아 있는 과제이기도 하다.

또한 지역의 경관을 보전하기 위해 해안 연변의 건축을 일정층수 이하로 통제하거나 조경을 유지케하는 방안도 추진되었으나 전국적인 기준이나 개발의 필요성에 밀려 그대로 추진될 수 없게 된 것 같다. 또한 골프장 증설은 관광개발 여건상 필요한 시설이나 환경훼손을 이유로 쉽게 받아들여지지 않는 현실 등에서 잘 나타나고 있다. 자치단체의 입장에서는 세수증대나 고용효과를 감안한 개발수요상 적극적인 입장에 있으나 이에 반대하는 일부 주민의 주장 또한 큰 부담이 아닐 수 없는 것이었다.

개발측면에서 보면 이로 인해 사업이 늦어지고 있는 것도 사실이나 지속성있는 개발이란 입장에서 보면 이해될 수 있는 일이기도 하다. 서둘러 모두 당대에 개발하기보다 환경보전의 고려하에 개발에 충분한 여유를 가지고 추진함이 더욱 바람직한 것으로도 생각되기 때문이다.

최근 어느 농촌지역에서든 개발의 여파로 고층아파트가 급속히 들어서고 있는 것을 보게 되는데 물론 토지이용의 고도화나 이용자의 편익을 위해 바람직한 면도 있겠으나 지나친 고도화는 농촌환경을 크게 저해하고 있어 경관 보전의 필요를 더하게 한다. 생활의 질을 위한 환경은 비단 수자원이나 대기상의 오염방지나 복원 뿐 아니라 농촌다운 자연경관을 지키는 일이나 여가공간, 문화유산 등 전통을 보전하는데까지 미쳐야 할 것이다. 농촌지역의 개발에 따라 공장입지가 확대될수록 정주환경을 위한 도시적 형태의 계획적인 정비가 필요한 것 같다.

요는 개발을 경제적 효용위주로 지금 세대의 물적 자원의 충족만을 위해 급속히 추구하는 일은 결코 바람직하지 않다는 것이다.

근간에 대도시에서도 주택율 향상에 치우쳐 다세대, 다가구 주택 등의 대량보급을 위한 건축기준의 완화가 가져온 주거환경의 악화를 재삼 돌이켜보게 한다. 최근 이의 건축기준이 다시 강화된 것으로 알고 있으나 이미 주택지역다운 환경은 거의 훼손되고만 것이다.

또한 투기억제책의 일환이긴 하나 공지(나대지)의 중과세제도 등 지나친 토지이용 독촉으로 건축다운 건물이 제대로 되고 있지 않는 사례도 적지 않는 바 토지이용의 지속성이란 관점에서 시정되어야 할 것으로 보인다. 이러한 개발은 다음 세대는커녕 당대 재개발을 불가피하게 하며 당대에 철거대상이 될 수밖에 없게 하고 있다.

우리 세대의 모든 개발은 다음 세대에도 그대로 유용해질 수 있는 장기적 안목에서 환경과의 조화가 유지되면서 정주환경에 도움을 주는 방향으로 추진되어 나가야 할 것이다. 또한 다음 세대가 보다 나은 지혜와 계획으로 개발할 여지를 항상 두어가면서 현재의 이용계획을 수립, 개발해 나가야 할 책임이 개발관계자 모두에게 있다고 하겠다.

✲ 〈지방행정연수〉 촛불칼럼, 1996. 12.

경영마인드와 환경마인드

지방자치단체가 내걸고 있는 비전에는 어디를 가나 살기 좋은 고장을 만들어가고자 하는 의지의 표현이 담긴다. 또한 이러한 비전을 실현하기 위해 지역경제의 활성화와 더불어 생활환경의 질을 높이고자 하는 노력이 있게 된다. 그런데 종래 지역의 리더들은 대개 잘 살 수 있는 여건으로서의 재정기반의 확충에 보다 주력한 나머지 산림을 깎아 수려한 경관을 해친다거나 맑은 공기와 물을 오염시키는 경우가 적지 않았던 것 같다.

잘 사는 지역을 만들기 위해서는 공장을 유치하고 고용을 우선 증대시키는 일이 시급한 일임에는 틀림없겠으나 여기에는 상당한 자원의 희생이 따르게 되고, 행재정 지원도 불가피한 것이었을 것이다. 더구나 경제여건이 어려운 지방의 자치단체들로서는 특히 경영마인드를 가진 단체장이 나와주어야 했고 그러한 단체장만이 그 지역을 발전시킬 수 있었던 것도 사실이었다. 이는 임명제일 때도 크게 다르지 않았고 지역 주민들의 소망이기도 했다. 그리하여 단체장들은 취임 후 무엇보다 스스로 경영마인드를 자신하면서 실적을 과시하기에 이르렀다. 1980년대까지만 해도 이러한 맥락에서 지방에서의 경영사업은 활발히 이루어져왔고 많은 수범사례가 나오기도 하였다. 당연히 이러한 사례는 타단체의 벤치마킹의 대상이기도 했다. 근교의 농지나 임야를 택지로 개발하거나 골재 채취 등으로 큰 수입을 올린 곳도 있었다. 관광지에서는 저마다 요금 수입을 겨냥한 시설의 정비가 유행처럼 되기도 하였다. 공유재산을 주차장으로 조성한다든가 농산물 등의 가공공장을 지역에 유치하는 일들은 바로 경영마인드의 실천으로 크게 평가받아 왔다. 지역에 따라서는 골프장 건설이 허용되어 막대한 기금과 세수원이 동시에 얻어지기도 하였다. 민선자치시대에 들어서도 이러한 경영사업들은 자치단체의 경쟁력을 높이는 지름길로 이해되고 적극 추진되어 왔으나 지역에 따라서는 일부 폐단이 나타나기도 하였다. 즉 이러한 사업들의 추진과정에서 바람직하지 않게도 관민유착에 의한 부패문제나 환경 훼손이 심화된 사례들이 나타난 것이다.

경영사업에는 민간자본의 유치, 참여가 있어야 하고 이 과정에서 특혜와 이에 따른 반대 급부 등으로 기강이 흐려지는 사례도 생겨나면서 이들 사업 또한 위축되고 경영마인드도 퇴색되어버린 사례도 적지 않았던 것으로 기억된다. 이로 인해 공직사회에서는 민간을 상대로 한 투자유치나 협력사업들이 기피의 대상이 되는 풍조까지 생겨나기도 했다. 지역경영이란 목표와 신념을 가지고 일해가는데 있어서도 그 과정에서 투명성이 얼마나 중요한가를 일깨워준 사례였다고 할 것이다. 그러나 여하튼 이러한 경영마인드가 지역발전이나 지방재원 조성에 큰 기여를 해온 것만은 분명한 사실이라 할 것이다.

한편 이러한 경영위주의 행정은 지역환경에의 역기능으로 그 피해가 확산된 예도 적지 않았으며 이는 환경 보전에 대한 국내외의 인식이 점차 높아지면서 더욱 두드러지게 되었다. 1990년대 들면서 지방행정에서도 경영마인드에 앞서 환경마인드가 요구되는 변화가 오기에 이르렀다. 더 이상 개발이 환경을 해쳐가면서 이루어질 수는 없게 되었고 이는 지역주민의 정서와도 점차 부합되기에 이른 것이다. 지역의 리더들도 이제는 지역경영에 앞서 생활의 질적 조건인 환경 우선 마인드의 새로운 시각을 갖게 되면서 지역의 사업들은 한때 혼란을 겪게 된 것으로도 보였다. 일찍이 서울에서는 남산 제 모습 찾기 사업이 추진되면서 잘못된 개발을 되돌려 놓기도 하였으며 지방 도시들에서는 오염된 도심하천의 정화 노력이 이어지면서 깨끗하고 맑은 물을 다시 볼 수 있게 되고, 도시에서의 근린공원이나 녹지조성의 노력이 돋보이기에 이른 것이다. 지방의 대도시에서는 흔히 학교나 공공기관이 교외로 이전하게 되면 그 자리에 고층 아파트가 종래 입지되는 경향이었으나, 이제는 시 재정의 부담에도 불구하고 시민공원으로 조성되는 사례도 볼 수 있게 되었다. 이러한 경향은 새로운 시각의 변화가 가져온 성공적인 사례들이라 하겠다. 그러나 한편 지역에 따라서는 경영과 환경의 양면의 조화가 제대로 이루어지지 못한 결과 적지 않은 갈등을 겪기도 하였으니, 그 예가 수원보호구역에서의 생산설비나 도심지역에서의 숙박시설들의 건축 문제들이 아닌가 생각된다. 이들은 지역에서의 산업이나 경제활동상 필요한 요건일 수도 있지만 동시에 환경적인 조건을 충족치 못한다면 충분한 것이 될 수 없다는 사례로도 보여진다. 여기서 환경이란 수질, 대기 등 생활환경 뿐 아니라 미관을 유지해주는 자연경관도 당연히 포함해서 보아야 할 것이다. 이렇게 볼 때에 근간 도시지역에서 이루어지고 있는 자연 경관에 대한 조망을 해치는 고층 건축 등은 새로운 검토의 대상이라 할 수 있을 것이다. 최근 서울시 강남 지역에 지으려는 초고층 주상복합 건물을 두고 인근 주민들이 집단항의에 나선 이유도 일조권과 조망권에 있었으며 이와 관련 법적인 문제를 떠나 이해 당사자인 양측의 의견을 조정하려는 관할구청의 노력은 진전된 모습으로 보여졌다.

뿐만 아니라 무질서하게 난립해 있는 가로 간판도 시야를 혼란스럽지 않게 정리되어야 할 대상이라 할 것이다. 사실 광고는 상업주의의 극치로 홍보가치가 있고 수입원이 될 수 있는 대상과 방법이라면 어디나 찾아들고, 특히 관광지에서는 경관과의 조화있는 조정에 어려움을 겪게 하는 것이라 할 것이다. 이는 도시내에 상가지역 뿐 아니라 교외의 일반 국도 상에서도 교통안내판을 분간키 어렵게 할 정도로 여러 모양과 색깔로 돌출 야립 간판 등이 이어지고 있어 TV카메라에 고발되는 사례도 보아왔지만 이러한 광고물의 정리는 더 늦출 수 없는 일로 보여진다. 최근 서울시내 일부 구청에서는 전광판을 포함하여 빨간색 간판이나 돌출 간판을 정비하는 특수 시책을 추진하고 있음을 보게 되면서 이는 정말 시의적절한 시책이라는 생각이 들었다. 여기에 이르면 환경마인드는 이제 선진화된 문화마인드로 우리에게 다가서게 됨을 느끼게 된다.

✲ 〈자치공론〉 2000. 12.

고베(神戸)시의 도시경영

동경에서 개최된 한일 지방자치학회 세미나(1993. 9.)에 참석한 기회에 일본에서 도시경영을 앞서 추진하고 있는 고베시를 찾아 보게되었다. 짧은 방문시간으로 충분하지는 못하나마 시가지의 개발현장과 도시의 경관을 보게되고 시청에 들려 도시경영 전반에 관한 설명을 듣게 되었다. 그리고 실제 제 3섹터 방식으로 도시와 농촌의 연계된 개발 모델로 알려진 농업공원을 살필 수 있게 되었다. 인구 150万, 면적 544 ㎢의 고베시는 자연과 인공이 조화된 깨끗하고 푸른 아름다운 도시로 비추어 졌다. 이하에서는 고베시가 추진해온 도시 경영에 관한 이념과 전략 그리고 개발수법 등을 살펴본다.

1. 고베 도시경영의 이념

도시정부는 시민에게 공공서비스를 제공하는 회사라는 입장에서 최소의 시민부담으로 최대의 시민 복지를 실현하는데 도시경영의 목표를 두고 있다. 따라서 최소비용으로 최대이윤을 추구하는 사기업과는 달리 수익성을 추구하는 것이 아니라 효율성을 확보하는데 경영의 중점이 주어진다. 이러한 경영이념의 실천으로 격변하는 경제사회에서 다양하게 제기되는 고도의 주민수요를 해결할 수 있게 되며 일상 행정과정에 있을 수 있는 낭비와 비효율을 극복하고 효율적인 행정을 가능케 한 것이다. 도시경영이라면 흔히 재정수입의 최대화를 추구하는 것으로 이해되기 쉬우나 고베시의 경우 재정수입은 부차적인 수단이며 궁극적인 목표는 시민복지의 최대화에 경영목표를 두고 있음은 주목할 만한 것이었다. 개발사업에 따라서는 수익이 발생되기도 하나, 그 재원은 복지사업에 투입되며 수익자체도 원가를 기초로 한다는 점이 이러한 경영 이념의 구현으로 보였다.

2. 고베 도시경영의 전략

도시경영의 목표를 성취하기 위한 고베시의 전략적 수법은 대체로 다음 몇 가지로 요약 될 수 있다.

1) 공공개발(developer) 방식

고베시는 도시기반 시설의 정비를 종합적으로 계획성있게 추진하기 위해 직접적인 공공개발 방식을 적극 추진해 왔다. 이는 계획에서의 공공성의 확보는 물론 개발이익의 공적 환수와 세수효과의 증대로 시민복지에 보다 기여할 수 있기 때문이었다. 아울러 일관된 사업추진으로 흔히 상업성의 추구가 가져오게 되는 무질서한 도시확산을 예방할 수 있게 때문이기도 하다. 이러한 직영방식의 사업추진은 시의 개발국이 주관하여 주택단지와 공장용지를 조성하며, 항만기능을 확충하고 공원, 하수처리장 등 도시환경정비를 추진해 오고 있다. 추진해온 주요사업으로는 2기 해면매립 사업으로 포트아이랜드 사업이 마쳐졌고('66~'80, 2,300억円 투자) 六甲아이랜드 사업이 완성단계이며('72~'93, 5,400억 투자), 제2기 포트아이랜드 사업을 추진하고 있었다. 매립용 토사의 채취적지(跡地)에는 高尾台 단지등 주택지가 녹지와 조화있게 조성된 바 있다. 이러한 사업을 추진하고 있는 시의 개발국의 기구도 방대하여, 차장 2, 西神개발사업소, 임해개발사업소외 8개과를 두고 있었다.

2) 기채의 활용

기채는 일반적으로 세대간 부담의 공평을 위해 필요성이 인정되고 있으나 재정적자의 누적을 우려하여 제한적인 운영을 하고 있다. 그런데 고베시의 방대한 개발사업을 중앙의 보조나 시세만으로 추진할 수 없음은 너무나 당연한 상황이었다. 따라서 일단 기채로 단기간에 시설사업을 마무리하고 연차적으로 상환해 가는 방식을 택하였으며 그 대표적인 예로 하수도정비 사업을 들 수 있다. 宮崎시장 취임후 '70~'88까지 하수도정비를 중점 추진하여 시가지내 사업을 거의 완료하였으며 여기에 소요된 사업비 1,279억円의 57.3%가 기채로 충당되었다. 이로써 상환의 어려움도 있었겠지만 오늘날 고베시는 하수도 보급율 96.9%로 일본에서 가장 앞선 도시가 되었다.

고베시의 지방채 현재액은 16,018억円이며 이중 60%는 민간자금에 의존되고 있다. 공채비 비율이 17%를 상회하는 높은 수준에 있으나 기채 제한 대상에 이르지는 않고 있다(3개년 평균 20%이상이면 기채 제한 대상임).

3) 외곽단체의 활용

다양한 시민 수요에의 적응을 위해서는 시정의 직접적 기능과 역할 외에도 시가 출자 또는 통제하는 외곽단체의 설립운용을 필요로 하였다. 외곽단체는 통상 자치단체가 25%이상 출자한 공사를 의미하나(지방공사 총람 참조)고베시에서는 인원, 자금, 업무면에서 통제적 입장에 있는 단체를 포괄하는 의미를 갖는다. 고베시는 개발사업의 지원과 시설관리 등 시민의 서비스 공급을 위한 다양한 법인을 설립 운용하고 있으며 그 수는 60여 개에 이르고 있다. 이중 100% 출자가 19개, 50%이상 출자가 15개, 25%이상 출자가 14개이며 법인형태로는 재단법인, 주식회사 순이다.

〈표 1〉 주요외곽단체(예)

		출 자(비율%)	직원수
① 도시정비분야			
특별법인	도로공사	100	127
〃	토지개발공사	100	101
〃	주택공급공사	100	146
재단법인	도시정비공사	97.6	309
〃	개발사업관리단	100	123
주식회사	신교통	56.7	194
② 산업진흥분야		40	229
재단법인	산업무역전시관	50	6
〃	원예진흥기금	33.3	62
〃	국제관광협회	100	101
주식회사	와인	52	19
〃	교통진흥	100	79
③ 복지의료분야			
재단법인	근로복지진흥재단	100	76
〃	실버인재센터	100	34
〃	복리진흥협회	100	70
④ 문화 · 레저분야			
〃	시민문화진흥재단	100	132
〃	공원녹화협회	-	235
〃	국제교류협회	76	43
〃	체육협회	100	4

이러한 외곽단체의 필요성은 기초행정이외 시민서비스제공, 유연한 재원조달, 사용자 부담에 의한 부담의 공평화, 수익의 사회적 환원 등을 들 수 있다. 특히 이러한 단체에의 시직원의 파견(出向)을 통해 직원에 대한 경영의식과 기법을 함양하게 하며 일정기간 근무후(3년) 다시 시로 돌아와 일할 수 있게 하는 인사제도로 인재육성에도 기여하고 있었다. 실제 고베시의 승진자의 40%는 외곽단체에 파견되고 있으며 따라서 시 간부의 대부분은 이러한 근무경력을 가진 자로 구성되고 있는 것이다. 또한 단체의 장은 원칙적으로 시장 또는 부시장이 겸직함으로서 시정과 일체적 운영이 이루어지고 있다. 이러한 여러 외곽단체기능의 복합적 작용으로 고베시는 포토아이랜드같은 대규모의 사업이 가능했던 것이다.

4) 기금의 설치

시정의 급격한 변화를 회피하기 위해 분야마다 적금(기금)을 설치함으로써 경기가 호황일때는 증수되는 일부를 적립하고 불황일 때는 이를 전입 세출의 평준화를 기해나가고 있다. 이는 경기여하에 관계없이 일정수준의 서비스를 유지하고자 하는 격변완화 조치로 볼 수 있으며 고베시에는 이러한 기금으로 재정조정기금, 공채기금 등 46개 기금이 조성되어 있었다.

5) 민간활력의 활용

고베시의 개발에는 민간의 적극적인 참여가 전제되고 있었다. 포트아이랜드나 六甲아이랜드의 조성단지의 이용은 민간의 참여로 분양이 이루어지게 된다. 그런데 도심 이용지는 용도에 따라 민간에 그룹별 공모경쟁방식으로 분양이 이루어짐으로써 토지이용의 효율성을 높이고 있다. 도시계획이 지향하는 내용에 따라 구획정리 재개발사업 등 민간의 참여영역은 다양하다.

이밖에도 고베시의 도시경영에서 빼 놓을 수 없는 방식으로는 이벤트의 개최와 지역개발의 연계, 고베 브랜드의 조성과 이미지 홍보 등을 들 수 있다.

고베 유니버시아드는 국제적인 시 이미지 홍보나 도시정비에 의한 지역 활성화에 크게 기여하였으며 고베와인, 고베워터 등 특유의 브랜드는 고베 이미지를 판매전략으로 연계시키고 있음을 볼 수 있다. 또한 이러한 기능으로 고베의 패션 산업도 새로운 홍보대상으로 각광을 받고 있음을 볼 수 있다.

3. 고베 도시경영의 평가

고베시의 도시경영의 요점은 공공 개발, 기채주의 및 외곽단체의 활용으로 볼 수 있었다. 이러한 경영전략의 채택배경에는 증대되는 사회자본 정비 수요에도 불구하고 빈약한 지역경제, 민간자본 및 도시재정으로는 이에 대응할 수 없다는데 있었다. 결국 기채에의 의존과 행정보완형, 위탁형, 외곽단체의 활용방안이 추진된 것이며 이는 장기간에 걸쳐 안정적인 시정을 이끌어온 시정책임자의 경영의지에 따라 촉진되어 왔다. (神戸의 도시경영은 1949~1969년간 原口忠次郎 시장시대에 기초가 되고 1969~1989년간의 宮崎辰雄시장시대에 본격화된 것으로 보고 있다). 그런데 이러한 도시경영의 기조는 도시사회주의 사상이나 케인즈의 재정정책면의 영향으로 보기도 하며 이에 따른 장단점이 제기되기도 한다. 따라서 여기에는 재정수입의 확보와 다양한 복지서비스의 제공이라는 장점이 있는가 하면 대규모 사업에 따른 환경파괴의 우려, 지방자치의 본질인 주민참가보다 관료전문직의 우위로 시정이 운영되는 문제점 등이 지적되고 있는 것이다.

특히 다양한 외곽단체의 활용에서도 ① 공공용지의 선행취득과 인프레 이익의 내부화 ② 택지공단용지 원가와 시가의 중간가격 분양에 의한 지가 안정 ③ 자체설계가 가능한 우수한 토목건축직의 확보 등 효과를 가져왔으나, 한편 ① 일반행정 부분과 공사 등 외곽단체부문 즉 기초적 서비스(국민 최저수준)부문과 중간재(공공과 민간재)부문의 불명확 ② 요금부담방법에 있어 고율요금의 경우 서민층의 이용배제나 공공부문에서 공익성의 상실우려 ③ 민간참여의 경우 개발이익의 대기업귀속 등 문제점이 지적되기도 한다.

도시경영전략의 추진에 따른 이러한 논란에도 불구하고 오늘날 고베시는 녹지와 조화된 아름다운 도시, 시민생활편익이 제고된 도시로 발전되어 온 점에서 국내외 다른 도시에 적지 않은 영향을 미칠 수 있게 되었음은 부인할 수 없을 것으로 보인다.

4. 도시경영의 전망

우리나라에서 입지여건이 유사한 도시의 경영실태를 고베시의 경우와 대비해보면 사회경제적인 유사점이 적지 않음에도 불구하고 상당한 차이를 보이고 있다. 이는 우리나라의 경우 기본적으로 도시경영방식이 아직도 활성화되기 어려운데 있는 것 같다.

도시경영의 필요성은 사회경제적인 면에서 경제불황 극복과 공공수요 창출의 필요성, 지역경제력 및 도시재정력의 빈약, 주민생활 수요의 증대 등으로 충분히 인정되고 있으나 도시경영방식이 실제 적극적으로 운영되고 있지 않는 것이다. 우리나라에서도 상하수도 등에서는 공기업의 운영이 이루어지고 있으며 근간 공영개발사업이 택지나 주택건설, 공장용지조성 분야에서 일부 이루어져 왔으나 부동산 경기의 영향으로' 진전되지 못하고 있는 것이다. 택지전면보상 방식과 수익지향적 개발운영은 공영개발 자체의 지속조차 어렵게 하고 있는 것이다. 이와같이 공공주도의 도시경영이 지속화, 활성화되기 어려운 이유를 정리해 보면,

① 공공개발 방식이 원활히 될 수 있는 공유지 확대가 장기간 선행되지 못하였으며 전문기술직의 확보가 충분치 못한 점

② 기채 위주로 공영사업을 확대하기에는 기채의 통제가 강하고 시민이 이를 용인할 수 있는 분위기가 되지 못하고 있는 점

③ 외곽단체의 활용도 행정사무의 위탁이 부진하며 공사에의 직원의 파견교류근무제도가 정착되지 않아 그 효과를 발휘할 수 없는 점등을 들 수 있을 것이다. 특히 민 · 관 공동출자방식의 제 3섹터형 공사가 바람직하나 지역민간자본의 빈약, 대기업참여시 이익의 외부유출우려 그리고 민 · 관 유착 의혹 등으로 민 · 관 어느 쪽에서도 적극성을 보이지 않고 있는 것이다. 따라서 이러한 저해요인 등을 극복할 수 있을 때 도시경영은 활성화될 수 있을 것이다. 그리고 이러한 계기는 안정적이며 자주적인 자치시정이 성숙될 때 이루어질 수 있을 것이다.

✲ 〈자치경영〉 1993. 가을

행정과 경영관리(공익성과 수익성 조화)

행정에서의 경영적 요인이 최근 급격히 증대되고 있다. 특히 생활서비스의 공급을 주로 하는 지방정부의 행정영역에는 경영사업이 크게 늘어나고 있다. 지방재정 규모를 보면 4년 전 대비 일반회계 부분은 2.4배가 늘어난데 비해 사업경영을 포함하는 특별회계는 4.1배가 늘어났으며 그 중에서도 공기업특별회계의 예산 비중은 일반회계의 46%에 이르고 있다(1993). 이는 지방행정에서 경영사업의 비중이 그 만큼 증대되고 있음을 보여주는 것이라 할 것이다. 그런데 경영사업의 범위는 골재채취 등 자원 개발을 비롯하여 관광지의 조성관리 등 다양한 영역에 미치고 있다. 뿐만 아니라 도로, 광장, 공원 등 공공시설물의 조성정비 등 시설의 이용관리분야에서도 수익성에 대한 검토가 더욱 요청됨에 따라 이들 시설의 관리는 경영수입사업에 포함 관리되고 있는 실정이다. 따라서 이러한 영역에는 경영이론과 기법이 크게 활용될 수 있다.

그 결과 행정서비스의 생산과 공급은 행정조직자체에서의 효율적인 생산에 못지않게 서비스의 고객인 소비자에 대한 만족도라는 기준에 비중을 두지 않을 수 없게 된다. 여기에서는 공급조건보다 수요조건에 보다 비중을 두게되며 수요개발과 시장관리의 필요성이 크게 대두되는 것이다. 또한 여기에는 행정과정에서의 주민의 역할, 특히 주민참여 논리와 운영의 확대를 가져오게 하고 있다. 더욱이 지방자치가 주민자치로 정착되어가는 단계에서는 이러한 행정의 경영화 경향은 필수적인 과정으로도 보인다. 이러한 경향은 결국 행정추진 체계에 행정본래의 목적인 공익성 추구에다 기업의 수익성을 더해 가는 것으로 볼 수 있으며 이의 조화가 요구된다 하겠다.

대표적인 행정경영으로서의 지방공영기업만 하더라도 계속 확대되고 있으나 이들 공영사업은 사기업에서와 같은 경영본래의 취지에 맞지 않게 행정조직의 경직성, 독점에 따른 비능률 등으로 합리화, 능률화의 문제가 적지 않게 제기되고 있다. 이러한 문제점의 개선을 위해 기업행정(경영)에 평가제가 도입되는가 하면, 간접경영으로 전환이 이루어지기도 한다. 경영평가에서는 계획수립의 타당성, 계획추진의 적정성, 경영관리의 효율성을 주로하여 진단하게 되나, 공익성과 수익성의 조화를 또한 기준으로 하게 된다. 여기에서는 수익성이 높은 사업이 일응 우수사례가 될 수 있으나, 행정경영이 갖는 공익성에서 볼때 이는 반드시 바람직한 것은 아니다. 최근 지방의 공영개발사업에서 개발이익이 수백억원에 이른 몇개 지구가 선망의 대상이 되기도 하였으나, 이는 행정경영에서 반드시 수범적인 사례라 볼 수는 없는 것이다. 그 보다는 저렴한 택지의 공급을 실현하는데 보다 관심을 가져야할 것으로 보인다. 이는 근간 토지가격의 하락으로 공영개발의 입지기반이 공익성임을 알게 되면서 점차 이해되고 있다.

한편 행정영역에서는 제외되나 그 연장으로서 간접경영은 자율성과 책임성으로 보다 효율을 높일 수 있게 된다. 따라서 정부의 경우 투자기관의 예산 규모가 일반회계 규모를 상회하고 있다. 그런데 지방행정에서는 지방공사제가 이제 출발단계이며 앞으로 그 역할이 기대된다. 그럼에도 공사운영에 따른 문제가 공익성의 소홀과 주민통제의 미흡인 것은 알려진 사실이다. 따라서 여기에도 수익성과 공익성의 조화있는 관리가 필요한 것이다.

그러나 한편 각종 이용자 부담을 전제로 하는 시설의 이용에 있어서는 아직도 지나친 공익성으로 저렴한 요율의 유지가 당연시되어 오고 있다. 공원의 입장료나 각종 회관 등의 이용료나, 나아가 지하철, 상하수도의 요금 등은 원가미달의 경우가 적지 않으며, 이러한 행정경영에서의 수입부진은 서비스수준의 저하는 물론 원가보상의 미달로 사업이나 시설의 지속적인 기반마저 훼손시키고 있는 실정이다. 따라서 이러한 시설의 이용관리에서는 수익성의 인식이 보다 높아져야 할 것이다. 이는 행정관리에서의 생산의 주체나 이용자인 주민의 경영의식이 제고되어야만 가능할 것이다. 이를 위해서는,

첫째, 사업단위의 책임관리가 이루어지도록 행정조직의 기동성과 인사관리의 전문성을 보장해 주어야 할 것이다, 지방경영조직의 평가에서 보면 1년~2년이내의 빈번한 인사교체가 이루어짐으로 사업추진에 어려움을 주고 있음을 볼 수 있다. 담당자의 빈번한 교체를 억제하며 전문적인 인사관리를 위해 기업직 등 직렬의 신설도 이루어지고 있으나 이로 인해 우수인재 확보와 사기에 오히려 부담이 되고 있는 예도 있어 이러한 조치는 신중히 다루어져야 할 것으로 보인다.

둘째, 사업의 수지분석이 제대로 이루어질 수 있어야 할 것이다. 비용과 수익개념이 정확히 대비되고 원가의 계산이 이루어지며 미래의 가치에 대한 평가가 제대로 이루어져 경제성이 판단될 수 있어야 한다.

셋째, 시설의 설치 못지않게 유지관리에 보다 관심을 가져야 할 것이다, 공공시설의 설치는 장래를 바라보고 의욕적인 규모로 흔히 이루어지고 있으나 설치된 다음의 관리는 대책이 없는 경우가 많다. 지방단위의 체육관, 운동장, 문화관 등의 운용실태를 보면 매년 시세의 많은 부분을 잠식하면서도 이용도는 낮은 실정인 것이다. 시설관리에서의 비용의식을 보다 높여 수익성에 관심을 가지게 할 것이다. 상수도시설의 경우에서 보면 시설

의 확충을 위해 연차적으로 투자를 크게 확충해 가고 있으나 이에 비해 기존 관로의 유지나 급수 관리에는 관심이 저조한 편이다. 이로 인해 유수율이 크게 낮은 실정이다, 이는 결과적으로 수자원과 시설투자의 상당부분을 낭비하게 되는 것이다.

행정서비스의 이용자로서의 주민도 이용과 부담의 논리에 따라 질 좋은 서비스에는 상응한 부담이 따른다는 것을 이해하도록 하면서 자원의 낭비가 없도록 해 나가야 할 것이다.

경영행정에서의 전반적인 관리개선은 공익성과 경제성의 조화속에 주민과의 협력을 보다 활발히함으로써 이루어질 수 있을 것이다.

✲〈한국행정학회 소식〉 1993. 9 · 10

세계화 시대의 지역경제 활성화 방향

1. 세계화시대와 지역경제

우리는 지금 세계화 시대에 살고 있다. 국경은 엷어지고 전 지구촌이 상호교류를 통한 경쟁과 협력의 시대에 우리는 놓여있다. 세계화는 이제 21세기를 향한 국가발전의 전략인 동시에 자치단체의 지역발전 방향이기도 하다. 주민에게 보다 나은 서비스로 삶의 질을 높이기 위해서는 지방행정 수준이 세계화되어야 하며 지역경영의 능력과 수준이 세계화되어야 한다. 여기서 세계화란 바로 일류화, 합리화, 선진화의 의미이다.

무엇보다 지방행정에서의 세계화는 지역경제의 활력을 이끌어내는 선진적인 노력이 있어야 할것이다. 주민의 복지와 지역발전은 이러한 경제

활력을 바탕으로 하기 때문이다.

민선단체장의 선출과 더불어 이제 막 정착되고 있는 지방자치의 참뜻도 주민이 앞서는 지역의 활성화에 있는 것이다. 때마침 선출된 단체장은 지역발전을 위한 다각적인 노력을 하고 있거니와 그 영역은 이제 세계로 뻗쳐지고 있다. 자치단체간 국제교류도 이러한 목적에서 더욱 활성화되고 있는 것이다.

전통적인 방식으로서의 자매결연도 확대되고 있거니와 국제통상정보의 교류, 시장개척활동도 증대되고 있다. 특히 근간에는 환동해 자치단체교류회의, 환황해 도시회의, 한일해협지사회의 등 다자간 교류협력체가 급부상하고 있으며 세계적으로도 지역간 경제블럭이 영향력을 증대해 가고 있음도 잘 알려지고 있다.

그런데 우리나라의 지역경제는 수도권이나 중앙집중의 정치, 경제 상황으로 악화되어 왔으며 따라서 지역의 균형있는 발전 전략과 더불어 지방의 주도적인 노력이 필요하게 된다. 선진국에서의 지역정책도 모두가 낙후지역의 진흥과 균형있는 지역개발에 중점이 두어지고 있음을 볼 수 있다. 그리고 이러한 균형있는 지역발전의 기반으로서는 지방 사회간접자본의 정비와 중소기업의 정착을 들 수 있으며, 이를 위한 전략적인 수단으로서는 지방으로의 기업유치와 국내외의 시장활동을 생각할 수 있다. 여기에 더하여 공영개발과 민간자원의 활용이 적절히 이루어져야 할 것이다.

2. 지역경영전략

1) 지역경제 기반 조성

(1) 지방 사회간접자본 정비

지역에서의 경제적 발전은 공항, 항만, 철도, 도로망 등 교통시설과 더불어 전기, 통신, 상하수도 등 도시기반시설의 정비를 절대 필요로 한다.

이 분야는 국가의 지역정책에 따라 좌우될 수 있으며 우선 지방의 유인경쟁이 따를 수 밖에 없다. 기업의 활동에는 물류비용이 중요한 요소이며 정보 집중지역에 입지, 우선은 당연한 것이다.

지방자치단체로서는 지방도로망이나 도시기반시설을 최대한 정비해 나갈 필요가 있다.

(2) 중소기업의 정착

지역의 중소기업에 대한 정보, 자금, 기술, 세제지원이 지역경제활성화의 중요 요소이다.

기업의 경쟁력은 이러한 인적, 물적 기반에서의 우위에 달려 있으며 자치단체는 역내 중소기업의 정착을 위해 이러한 지원을 계속해 나가야 한다.

새로운 기업의 역내 유치도 이러한 지원여하에 달려 있다. 새로운 공장 입지에는 대지나 기반시설의 확보가 긴요하며 기업의 아이디어에도 시장성에 대한 판단과 자금지원이 따라야 하며 이러한 종합적인 지원창구가 자치단체에 마련되어 있어야 할 것이다.

2) 지역자원의 활용

(1) 개발재원확보

지역활성화는 역내 투자가 이루어짐으로써 가능하다. 여기서 투자는 공공투자는 물론 민간투자도 포함한다.

공공의 경우 도로, 상하수도 등 기반시설이 주가 되나 때로는 직접 개발사업을 추진할 수도 있다. 이경우 일반재원은 한계가 있으며 대개 기채재원에 의존하게 된다. 민간투자를 유치, 지원하기위해서도 융자의 알선, 이차보전 등 정책지원기능을 하게된다.

선진 자치단체의 경우 이러한 기채는 보다 쉽게 이루어질 수 있다. 그러나 재정의 건전성을 해치지 않도록 특별한 대책을 세우고 있다. 저리금융제도의 마련 투자사업심사평가의 실시 등 재정관리제도의 도입 등이 그 예라 할 수 있다.

(2) 민간자원의 활용

지역발전을 위한 사업에는 민간의 참여에의한 재원확보가 무엇보다 긴요하다. 민간자원을 유치하기위해서는 세제상의 감면, 금융지원 등 조치가 필요하게 된다. 그밖에 가능한 유치방안으로 민관합동의 제3섹터(sector)를 들수 있다. 공공재원을 일부 활용, 합자방식에 의거 민간의 자원과 기술을 유치하는 방안이라 할 것이다.

이러한 제3섹터는 이미 우리나라 자치단체에서도 권장되고 있다. 장흥표고공사, 인천터미널 등이 그 예가 된다(2005년 6월 현재 41개 법인이 있다).

그런데 민간자원의 활용은 민관유착 의혹이 걸림돌이 되고 있다. 이는 담당 공직자의 긍지와 애향심 그리고 주민의 신뢰감을 높여 해소해 나가야 할 것이다.

요는 민간자원은 결국 민간기업의 투자의욕에 있고 여기에는 이윤요소가 불가피하다. 따라서 공익을 실현하면서 최소한의 이윤을 보상해 주는 방법을 강구해 나가야 할 것이다.

또한 지역이익의 역외 유출에 대한 신중한 고려가 있어야 할 것이다.

3) 공영개발사업

(1) 직영사업

자치단체는 택지, 관광지 개발 등 사업을 직영으로 추진할 수 있고, 이는 광의의 공영개발사업이 된다. 지방화가 본격화됨에 따라 재정수입과 지역서비스사업으로 다양한 사업이 시도되고 있다.

공원, 주차장, 생수개발, 관광레저, 재개발사업 등이 유망사업으로 제기되고 있으며 택지개발사업도 도시정비 일환으로 추진되고 있다.

공영개발은 협의로는 구획정리 방식이 아닌 전면매수에 의한 직영택지조성방식을 의미하며 이러한 공영개발사업은 지가 상승기에는 상당한 수익과 지역개발의 성과를 거두고 있다. 그러나 지방재정에 부실이 없도록 이러한 사업에 소요되는 자금의 기채 확보와 상환 관리 등의 적정화가 요청된다 하겠다.

(2) 지방공사

지역경제활성화를 기획, 추진함에 있어 이를 담당할 특별위원회나 지방공사를 설립, 운용하는 방안이 효과적이다.

지방기업 운영에 대한 상담자료제공이나 기술지원 등을 함에 있어 행정조직과 요원보다는 독자적인 전문조직이 보다 유용할 수 있다. 외국의 경우에도 중소기업 창업지원이나 정보기술지원을 위한 공사 또는 제3섹터의 설립이 늘어나고 있다.

이러한 공사는 전문성과 효율성에 있어 직영사업보다 앞서기 때문이다.

3. 지방통상교류활동

1) 시장개척

지역에서 생산된 상품의 유통을 원할히 하며 소비를 촉진함에 있어서는 시장개척 활동이 중요하다. 특히 해외시장개척에는 자금과 「노하우」가 필요함으로 민관합동의 노력과 KOTRA무역관 등과 긴밀히 협조해 나갈 것이다. 그런데 일반적인 해외시장확대의 수단으로서는 박람회, 전시회의 개최, 참가 등과 시장개척단의 직접파견 등의 방법이 활용되고 있다. 지역단위 통상부서에서의 이러한 업무주선은 관내 기업의 참여와 더불어 해외의 특정지역에서의 모임 주선 등 각별한 준비가 필요하다.

근간 자치단체에서는 관내 기업체와 더불어 해외시장개척을 활발히 전개하고 있음을 볼 수 있다.

최근의 사례를 보면 대구시의 경우 동남아 대양주 시장개척단을 파견하였으며, 광주시의 경우 중국 광주국제박람회에 참가하였고, 인천시의 경우 동유럽 시장개척단을 파견하고, 부산시의 경우 중남미 시장개척단을 파견한 바 있다.

자치단체간 국제교류의 증대는 이러한 상품의 판로개척에 도움을 주게 된다. 예컨데 자매결연이나 국제회의 등의 개최도 궁극적으로 이러한 지역경제활성화와 연결될 수 있는 것이다.

2) 투자유치

지역경제의 발전은 역내 기업활동의 활성화로 이룩될 수 있다. 따라서 자치단체는 지역자원을 활용한 기업의 창업을 지원하거나 국내외에서 기업에 대한 유치활동을 활발히 하게 된다. 이로써 고용의 창출과 소득의 증대가 이루어질 수 있고 지역재원의 확보도 가능하게 된다. 그런데 기업의 유치는 국내외를 막론하고 유리한 투자여건의 조성에 달려있다. 저렴한 부지의 제공, 사회간접시설의 정비제공과 더불어 조세감면 저리자금, 융자 등의 지원 여하에 달려있다.

최근 선진국에서도 지역마다 중앙정부와 함께 해외투자유치를 위해 이러한 노력을 강화해 오고 있다.

4. 외국의 지역활성화 사례

1) 일본의 경우

일본의 자치단체는 각기 지역발전을 위해 지역특산품의 개발 등 아이디어와 경영기법을 활용하고 있으며 민간자원의 활용과 국제교류를 통한 지역진흥사업을 이룩해 가고 있다.

■ 神戶의 경우

도시경영의 대표적인 사례로 고베시를 들 수 있다. 고베시는 공영개발의 방식으로 토사를 채취, 해면을 매립함으로써 택지조성과 해안매립단지포트아일랜드 조성을 동시에 추진하였으며 여기에 민간기업을 유치하여 지역발전을 기하고 있다. 하수도 등 도시기반시설을 기채로 조기에 완성하였으며 지방공사 등 외곽단체를 활용, 도시시설물의 관리와 시민에 대한 서비스를 적절히 하고 있다.

■ 大分縣의 경우

1촌1품 운동으로 지역특산물을 발굴, 전국 제일의 명품으로 만들어가는 大分縣의 경우는 너무나 유명하다. 여기에서 지역상품의 활로를 찾으며 관광객 유치도 아울러 도모하고 있다. 이로써 주민의 자립정신을 키우며 농촌을 활력화해 나가는 운동인 것이다.

구체적으로는 大山町의 NPC(New Plum and Chestnut) 운동을 들 수 있다. 도시지역에서 생산품의 홍보를 위한 적극적인 노력이 크게 주효함을 보여주고 있다.

■ 神奈川縣의 경우

가나가와현은 민간과의 협력으로 국제거점의 조성과 지역산업구조의 재편을 위한 지식형산업의 유도책을 적극 강구하고 있음을 볼 수 있다.

湘南國際村의 조성은 가나가와현의 야심적인 국제화전략의 하나이다.

三浦반도 중앙에 위치한 경관지에 국제학술연구와 문화기술교류의 중심지를 조성하고 있다. 면적이 180여ha인 이 지역은 縣의 계획에 따라 三井부동산과 합작 체재형 국제거점과 아울러 지역개발사업으로 추진되고 있다. 실제 건설운영의 주체는 쇼난국제협회로 縣, 市 등 공공부문 52%와 민간기업이 48%로 설립된 제3섹타인 것이다.

또한 縣과 川崎市에서는 지역 중소기업의 지원과 연구개발형 기업육성을 위해 도시형 사이언스파크를 건설운영하고 있다. 운영의 주체는 (주)K.S.P로 자본금 45억엔의 제3섹타이며 縣과 市가 33%를 출자하고 있다. K.S.P.의 주요사업은 의욕있는 창조적인 연구개발형기업가를 육성지원하고 (소요경비 기술지도, 상담 사무처리 등) 인큐베이터 사업, 시험연구 사업을 지원하며 인재육성, 교류사업도 겸하고 있다.

2) 미국의 경우

미국에서도 낙후지역의 발전을 위한 연방차원의 시책도 있지만 州단위로 쇠퇴지역의 활성화나 지역성장을 위한 다양한 노력을 전개하고 있다. 그중 해외활동분야의 예를 살펴본다.

■ 뉴욕주의 세계화 지원

뉴욕주는 Global Newyork Program으로 지역기업의 해외진출과 지역경제의 경쟁력 강화를 위한 사업을 추진하고 있다.

해외시장개척 보조금과 수출전략수립자금을 지원하고 있으며 해외시장개척 지원서비스를 위해 수출지원사무소 설치, 통상전문가 배치 등을 지원하고 있다. 아울러 무역전시회 및 통상사절단 파견 등 순회전시회를 개최하고 있으며 수출능력개발 및 협력망 구축을 위해 무역관련단체에 보조금지원도 하고 있다.

■ 각 주의 해외사무소

미국의 18개 주에서는 서울에 사무소를 두고 있다. 이들 사무소의 주목적은 투자유치와 통상안내이며 각기 지역 경제의 발전을 위해 주재원을 위촉, 운영하고 있다.

5. 지역경제활성화 추진방향

국정의 모든 분야가 일류를 지향하며, 경쟁력을 확보해 나가야할 세계화 시대에 있어서는 지역경제의 발전 또한 세계와의 경쟁에 앞서고 세계적 수준을 확보해야 할것이다.

지역의 경제활성화는 세계 여러나라에서 당면한 과제가 되고 있다.

선진국의 경우에도 낙후지역의 개발을 위한 투자유치활동을 외국기업 유인으로 확대하고 있으며 이를 위해 토지제공, 금융, 세제 등 각종 지원을 하고 있다.

우리나라의 자치단체도 지역경제의 활성화를 위해 국경을 넘어 시장 활동영역을 넓히며 경쟁력을 확보해 나가야 할것이다. 해외상품판촉, 투자설명회 등을 보다 활발히 하며 다양한 통상증대 방안을 강구해 나가야 할 것이다. 그리고 기업유치와 육성대책을 선진수준으로 바꾸어 나가야 할것이다. 이를 위해서는 각종 규제를 완화하고 기술개발과 인력양성을 지원하며 생산기반시설의 정비와 생활환경 개선을 촉진해 나가야 할 것이다.

이러한 자치단체의 역할을 하기위해서는,

① 지역경제담당공무원이 지역자원을 종합 활용하여 민간기술과 경영기법을 활용할 수 있는 능력을 갖추어나가야 할 것이다.

② 지역자원을 활용하며 민간기술과 경영기법을 활용할 수 있는 민관협력방안을 강구해 나갈 수 있어야 할 것이다.

③ 무엇보다 지역주민이 개방의식을 가지고 지역경제활성화를 위한 자율적인 참여와 협력을 활발히 해 나가야 할 것이다.

✲ 1996.

지역경제 살리기

우리나라의 경제는 최근 오랜 침체에서 벗어나는 기미가 보이기는 하나 아직도 불안한 가운데 시민생활에 적지 않는 어려움을 주고 있는 것 같다. 특히 지방에서는 이러한 장기화되고 있는 불황을 타개하는데 조금이라도 도움이 될까하여 공무원들이 자가용 대신 버스나 택시 이용하기 향토 제품 사주기 등에 나서고 있는 모습을 볼 수 있다. 보다 근원적인 지역 활력화사업의 발굴을 위해 지역특성을 살린 이벤트 등에 온 힘을 기울이는 모습도 볼 수 있다. 정부는 경기회복을 위해 이미 총력을 다하고 있거니와 지방자치단체로서도 지역경제 살리기에 지혜와 힘을 다해 나가야 할 때임을 절감하게 된다.

행정자치부가 연초에 마련하여 이미 제시한 지역경제 종합대책에 의하면('05. 1.) 올해 40만개의 일자리와 5%의 경제성장을 달성하기 위해 자치단체는 정부와 협력하여 지방재정의 정책기능을 강화하며 민간투자사업의 활성화, 지방공기업사업 확대 등에 중점을 두기로 하고 있다.

지방재정대책으로서는 내수진작을 위한 재정의 조기집행과 지역활력사업의 조기수립, 집행등이 추진되며 민간투자의 활성화를 위해 올해부터 실시 근거가 마련된 민간투자 임대사업(BTL, Build Transfer Lease)방식을 활용한 투자유치를 서둘러 추진해 나가는 한편, 지방공기업의 투자대상 분야를 체육 시설이나 관광사업분야로 확대함으로써 지역에서의 가용자원을 최대한 활용하여 일자리 창출과 경제성장에 기여토록 한다는 것이다.

지역주민의 복리를 증진해 나가야할 자치단체로서는 자체의 재정수단을 통한 고용기회의 확대가 중시되어야 하겠지만 자체 가용재원은 한정될 수밖에 없어 민간 투자의 유치활용에 보다 큰 관심과 기대를 가질 수밖에 없을 것이다.

이와 관련하여 최근 정부 공기업의 본사나 공공기관의 지방 이전이 추진됨에 따라 이들의 유치에 사력을 다하고 있음을 보게된다. 물론 이도 빼놓을 수 없는 지역경제 살리기의 주요방책이 될 것이나, 이와 더불어 자치단체의 주도로 공공과 민간부문 그리고 학계가 협력하여 창의적인 활동으로 경제활력을 높이는 것이 보다 중요할 것이다.

지방자치행정도 이러한 생산적, 경영적 의미의 역할을 증대해 나가야 할 것이며 당면한 지방분권의 지향점도 바로 여기에 두어져야 할 것이다. 지방자치단체에 경영자로서 지역경제 활력 제고의 역할을 기대하기 위해서는 지방분권이 원래의 취지로 추진되면서 행정적 재정적 권한이 지방에 대폭 주어져야 할 것이다. 그럼에도 불구하고 지방분권 계획에 따른 권한이양이 아직도 관계부처의 이해관계로 큰 진전을 보지 못하고 있음은 안타까운 일이 아닐 수 없다.

다만 최근 신청이 늘어나고 있는 지역특화 발전특구의 지정과 특구 내에서의 특례로 부분적이나마 규제완화가 이루어 질 수 있게 되어 다행스럽기도 하다.

그러나 지역특화 발전특구사업이든 민간투자 임대사업 방식이든 중앙의 관여가 적지 않으며 그밖에 지역혁신 사업이나 경제자유구역 등에서의 정부의 적극적인 역할을 보면서 이와 관련하여 지방에 보다 주도적인 역할을 할 수 있는 권한과 책임의 부여가 더욱 주요할 것으로 생각된다.

한편 최근 지방에서의 제3섹타(민 · 관 공동)사업에 대한 감사원 감사결과를 보면 이들 사업에 부실이 적지아니 나타나 실망감을 주기도 하나, 이러한 사업에의 참여를 통한 훈련을 통해 관련 당사자의 능력 개발도 가능할 것으로 보아 지방 현장에의 우수한 인력확보에 보다 성의를 가지는 계기로 삼을 수 있으리라 본다.

지역경제를 살리고 안정적인 성장을 기대하기 위해서는 지방에서의 이러한 기회의 활용을 위한 적극적인 의지와 중앙에서의 지속적인 지원노력이 있어야 할 것이다.

✽ 2005. 3.

제3장 지방의 정보화, 국제화

지역정보화와 자치단체 협력

1. 지역정보화 협력의 필요성

지방자치단체는 지역정보화의 추진 주체이다. 자치단체는 지역주민에 필요한 정보서비스를 제공함으로써 삶의 질을 높여 나가게 되며 관내기업에게 유용한 정보를 제공함으로써 활력 있는 지역경제를 가꾸어 나가야 한다.

또한 자체 행정서비스를 가장 효율적으로 제공할 수 있는 정보체제를 도입, 운영함으로써 생산성을 높여 나가야 한다.

지역에서의 이러한 모든 과제를 추진함에 있어 자치단체는 종합적인 시각에서 목표와 전략을 책정하고 이를 연차적으로 추진해나갈 책무가 있으며 이는 지역정보화 기본계획으로 규정된다.

그런데 이러한 자치단체의 정보화를 향한 역할은 관내 민간기업과 유관기관단체의 협력이 있어야만 가능하다. 뿐만 아니라 대외적으로도 관련 자치단체간의 협력이 이루어질 때 효율적으로 이루어질 수 있다.

정보화에 있어 자치단체간의 협력은 우선 공통의 프로그램개발과 이의 활용 , 효율적인 보수체계의 가동, 담당요원의 능력개발을 위한 연수 그리고 정보화 환경과 운용에 관한 자료의 상호교환 등 여러 분야에서 이루어질 수 있을 것이다.

이러한 협력이 원활히 이루어질 때 지방정보화의 상승적인 효과를 거둘 수 있으며 지역의 경쟁력도 확보할 수 있게 될 것이다.

한편 이러한 협력이 제대로 이뤄지지 않을 때 야기될 수 있는 문제를 본다면 우선 전산개발 부문에서 중복과 낭비를 들 수 있을 것이다.

유사한 업무영역과 추진절차를 가지는 행정서비스 분야에서 각기 S/W의 개발에 나선다면 자체개발이든 외부 용역에 의하든 인력의 낭비와 중복투자를 피할 수 없을 것이다. 현재 활용되고 있는 시도의 S/W들을 보면 그러한 경향이 나타나고 있는 것이다.

또한 인근 자치단체간에도 기 개발된 S/W의 유지보수에 있어 상호연계가 이루어지지 않는다면 이 또한 예산의 낭비가 되지 않을 수 없을 것이다. 한 자치단체에서 개발 운용되고 있는 시범 S/W가 다른 자치단체로 쉽게 전파되어 이용될 수 없다면 지역행정에서의 조정기능이 발휘된다고 보기 어려울 것이다.

지방자치는 물론 지역단위의 의사결정과 자율운영을 전제로 각기 발전목표와 추진전략을 가지게 되며 지역간 경쟁을 전제로 하고 있다. 그러나 상호 공동의 이익과 발전을 향한 협조 또한 긴요하며 이는 국민생활의 균형있는 향상과 국가적인 경쟁력 향상을 위해서도 이루어져야 할 과제라 할 수 있다.

특히 정보화 분야에서는 한정된 지원의 활용과 나날이 발전하는 기술의 신속한 흡수를 위해서도 이러한 협력은 더욱 절실하다고 하겠다. 그리고 중앙정부로서도 이러한 자치단체간 협력을 적극 촉진해 나가기 위해 행·재정적인 지원을 아끼지 않아야 할 것이다.

자치단체간의 정보화협력의 사례로는 일본의 지방자치정보센터 (Local Authorities System Development Center)를 들 수 있다.

자치단체에서 컴퓨터의 효과적인 운영을 위해 자치단체의 총체적인 의견으로 1970년 5월 재단법인으로 설립된 이 센터는 자치단체의 전산직원에 대한 연수교육, 정보화관련 상담, 조언, 행사개최, 간행물 발간, 시스템 연구 · 개발, 지방행정정보의 D/B구축과 넷(Net)화라는 면에서 상당한 성과를 거두고 있음을 볼 수 있다.

2. 지역정보화지원재단의 설립

지방자치단체간 정보화를 위한 상호협력 증대방안은 1997년 '지방정보화 시행계획' (행정자치부)에서 시책과제로서 비로소 제기된 것으로 보인다.

이 계획의 발표를 전후하여 각종 연구 세미나에서도 이 문제가 관심사항으로 대두되기도 하였다. 이러한 논의는 결국 각계의 검토와 여론을 수렴한 가운데 1997년 12월 '지역정보화지원재단' 을 출범시키기에 이르렀다.

여기서 재단은 자치단체간 협력과 지원의 주체로서 가장 바람직한 방안으로 선택되었다. 재단은 민법상의 비영리 법인으로 설립되었으나 실질적으로는 자치단체의 공동출연을 기본 재산으로 설립 · 운영되는 공익법인으로서, 지방정보화의 협력체로서의 역할도 가지게 되었다.

또한 정부(행정자치부)의 인가로 설립되고 이사회의 구성에도 주무부처의 관련국장이 참여한 점에서 보면 재단은 정부와 자치단체간의 공동의 노력을 위해 설립된 것으로 볼 수도 있는 것이다.

이러한 재단의 설립필요성으로는 무엇보다도 21세기를 눈앞에 두고 날로 팽창하는 정보화 수요에의 대응이란 배경을 들 수 있을 것이다.

재단의 설립을 불가피하게 한 기본적인 정보화수요로는,

첫째, 자치단체의 정보화에 관한 조언, 상담 등 컨설팅 업무를 들 수 있다.

지역의 정보화에는 전산기기의 도입, S/W의 확보와 유지보수 등 시스템과 관련된 기술이나 절차면에서 상당한 지식과 경험을 필요로 하며 이들을 모두 각 자치단체가 가지기는 어려울 것이다. 따라서 재단과 같은 전문기관에의 상담과 조언을 필요로 하게 된다.

둘째는 자치단체의 공동 S/W의 개발과 이용에 대한 수요가 늘어나고 있는 것이다.

자치단체가 외부용역으로 개발한 예산만도 연간 165억(1997년의 경우)에 이르렀으며 자체개발하고 있는 S/W도 적지 않는 점에서 보면 이들의 공동개발, 활용을 위한 협력은 상당한 성과를 거둘 수 있을 것으로 보인다.

셋째, 지방정보화 요원에 대한 전문기술교육 수요에의 대응이다.

자치단체의 전산인력에 대한 체계적인 전문교육은 아주 부족한 실정이다. 타 기관단체의 관련 연수시설도 있으나 이들의 이용에는 적지않은 경비 소요로 실제 연수는 쉽지 않은 실정이며 따라서 이들에 대한 연중 연수프로그램을 마련해 줄 필요가 절실하다고 하겠다.

3. 지역정보화지원재단의 기능

지역정보화지원재단의 주요기능과 역할은 자치단체의 정보화 사업을 지원하는데 있다.

지역정보화는 행정정보화가 이루어지는 가운데 정보화의지와 능력의 향상을 가져오며 이를 바탕으로 대민 정보서비스 등을 발전시켜가는 과정을 밟게 될 것이다.

이러한 정보화 과정에서 자치단체의 역할을 지원할 재단의 기능은 자치단체가 도입한 전산기 등 설비에 필요한 다양한 S/W를 가질 수 있게 하는 것이다.

이미 보급된 국산 주전산기 등의 활용을 적극 지원하기 위해서도 활용 가능한 S/W를 개발, 보급하는데 공동의 노력을 이끌어 내어야 할 것으로 생각된다.

이를 위해 1998년에는 우선 지방세 분야와 예산회계 분야에서 기 활용되고 있는 S/W의 성능개량과 보수체계의 확립에 주력하며 지방교부세의 합리적 배정과 지방재정개혁에 기여할 D/B를 개발해 나간 것이다. 또한 일부 자치단체에서 이용되고 있는 우수 S/W를 다른 지역에서도 이용될 수 있도록 지원할 수도 있게 된다. 이는 자치단체의 S/W의 표준화사업과 연관되고 있다 하겠다. 재단의 주요 기능을 보면,

- 자치단체의 정보화기본계획의 수립지원이다.

자치단체는 지역정보화의 주체로 지역여건에 따라 관내 자원을 동원하여 정보화 기본계획을 수립하게 된다.

이러한 과업은 대개 외부 용역에 의존해 오고 있으나 보다 많은 당사자의 관여속에 계획이 이루어지기 위해서도 직접 마련하는 것이 바람직할 것이다.

여기에 소요되는 계획, 기법 등은 재단에서 지원될 수 있으며 이를 위해 재단에서는 시 · 군 · 구의 모델계획을 수립하여 참고로 제시하게 될 것이다.

- 자치단체의 정보화 추진에따르른 컨설팅(상담)과 용역수행이다.

재단에서는 자치단체가 필요로 하는 정보시스템의 도입 설치 및 운영에 따른 기술적인 자문과 정보이용에 따른 상담을 하게 될 것이다.

자치단체가 수행하는 외주 용역에 따른 비용산정과 원가계산 등에도 도움을 줄 수 있으며 그 밖에 정보화의 연구와 관련 S/W 개발용역도 수탁할 수 있을것이다.

올해는 우선 호적전산화(on-line) 방안과 인터넷 활성화 방안에 관한 과제를 수행할 것으로 보인다.

- 자치단체 정보화 요원에 대한 전문교육의 실시이다.

정보화 담당직원의 능력개발이야말로 지역정보화의 가장 중요한 과제라 할 수 있을 것이다.

이에 착안하여 재단에서는 D/B 개발, 인터넷 홈페이지 제작, 시스템 분야 등 15개 과정에서 교육을 실시하게 된다.

- 지역정보화를 위한 싱크탱크(Think Tank)로서의 기능을 다하는 것이다.

자치단체의 정보화에 관한 추진상황을 검토 평가하고 새로운 정책을 개발하거나 추진방법을 보완하는 등 지속적인 연구사업을 추진해 나가게 될 것이다.

이와 연관하여 우선 재단의 중장기과제의 연구,지역정보화 세미나, 우수사례발표회등을 개최하게 되며, 외국의 관련자료 수집, 배포와 현지 연수도 추진하게 된다.

- 최신기술의 도입과 정보화 마인드의 확산에 주력할 것이다.

정보서비스의 활성화를 위해 인터넷 활용기법, 관련 D/B 구축 등 다양한 분야에서 나날이 발전하는 기술을 소개함으로써 이의 활용을 넓혀나가게 된다.

우선 정보소식지에 기술 동향을 수록하며 지역정보화지의 발간, 우수사례 전시회도 개최해 나가고자 한다.

나아가 지역의 정보화에는 자치단체의 관리자나 직원은 물론 일반 주민에게도 정보화 마인드가 전제된다.

따라서 이러한 정보화 마인드의 조성을 위해 지역의 정보화 비전의 제시와 이용방법의 구체화 등을 통한 실제적인 홍보를 강화해 나갈 것이다(이러한 재단의 기능은 2003년 설립된 자치단체정보화조합으로 이관되었다).

✲ 1999. 12.

지식기반행정과 정보화

21C는 지식 중심의 시대로 예견되고 있다. 지식은 이미 노동과 자본에 대체될 수 있는 부가가치의 원천으로 이해되고 있다.

지식의 창출과 습득, 저장과 유통의 원활한 관리 없이는 기업경영이 경쟁력을 가질 수 없으며 지식경영, 지식경제는 다가오는 새로운 천년대의 중요 발전과제가 될 것으로 보인다.

이러한 전망에 따라 창조적 지식기반 국가건설은 오늘날 국정 7대 과제의 하나로 제기되고 있으며 핵심실천 과제로도 설정되어 있기도 하다.

이는 어떠한 국가도 지식을 기반으로 하지 않고는 세계적인 경쟁에서 살아 남을 수 없다는 절박한 시대적 표현이라 볼 수도 있겠다.

세상은 그만큼 변화하고 있으며 이러한 변화에 대응하여 지식기반 위에서 이루어져야 하며 특히 주민생활에 밀접한 영향을 주는 지방행정도 예외일 수는 없을 것이다.

그런데 이러한 지식은 구호로만 획득되고 이용될 수 있는 것은 아닐 것이다. 공허한 논리나 학문적 지식만으로 성취될 수 있는 것도 아닐 것이다. 그보다는 주민 생활의 각 분야에서 실용적인 활용이 가능한 지식의 창출과 관리가 필요하며 이른바 「신지식인」의 적극적 배출이 요청된다고 하겠다.

「신지식인형」은 이웃에 정보서비스를 하는 전업주부나 과학영농으로 고수익을 올리는 선진농민의 사례에서 볼 수 있듯이 자기생활 영역에서 최고의 부가가치를 생산할 수 있는 경쟁력있는 사업을 실천하는데서 찾아질 수 있는 것이다.

이러한 관점에서 지식기반행정이 발전해 나가기 위한 몇 가지 방안을 일상 행정의 테두리에서 찾아본다면,

첫째, 지식의 창출을 활성화하는 일일 것이다.

지방행정은 이제 과거 답습이나 규제행정에서 과감히 벗어나 창의와 능률이 극대화될 수 있는 지원시책을 개발해 나가는 일이 중요할 것이다.

그러기 위해 스스로 새로운 지식의 습득과 능력개발에 앞서 나가야 할 것이다. 그리고 이를 창조적으로 활용해 나가야 할 것이다.

이를 위해 국내외 우수시책사례를 탐색하고 이를 지역실정에 적응토록 하면서 개성과 창의를 최대한 발휘해 나가야 하며 여기에는 인터넷이나 PC통신 등 정보매체의 활용이 중요하게 될 것이다.

또한 행정조직을 수직계층보다 수평협력을 중심으로 개편하며 창안과 성과에 대한 보상이 주어질 수 있는 인센티브가 가능한 인사관리체계를

갖추어야만 할 것이다.

둘째, 지식의 수집과 관리를 과학화하는 일일 것이다.

지식은 국내외 도처에서 만들어지고 여러 조직에 산재되어 있어 이를 습득하며 활용할 수 있는 상태로 저장관리하는 일이 중요할 수밖에 없는 것이다.

여기에 최신 정보기술에 의한 데이터베이스(D.B.)의 구축을 확대해 나가며 내용을 충실히 해 나갈 때 지식사회의 기반은 앞당겨질 수 있을 것이다.

지방행정에서도 분야별 자료를 정비하고 D.B화 함으로써 조직내부는 물론 전국단위의 유용한 지식의 활용을 가능하게 할 수 있을 것이다.

각 자치단체는 충실한 홈페이지를 구축하며 지방행정정보은행(LAIB)과 같은 통합관리 시스템과의 상호연계방안이 앞으로 중요한 발전과제가 될 수 있을 것이다.

또한 각 업무추진영역에서 전산에 의한 정책결정지원이나 사무관리, 민원처리 등을 위한 S/W의 개발이 보다 적극 추진되고 공동활용 될 수 있어야 할 것이다.

이로서 지식기반민원처리의 새로운 모습을 보여 줄 수 있을 것이다.

셋째, 지식의 공동활용망(Net)을 확대하는 일일 것이다.

지식은 우선 조직에서 공동으로 활용할 때 가치를 높일 수 있으며 필요한 사람에게 바로 전달할 수 있어야만 효과가 나타나게 될 것이다.

여기에는 최신 기술에 의한 네트워크로 LAN, WAN등이 활용될 수 있고 국가고속통신망에 따른 행정통신망의 정비도 추진될 수 있을 것이다.

지역에서의 이러한 정보통신 인프라의 정비가 시급히 이루어져야 할 것이다.

나아가 주민들의 일상생활에 필요한 정보를 제공해주는 지역정보서비스업도 産·學·官의 협력형태로 정비됨으로써 지식의 활용이 보다 일상화될 수 있을 것이다.

또한 기업이 소비자 상담 등 고객에 대한 지식을 적극 수집, 활용함으로써 경쟁기업을 앞서 나가듯이 행정에서도 고객인 주민에 관한 지식을 보다 적극 파악하고 활용함으로써 행정의 생산성과 만족도를 높여나갈 수 있을 것이며 이를 위한 정보기술의 확산도 절실하게 될 것이다.

지식기반국가를 성취해 나감에 있어서는 위에서 보듯이 지식과 정보의 결합에 의한 상승발전을 상정할 수 있게 된다.

지식사회는 결국 정보화의 발전으로 가능하게 되고 정보화의 진전없이는 효과적인 발전을 가져오기 어렵기 때문일 것이다.

정보화마인드와 기반이 제대로 갖추어질 때 지식은 수집되고 활용되며 또다른 지식의 창조로 이어질 수 있을 것이다.

따라서 지방행정이 보다 지식기반 위에서 운영되기 위해서는 정보화는 더욱 촉진되어야 하며 정보화관련 조직과 인사의 관리가 또한 새로운 수요에 맞게 찾아져야만 할 것이다.

지식기반국가를 성취함에 있어서는 지식경영과 더불어 지식행정이 중요하며 여기에는 지방의 정보화가 더없이 소중한 역할을 하게 될 것이고 그러한 소임을 다하기 위해 정보화관계자는 더욱 노력해야 할 것이다.

✲〈자치행정〉 1999.12.

지방행정 정보화의 길

"산업화는 늦었지만 정보화에는 앞서자"

이 구호는 이 시대의 과제를 가장 잘 나타내는 표현이라 할 수 있겠다. 또한 21세기 정보화시대를 맞는 우리들의 결의로도 볼 수 있겠다. 중앙과 지방, 기업이나 가정 어디에서든 컴퓨터와 인터넷 열기가 무섭게 달아오르고 있다. 인터넷 인구가 폭발적으로 늘어나고 날마다 새로이 등장하는 무수한 홈페이지, E-mail 주소의 보편화, 그리고 사이버 쇼핑의 확산 등은 10대 정보강국 진입을 목표로 하는 정부의 의지와 맞물려 엄청난 성장세를 보이고 있다.

그런데 이러한 정보화는 나라경제의 발전과 주민생활의 질의 향상에 크게 기여하는 것으로 일반적으로 이해되고 있으나 문제는 정보화의 결과가 모든 분야에서 반드시 긍정적인 것만은 아니라는데 있다. 적어도 지방분권이나 균형발전의 시각에서는 일부이지만 문제가 있지않나 느껴진다.

우선 정보화가 가져오는 지방분권과의 관계를 본다면 각종 정보의 동시확산 기반과 기능은 지방발전에의 촉진제가 될 수 있으며 지식정보의 공유는 지방으로의 권한이양의 근거로서 크게 기여할 수 있을 것으로 여겨진다. 그러나 한편 지방의 정보화 촉진은 중앙집권을 초래하는 계기가 될 수 있다는 점에서 당혹스러움을 느끼게 한다.

정부가 1998년부터 역점을 두고 추진하고 있는 시 · 군 · 구 종합정보화사업만 하더라도 정보화기금에 의한 정부발주 사업이 되고 시 · 군 행정 전반에 걸친 업무 분석과 재설계(B.P.R., Business Process Reengineering)를 시스템개발 부서가 주관이 되어 민간용역단이 실제 작업을 추진하게 됨에 따라 여기에서 작업의 기준은 전국공통 업무에 대한 간소화나 표준화 등의 검토가 될 수밖에 없고 지방별 실정에 따른 개별요소는 존중될 수 없었던 것 같다. 이미 전국 행정망으로 완성된 자동차, 주민등록, 부동산관리 등 전산 시스템의 운용도 획일적인 운영으로 가고 있으며 이 분야에서 지방분권의 입지는 그만큼 약화되지 않을까 우려된다.

이러한 전국적인 전산시스템은 결국 지방별 업무 사정에 따라 개발운용되어 오던 시스템을 퇴출시키는 결과가 되고 있으며 이는 같은 분야에서 시스템의 업그레이드나 새로운 개발이 통제됨에 따른 것이기도 하다. 이러한 수직체계의 지방정보화 추진은 단체별로 각기 개발에 따른 중복투자의 배제 등 경제성은 우선 가져오게 될 것이나 현지에서의 원활한 시스템의 운영과 이용고객의 만족도를 가져오는데는 한계로 나타나기도 할 것이다. 이는 그동안 일괄해서 개발 보급한 예산편성운용이나 일부 민원처리 시스템 등에서 문제로 나타난 예에서도 알 수 있는 것이다.

이들 시스템 운용에서의 실제적인 타당성을 확보하기 위해서는 아무래도 지방의 참여에 의한 개발이 되고 보급 · 확산 · 운용 등에서 자치단체의 수평적인 협력이 있어야 함을 보여 주는 것이라 하겠다. 그런데 여기에는 시스템의 표준화가 선행되어야 하며 기 개발된 시스템의 타단체로의 이전이 간편하게 이루어질 수 있어야 할 것이다.

그러나 실제 시스템의 수평적 확산은 개발업체의 관련기술의 방어와 유지보수를 통한 개발비 보상 그리고 적용에 따른 해당 단체의 전산요원의 부담과중 등으로 적지 않는 장애에 부닥치고 있는 것이다. 이로 인해 정부의 정보화 기금지원으로 개발된 시스템마저도 타단체로의 이전이 지체되고 있는 실정인 것이다. 이러한 상황은 정보화를 더욱 집권화로 가져가게 하는 요인이 되고 있으며 지방이 스스로 협력방식에 보다 관심을 가져야만 해결될 수 있지 않을까 생각된다.

지방의 정보화에서 자율성을 높이고 보다 분권적인 운영이 되게하기 위해서는 지방의 정보화 환경의 정비가 우선 있어야 하며, 여기에는 정보화에 필요한 재원(기금)의 조성, 정보화 관련 지방업체의 육성이 따라야 할 것이나 무엇보다 정보화 전문행정요원의 확보가 있어야할 것이다. 정보화업무는 일반적으로 민영화 대상으로 볼 수 있지만 기본계획의 수립이나 추진전략의 설정, 시스템의 선택, 관리 등에 있어서는 전문 전산행정요원의 역할이 긴요할 것이기 때문이다.

한편 지난해 연말 실시한 기초자치단체 정보화 수준평가에 의하면 정보화 지원기반(지역정보화 촉진조례 등), 정보화 투자(정보화 예산비율), 정보화 설비(PC보급. LAN활용 수준 등), 정보화 조직(정보화 인력비율, 전문 정보교육 수준 등), 정보화 활용(전자결제, 응용S/W 등) 등 5개 부문 19개 지표에 의한 평가에서 단체별 종합점수가 최고 92점에서 최저 70점으로 나타나고 있고 상위 20개 단체가 수도권이나 대도시내 자치단체이며 또한 20개 단체의 평균(88점)과 전체 평균(78점)사이에도 상당한 차이를 보이고 있다는 점에서 정보화의 지역간 격차의 시정이 요구되고 있음을 보게 된다(행정자치부, 자치정보화지원재단 자료).

이미 내년 정부예산에서는 우수학생에 대하여 PC를 무상으로 공급하며 주부교육 등 정보화 소외계층에 대한 지원을 강화해 나가기로 하고 있거니와 정보화의 지역간 격차의 시정에는 중앙의 지원과 관여가 불가피하게 될 것이다. 그러나 그렇다 하더라도 지역 자체 역량의 배양에 보다 관심을 가져주는 방향으로 추진되어야 할 것이다.

이제 중앙이든 지방에서든 행정정보화에는 그간의 투자와 노력에 상응한 보다 가시적인 성과가 기대되고 있다. 민원의 신고, 처리와 관련된 새로운 시스템이 도입되고 전자결재가 이루어진다 해도 관련 문서의 감축 폐지에 이르지 못하고 행정절차마저 종전대로인데다 인력감축도 나타나지 않는다면 행정정보화의 추진은 그 의미가 퇴색될 수밖에 없을 것이다.

최근 추진되고 있는 전자정부(e-government) 법안에는 타법령에서 종이 문서로 신고, 신청 회신을 하게 하였더라도 이를 전자문서로 대신할 수 있게 하고 있거니와 문서 감축의 효과만이라도 조기에 나타나도록 법제화가 촉진되었으면 한다(2001. 7. 관련 법률이 제정 시행되고 있다). 뿐만 아니라 여기에서는 정보의 기관간 공동활용은 물론, 자치단체간 시스템의 공동개발, 공동활용을 보다 쉽게 추진해 나갈 수있는 체계도 갖추어지기를 기대해 본다.

✲ 〈자치공론〉 2000. 11.

지방자치단체의 국제교류

1. 지방국제교류의 배경

1) 국제교류의 추세

지방자치단체는 주민의 편익과 지역발전을 위해 법률의 제약이 없는 한 자유로운 활동을 할 수 있다. 이는 지방자치제를 실시하는 나라들에 있어 일반적인 원칙이라 할 수 있다.

자치단체는 주민에게 최소비용으로 최대편익을 제공하며 지역기반시설을 정비하고 산업을 발전시킴으로써 고용기회의 창출과 삶의 질을 높여나가게 된다. 여기에는 국경을 넘어서 외국의 자치단체나 민간과의 협력교류가 큰 역할을 할 수 있다.

종래 국제적인 교섭과 교류는 중앙정부의 소관으로만 이해되고 지방의 역할은 경시되던 때도 있었다. 그러나 이러한 생각과 업무처리 자세는 오늘날과 같은 개방과 경쟁의 시대에 더 이상 지탱될 수가 없게 되었다.

W.T.O 체제이후 더욱 뚜렷이 국경은 엷어지고 지역은 부각되고 있음을 볼 수 있다. 지방의 국제교류와 협력은 이제 세계적인 추세가 되고 있는 것이다.

1995. 9. 헤이그에서 개최된 제32차 IULA(International Union of Local Authorities) 세계대회에서는 1,500여 자치단체대표가 모여 새로운 천년대를 향한 선언을 (into the New Millennium) 채택한 바 있다.

여기서는 국제협력의 증대를 범지구적 문제해결에 있어 중요한 계기로 보았으며 도시 개발을 촉진하고 건전한 지방정부경영을 지원할 수 있는 계기로 보았다.

이에 앞서 1992년의 리우데자네이로에서 열린 지구환경정상회담에서는 지속가능한 개발을 위한 자치단체의 역할을 분명히 하고 이에 따라 지방의제(Local Agenda 21)의 추진을 세계적인 지방자치단체의 과제로 하였다.

또한 1996. 6월 이스탄불에서는 UN이 주관하는 Habitat-Ⅱ 도시정상회담이 열리게되며 많은 자치단체 관계자들이 국가대표단과 더불어 참여, 인간정주문제해결을 위한 모임을 가지게 되었다.

국제협력과 교류는 이제 개별자치단체 상호간 교류와 결연으로 그치지 않고 자치단체의 국제적인 조직을 통해 상시 교류와 다면적 교류로 이루어지고 있는 것이다.

2) 국제교류의 연혁

지방의 국제교류는 1940년대 후반 서유럽에서 자매결연이 확산되면서 화해와 평화의 상징으로 큰 의미를 띄며 발전하게 되었다.

1950년대에는 미국에서 People to People 이란 구호아래 선린 우호교류로 활발히 이루어져 왔고 1960년대에는 일본에서 각기 도시간 자매결연이 전후 평화이미지 고양을 위해 크게 확대되었다.

1970년대에는 중국이 서방과의 외교관계가 정상화되고 개방됨에 따라 자치단체간 교류도 크게 넓혀져 왔다.

종래 자매교류는 기관간의 상호방문이나 체육, 문화분야에서의 교류가 주목적이었으나 점차 지역의 활력을 위한 통상교역 등 경제적인 목적에 비중을 두게 되었다.

단순한 선진 차원에서 실리위주로 변화를 보이고 있는 것이다. 오늘날 많은 자치단체들의 국제교류는 경제교류의 증대를 통한 지역의 활성화에 주된 목적을 두고 있음을 볼 수 있다.

이는 미국 도시들의 국제교류가 연방 보조의 감축에 따른 수입증대 대책의 일환으로 전개되면서 경제교류에 주안을 두게 된 경위에서도 잘 나타나고 있다. 다시 말해 외국과의 교류를 통해 수입의 증대를 모색케 된 것이다.

그러나 최근 선진국에서의 국제협력증대는 개발도상국들의 자치단체의 능력개발의 지원을 위한 차원에서 이루어지고 있음이 주목된다. 이는 지방의 국제화가 한 나라의 지역의 경제활력만을 위한 것이 되기보다 나아가 세계적인 번영을 동시에 지향함을 뜻하는 것이기도 하다.

2. 지방자치단체 국제교류의 필요성

(1) 지방국제교류의 의의

국제교류의 증대는 국가간, 지역간 상호이해의 증진으로 궁극적으로 국제평화에 기여하며 지구촌에서의 공동번영을 보장하는 노력으로 이해될 수 있다.

국가는 스스로 안전보장을 위해 외교활동을 전개하고 있으며 여기에는 국민적 교류에 의한 상호이해가 밑바탕이 되는 것이다. 따라서 민간 차원에서의 국민간 교류는 큰 의의를 가지면서 권장되어 오고 있다.

실제 민간의 문화, 예술, 사회단체들은 이들 분야에서의 외국의 단체와 상호교류를 활발히 하고 있으며 민간기업도 해외시장활동을 이러한 상호이해와 조성된 이미지를 바탕으로 하게 되는 것이다.

이러한 국가단위에서의 여러 교류활동이 결국 국가목표인 안전보장과 경제발전, 나아가 세계평화 유지에 기여하고 있는 것이다. 따라서 지방단위에서도 이러한 교류증진에 기여하여야 함은 당연한 것이다.

그러나 지방단위에서는 자치정부가 지역주민의 복지증진과 지역발전을 위해 스스로 지역경영 전략을 추진하게 되며 그 일환으로 해외개방과 국제교류를 주도적으로 추진해 나갈 때 이는 단순한 국가적 역할의 분담이라기보다는 자치단체 고유의 발전노력으로 이해되어야 할 것이다.

이 경우 지방자치단체는 중앙(서울)을 경유하지 않고 스스로의 지역목표에 따라 해외와의 교류활동을 전개함으로써 지역 활성화를 가져 올 수 있게 될 것이다.

이러한 지방의 국제교류업무가 지방자치단체의 고유업무로 볼 수 있느냐는 논란도 있겠으나 국가간의 외교영역에 미치지 않는 한 자치단체의 사무로서 자유로운 활동영역으로 인정되어야만 할 것이다.

국제지방자치단체연맹(I.U.L.A)의 제31차 총회(토론토, 1993)에서 채택된 지방자치 원칙에서도 자치단체는 국제협력과 상호이해증진을 위해 교류할 수 있음을 선언하고 있다.

이제 이러한 의미에서 자치단체가 추진하게 되는 지방국제교류의 배경과 그 필요성을 정리해 보면 기본적으로 국가경쟁력 강화와 지역에서의 자주적 발전 전략의 추진에 있으나 보다 구체적으로는,

- 인적 · 물적 교류에 의한 주민의 개방의식을 고양하며,
- 지역 상품의 대외진출로 지역경제의 활력화에 기여 할 수 있고,
- 선진지역의 다양한 행정경험을 활용, 행정수준을 높일 수 있으며, 이로써 주민 생활의 질적 향상을 가져 올 수 있다는데 있을 것이다.

3. 지방화와 국제화

근간 지방의 국제협력교류가 계속 확충되는 요인은 세계적으로 지방분권이 증대됨에 따라 지방으로의 권한이양과 지방주민에 의한 지역발전이 강조됨에 따라 더 나은 지방정부 경영, 더 좋은 생활환경조성에 대한 지방정부의 역할의 증대에 기인된 것으로 볼 수 있다.

지방의 국제화는 따라서 이러한 지방화와 더불어 진전되고 있다. 한편 지방화는 국제화를 통한 지역의 역할 증대에 따라 촉진되고 있기도 하다.

이는 세계적인 추세이나 특히 한국에서의 양자의 진전은 긴밀한 상호관계를 보여주고 있다. 즉 지방의원과 단체장의 주민직선이 이루어져 지방자치가 본격화된 1995년 이후 자치단체의 국제교류는 더욱 활성화되고 있는 것이다.

특히 자치단체의 국제교류기구가 확충되고 시 · 도지사 등 단체장의 시장개척활동이 두드러지고 있으며 통상 이벤트의 개최에 열기가 더하여지

고 있는 것이다.

지역의 국제경쟁력 강화를 위한 최근의 국가의 세계화 전략이 지방의 특성 있는 개발을 위한 지방주도의 국제교류를 촉진하고 있는 것이다.

세계화는 무한경쟁시대에 대비하여 국가의 경쟁력을 높이기 위한 전략으로 국정의 모든 분야에서의 일류화, 합리화를 지향하는 것이며 지방의 선진화와 경쟁력 강화를 위해 불가피한 선택이라 할 수 있다.

✲ 1996.

국제협력의 새로운 추세

1. 자치단체의 국제협력

지방자치단체의 국제협력은 (Municipal International Cooperation, MIC) 이제 세계적인 추세로 다가올 세기에 대비한 새로운 발전을 모색하고 있다.

1995. 9. 헤이그에서 개최된 제 32차 IULA(International Union of Local Authorities) 세계대회에서는 1,500여 자치단체대표가 모여 새로운 천년대를 향한 선언을(into the New Millennium)채택한 바 있다.

여기서는 국제협력의 증대를 범지구적 문제해결에 있어 중요한 계기로 보았으며 도시개발을 촉진하고 건전한 지방정부경영을 지원할 수 있는 계기로 보았다.

또한 1996. 6. 이스탄불에서는 UN이 주관하는 Habitat-Ⅱ 도시정상회담이 열리고 많은 자치단체 관계자들이 국가대표단과 더불어 인간정주문제해결에 참여를 위한 모임을 가지게 되었다. 국제협력과 교류는 이제 자치단체 상호간 교류와 결연으로 그치는 방식에서 자치단체의 국제적인 조직을 통해 상시 교류와 다면적 교류로 이루어지고 있는 것이다.

자치단체의 국제협력은 연혁으로 보아 1940년대 후반 서구에서 도시간 상호이해와 평화를 지향하는 의미에서 급격히 활발하게 되었다.

1960~70년대는 일본에서 대미외교의 일환으로 또한 중국의 개방에 맞춰 우의와 통상차원의 결연이 활발히 되기도 하였다. 그런데 1980년대 이후엔 세계경제의 불황과 더불어 경제와 무역에 초점을 둔 교류가 점차 비중을 더해왔다. 그리고 최근에는 교류의 의미가 다양화되고 복합화되어온 것이 특징으로 지적되고 있다. 즉, 자치단체의 경제활력과 수입증대를 위해(Trade), 개발지원의 또다른 형태로나 정치적 목적에 따른 교류지원 등 다양한 모습을 보이게 되었다.

이제 이러한 국제적인 협력과 교류를 주도하고 있는 자치단체국제조직들의 역할과 활동상황을 살펴 보고 오늘의 한국의 자치단체국제협력에 주는 시사점을 정리해 본다.

2. 자치단체국제조직의 역할

자치단체의 국제협력을 주도하고 있는 조직으로는 우선 IULA, METROPOLIS, U.T.O, Summit를 들 수 있다. 환경문제와 같은 특정분야에서의 협력조직으로는 ICLEI가 대표적이라 할 수 있다.

그리고 지역별 협력조직으로는 CEMR 등을 들 수 있다.

1) IULA(UCLG)

IULA는 1913년 설립된 자치단체연합조직으로 세계 90여개국의 자치단체연합 또는 자치단체, 기타 유관기관을 회원으로 하고 있다(본부:헤이그). 매년 집행위원회와 총회를 개최하며 2년마다 대회(Congress)를 개최하고 있다.

자치단체의 상호교류지원과 정보의 수집확산 그리고 국제사회에서의 자치단체의 역할증진에 노력하고 있으며 리우선언 실천과 Habitat-Ⅱ회의에서도 큰역할을 하고 있다[9].

2) METROPOLIS(World Association of the Major Metropolises)

세계 수도 자치단체를 비롯 인구 100만 이상대도시를 회원으로 하고 있다(본부 : 파리).

세계 주요도시의 정책적 연합체로 대도시 문제의 포괄적인 해결을 위해 노력하고 있으며 4개 상임위를 두고 있다. 즉 도시계획 및 개발관리, 환경도시생태계보전 경제개발, 사회문화발전 등이다. 매 3년마다 총회를 개최하며 1996년 4월에 동경에서 2002년 5월에는 서울에서 총회가 개최된 바 있다.

3) U.T.O.(United Towns Orgainization)

1967년 세계도시연합으로 설립된 이래 80여개국에 2,000여 회원을 가지고 있다. 도시의 국제교류를 지원하고 자매결연 상호공동문제의 해결지원들을 임무로 하고 있다.

지방의제 21의 후속조치를 위해 크게 노력하고 있으며 산하의 U.T.D.A

9) IULA는 2004년부터 UTO와 통합하여 UCLG(United Cities and Local Governments)로 새롭게 출발하였다.

는 환경문제를 비롯 도시개발에 자문과 지원을 하는 전문기구로 관련 사업들을 추진하고 있다. 최근 IULA와 통합하여 UCLG를 구성하고 있다.

4) ICLEI(International Council for Local Environmental Initiative)

자치단체의 환경문제에 관한 전문단체로 1989년 설립되었다(본부 : 토론토).

지구환경보전과 특히 도시에서의 기후보호에 관한 사업들을 주도적으로 추진하고 있으며, 환경문제의 중요성에 비추어 최근 회원이 크게 늘어나고 그 역할도 증대되어가고 있다. 1995. 11.에는 일본 사이타마현에서 기후보존회의와 더불어 총회를 가졌다. 특히 지방의제의 세계적 사례수집과 추진경과를 추적하고 있으며 UN과의 협력을 강화해 나가고 있다.

3. UN과 자치단체의 국제협력

UN은 전세계 회원국의 환경과 복지 개선을 위한 노력을 하고 있으며, 그 일환으로 1990년대 들어 회원국 정상들의 일련의 모임을 개최해오고 있다. 즉 1992년의 지구환경회의, 1995년 코펜하겐에서의 사회복지정상회의, 북경의 세계여성대회, 그리고 Habitat-Ⅱ회의 등은 그러한 일련의 노력의 결집이라 할 수 있다.

이러한 회의의 개최 준비나 참여는 국가단위 대표단과의 협력 또는 결정에 따르게 된다. 그러나 여기서 논의되는 내용의 실천에는 중앙정부만으로 될 수 있는 것은 아니며 자치단체의 역할에 크게 의존할 수 밖에 없다. 따라서 자치단체는 국제자치조직을 통해 이러한 사안에 의사를 투영하고 결정과정에 참여코자 하는 노력을 해오고 있다.

각 국의 자치단체는 국가대표단의 일원이 되어 본회의에 참여하거나 국제기구의 한 부분으로 참여할 수 있게 되나 여기에는 제한이 따를 수밖에 없다. 따라서 좀 더 강력한 자치단체의 의사를 본회의에 반영키 위해 자치단체 총회(World Assembly of Cities and Local Authorities)를 미리 개최하여 집약된 의견을 제출키로 하고 있다.

그결과 자치단체는 국제자치단체조직을 통해 UN주재회의에 어느 정도 직접대표성을 확보할 수 있게 되었다. 투표권은 없으나 심의에 참여, 실제 여러차례 준비회의에는 자치단체대표도 참여한 바 있다.

현재 세계적으로 자치단체가 추진하고 있는 지방의제21도 UNCSD (Commission on Sustainable Development)가 총괄 조정하고 있으나 자치단체환경연합조직인 ICLEI가 그 실천홍보와 계획수립절차 지도 등에 중요한 역할을 하고 있다. 우리나라에서도 서울, 부산, 인천 등 대도시는 물론 순천, 안산 등 중소 도시에서도 지방의제 21을 수립했거나 준비중에 있다. 요는 환경문제에 대한 지방자치단체의 능동적 역할없이는 의제 21의 실천이 불가능하다는 인식이 가져온 결과라 할 수 있다.

4. 지방분권화를 위한 국제협력

지방에 권한과 책임을 더함으로써 주민에의 봉사를 민주적이며 효율적으로 추진하고자 하는 노력은 세계적인 추세라 할 수 있다. 선진국에서도 이를 위한 중앙과 지방의 대립과 이해조정은 계속되고 있다.

그러나 아프리카나 라틴아메리카 등 개발도상국에서는 이러한 지방분권은 미약하며 여전히 중앙집권적인 지방행정체계로 되어 있다. 이러한 지역에서는 분권화의 전통이 없을 뿐 아니라 개발지향적인 국가에서의 중앙집권화 경향은 피할 수 없는 것이기도하다. 더구나 지방자체의 능력부족은 이러한 경향을 심화시키고 있는 것이다. 그러나 민주화의 여망은 이런 지역에서도 지방분권화 목표와 여건 조성을 위한 노력을 기울이게 하였다.

이에 자치단체국제조직이나 선진제국의 자치단체연합은 국제협력의 일환으로 이들 지역의 능력개발과 제도화(Capacity & Institution Building) 노력을 지원하기에 이르렀다. 여기에 UNDP와 더불어 IULA 등 노력이 집중되고 있고 UMP(Urban Management)프로그램도 이를 위한 노력이라 할 수 있다. 그밖에 C.I.B. 사업에 크게 나선 단체로는 영국과 화란의 자치단체 연합(영국의 LGIB, 화란의 VNG) 등을 들 수 있다.

전반적으로 EU에서는 동구나 남아메리카, 아시아(중국) 지역에 대해 국제협력사업을 강화하고 있으며 그 대상지역에 따라 North-South형태나 North-South-East의 형태가 되고 있다. 분권화의 세계적 진전은 교류협력의 증대로 지구환경의 보전과 세계평화에 기여할 수 있게 될 것이기 때문이다.

5. 한국자치체 국제협력에의 시사점

1) 최근의 국제교류동향

본격적인 지방화시대를 맞아 한국의 자치단체들은 국제적인 교류와 협력을 촉진해 나가고 있다.

'94, '95년의 자치단체 자매결연 체결상황만 보더라도 크게 늘어나고 있으며 총 224건의 결연실적을 보이고 있다(2005년 3월 현재 결연단체수는 451에 이르고 있다). 결연대상이 미국, 일본, 중국에 편중되어 있기는 하지만 자치단체의 주도하에 교류가 다변화되고 확대되어 가는 추세로 볼 수 있다.

교류의 내용도 단체간 친선 문화적인 교류에서부터 시장개척 활동과 해외투자의 확대 또는 투자와 관광객 유치 등 경제적인 비중이 커지는 상황이다. 자치단체장이 시장개척단을 직접 인솔, 시장개척에 나서는 현상은 일반화되어 가고 있다. 또한 지방단위의 국제문화체육행사도 늘어나고 있는 추세이다.

그밖에 이러한 국제화사업을 담당하고 있는 지방공무원의 국제마인드 함양과 능력개발을 위한 해외연수도 크게 확대되고 있음을 볼 수 있다.

또한 자치단체국제교류를 지원하고 국제화사업을 공동추진하기 위한 자치단체국제화재단의 설립과 활동도 점차 증대되고 있는 점이 주목된다고 하겠다.

이러한 국제화추세는 전반적으로 W.T.O.체제에의 대비와 국제경쟁력 제고를 위한 세계화 노력의 결과로도 볼 수 있을 것이다.

2) 국제화 추세에서의 시사점

자치단체 국제교류의 세계적 추세에 비추어 우리나라 자치단체의 국제교류도 변화에 대응한 새로운 방향이 모색되어야 할 것이다.

① 우리나라에서도 자치단체의 개별 국제교류 활동은 점차 활기를 더해가고 그 성과 또한 적지아니하나, 집단화된 조직활동으로 이끌어가는 노력과 실적은 미흡하다고 하겠다. 국제적인 자치조직에의 참여(회원가입, 집행위활동)가 저조할 뿐 아니라 이들 조직의 활동에 대한 인식도 부족한 편이다. 지역단위 국제협력을 조직화하거나 국제단체의 활동거점의 유치나 참여의 촉진 그리고 이를 위한 행사 개최 등이 강화되어야 할 것이다.

이는 일시적이며 개별적인 국제교류에서 상시적이며 집단적인 교류에의 관심의 증대이며 현재 교류와는 다른 새로운 효과를 가져올 수 있을 것이다.

② 국제교류의 내용이 종래의 친선활동에서 벗어나 지역경제의 활력을 증대하기 위한 통상활동을 지향하고 있다는 점에서 바람직한 변화를 보이고 있다. 그러나 여기서도 해외투자의 유치가 보다 중요하다는 관점에서 이 분야의 노력이 더욱 강화되어야 할 것이다. 서울에 설치된 해외자치단체의 사무소도 여기에 주력하고 있음을 볼 수 있다.

한편, 점차 높아지고 있는 환경보전을 위한 국제적 노력에 동참하면서 국제수준의 환경기준과 관리를 수용할 수 있도록 준비해나가야 한다는 점에서 국제교류영역에의 환경분야의 비중이 보다 높아져야할 것이다.

③ 자치단체국제조직에 적극 참여하며 다양한 활동을 구현하기위한 인적 자원이 극히 빈약하고 제한된 실정이다. 지방공무원에 대한 전반적인 외국어 훈련이 강화되고 있으나 단순한 국제담당요원보다는 전문화된 인력의 확보가 서둘러져야 할 것이다. 그리고 국제회의 시설이나 이를 개최하는 요령 등 경험의 축적도 있어야 할 것이다.

지방의 국제화는 국제자치단체조직에 참여하여 보다 자유롭게 활동이 이루어질 때 성숙될 수 있을 것이다.

④ 자치단체의 국제교류가 미국, 일본 등 선진국 지향으로 이루어져 오던 종래의 형태에서 최근 중국이나 기타 지역으로 영역이 확대되어 가고는 있다. 그러나 아직도 저개발 지역에 대한 한국자치단체의 기여란 점에서는 크게 미흡한 것이라 볼 수 있다.

개발도상국 자치단체나 자치단체연합의 능력 개발을 위한 연수나 기타 지원 활동이 새로운 자치교류 영역으로 추가될 수 있을 것이다.

이상의 지방국제교류 수요에 적극 대응하여 새로운 국제교류방향을 설정, 추진해 나갈 수 있을때 한국의 자치단체 국제교류는 한단계 높이 성숙될 수 있을 것이다.

〈참고자료〉

ㅇVNG, Local Challenges to Global Changes, 1995

ㅇ지방자치단체국제화재단, 지방자치단체 자매결연현황, 1996

ㅇ지방자치단체국제화재단(역), 지방자치단체 Agenda 21, 1995

ㅇIULA, Habitat-Ⅱ News, 1996

✽〈자치단체 국제교류〉 1996. 5 · 6

지방자치의 세계화

우리나라는 지금 세계화(Globalization)와 지방화(Localization)가 동시에 진전되고 있는 이른바 「지방 · 세계화(Glocalization)」시대에 놓여 있다고 한다. 오랜 중앙집권 의식으로부터 벗어나 지방중시의 사고로 정치행정의 새로운 변화가 시도되고 있으며, 이와 더불어 국경을 넘어선 전지구촌으로의 교류 확산과 국제경쟁력 확보 노력이 강화되고 있기 때문일 것이다. 지방행정에서의 국제화, 세계화는 이러한 흐름의 일환으로 분권화를 기초로 하면서 주민의 복리와 지역발전을 이루어 나가는 것이라 할 수 있을 것이다. 나아가 이는 지방행정에서도 국제적인 시각과 기준에 의한 평가를 요구받고 있음을 뜻한다고 하겠다. 이제 지방정부도 스스로 세계 무대에서 경쟁력을 가지기 위해 지역자원을 발굴하고 매력있는 투자유인책을 갖추어 나가면서 스스로 구조조정을 통한 효율성 있는 정부로 탈바꿈하고 있으며 또한 디지털 시대에 맞는 다양한 시스템을 갖추려 하고 있는 것이다. 이 모든 노력들은 주민을 고객으로 한 서비스 질의 개선과 만족도의 제고에 중심이 놓여짐은 당연할 것이다.

그런데 최근 우리나라에서의 지방자치 현실은 주민이 직접 선출, 구성하는 단체장과 지방의회를 두 축으로 선진적인 자치제도의 운영과 더불어 서비스제공이란 경험을 쌓아가고 있으나 이러한 서비스의 수준을 높이는 경쟁보다 단체별 각종 행사나 이용시설의 건립 등 과다한 재원 소요와 비효율적인 투자 그리고 지역이기주의나 기관간 대립과 갈등이 증폭됨으로서 지방자치에의 반성을 요구하는 기류가 흐르는 듯 하다. 이는 지방자치와 관련하여, 때때로 언론에서 보도되는 사례나 정치권, 그리고 중앙부서의 지방자치법 개정 동향 등에서 느껴지는 일들이다. 주민자치가 부활된 지도 10년이 넘고 민선 단체장이 주도하는 지방자치도 상당기간 겪어옴에 따라 자치운영상의 여러 문제점들이 부각될 수 있는 시점이기도 하나 기본적으로 우리가 도입, 운영하고 있는 선진적인 자치제도가 우리의 사회문화에서 잘 적응되지 못하고 있는 것으로 보여지는 것이다. 세계화는 외국의 좋은 제도를 우리가 익혀 나가야 하나 이것도 우리 사회에 정착될 수 있는 것이라야 한다고 볼 때에 현행 자치제도는 우리의 제도로 정착될 수 있는 조건들이 아직도 미비하며 이 점에 있어 보다 진지한 연구가 있어야 할 것이 아닌가 생각된다.

지난날 지방자치가 오래 중단된 기간에 사실 우리 실정에 맞는 지방자치를 준비한다고 하였지만 제대로 된 연구나 결과가 나오지 못하였고, 그 후 지방자치를 재출발하는 과정에서 자치제도의 정비에 있어서도 일시적인 편의나 협상에 의하여 다듬어져 온 지방제도의 결과가 오늘날의 불협화음의 주원인이 아닌가 생각되기도 한다.

우리나라에서는 사실 해외에서의 제도의 변천이나 새로운 사례들에 민감하게 반응을 보여주는 경향이 있으며 이는 자치제도에 있어서도 예외가 아닌 것이다. 영국에서의 지난 몇 년간에 이루어진 단층제 경향의 자치구조개편이나 이용주민에 대한 서비스헌장, 그리고 자치단체별 업적평가와 공표제 등은 지방행정 개혁의 과제로 파악해 왔고 일본에서의 지난 몇 년간에 이루어진 국가와 지방관계의 재설정과 기관위임사무의 재편 등의 전면적인 지방분권제도의 정비에 우리는 크게 관심을 두어왔다. 요즈음에도 수많은 자치단체의 간부나 일반직원들이 해외 각지로 연수와 자료수집 명목으로 출장을 다니고 있기는 하다. 그 결과 유용한 자료나 경험의 체득이 이루어지는 것은 바람직하겠으나 그렇지 않은 경우가 더 많고 이로 인해 시민단체들의 비판과 감시가 늘어나고 있음을 보게된다. 얼마 전에는 행정자치부에서 지방의원의 해외출장 통제기준을 변경하면서 의원 임기 중 1회 출장에서 출장 1회의 여비 한도액을 설정하는 방식으로 하고 해외 출장의 타당성에 관해 외부 인사가 참여하는 심사위원회를 거치게 하는 내용의 지침을 보았지만 이는 지나친 개별적인 통제라 탓하기 앞서 지나친 해외출장이 가져오는 낭비가 적지 않음을 보여주는 것이라 하겠다. 해외에 나간다고 자료나 경험이 쉽게 얻어지지도 아니하며 이러한 목적은 국내에서의 연수에서도 달성될 수 있고 현지(명예) 주재원을 통한 자료의 확보 등이 효과적일 수도 있을 것이기 때문이다. 그리고 출장결과 얻어지는 자료의 공동관리와 이용이 크게 강조되어 왔으나 이 또한 잘 지켜지지 않고 있다. 정부관계 기관이나 지방국제화재단에서도 이러한 활용시스템을 갖추고 있으나 외면당하고 있는 실정이며 오로지 각자의 출장만이 늘어나게 되었다. 이로써 한때 한국의 공직자들이 즐겨 찾던 동남아 어느 나라에서 출장을 그만 오도록 해달라는 요청을 공관을 통하여 제기한 사례도 있었으니 그 소란이 어느 정도인지 짐작이 가고도 남는다 하겠다. 이는 세계화의 부작용으로 여겨지기도 하였다. 그러나 이는 진정한 세계화의 방향이라고 할 수도 없는 것이다. 세계화에서는 수준높은 외국의 시스템을 찾는 것도 중요하지만 그보다는 한국의 고유의 것을 찾거나 외국의 것을 우리의 것으로 만드는 것이 더 중요하다고 보는 것이다.

이제 지방자치분야에서도 주민의 참여와 통제를 바탕으로한 자율적인 지방자치행정이 되어야 함은 당연하나 이와 동시에 주민에 대한 책임을 다하는 지방자치, 그리고 효율성이 있는 건실한 지방자치가 되어야 한다고 볼 때에 이러한 기준을 다같이 높일 수 있는 우리 실정에 맞는 자치제도로의 보완이 당연히 이루어져야 할 것이다. 여기에는 자치와 관련된 이해 당사자간에 이기주의가 작용할 수도 있으며 이를 배제하고 얼마나 공정하고도 합리적인 제도를 만들 수 있느냐가 관건이라 할 것이다. 오늘날 우리나라의 지방자치가 겪는 당면한 애로를 타개함과 아울러 장기적인 지방자치 발전의 토대를 구축하기 위해서는 진정한 세계화의 기준에서 연구와 협의, 그리고 선택의 지혜가 발휘되어야 할 것으로 기대된다.

✲〈자치공론〉 2001.1.

제4장 지방자치재정

지방자치와 지방재정

지방자치에 있어 재정의 역할은 너무나 중요하다.

지역의 사무를 스스로 처리하는 지방자치에서 재원의 확보가 스스로 이루어지지 않는다면 진정한 자치일 수 없다. 지방자치란 지역주민의 참여와 책임에서 이루어지며 여기서 책임은 자치경비에 대한 자율적인 분담을 의미하기 때문이다.

이렇게 조달된 재원이 주민의 복리를 위해 얼마나 효율적으로 활용되느냐는 자치단체의 재정관리능력과 운영방법에 달린 것으로 이 또한 지방재정의 영역이 된다. 자율적인 재원의 확보와 효과적인 재원의 운용은 바로 지방재정의 과제이며 이는 지방자치의 본질적인 요소라 할 수 있다.

지역주민의 대의기구와 집행기관을 모두 선출하는 본격적인 자치시대에 들어서도 지방재정의 이러한 역할에 대한 이해나 기능의 보장은 제대로 이루어지지 못하고 있는 것 같다. 아직도 자치현장에서는 재정수요에 비하여 부족한 재원확보에 고심하고 있으며 위임사무처리에 따른 경비의 미부담, 자체 세수원의 미흡 등 목소리가 계속 들려오고 있으나 국가의 지방재정대책은 별로 달라지고 있지 않는 것 같다. 그럼에도 자치단체의 자구적인 노력으로 자주재원 확보 의지가 여러모로 나타나고 있어 다행스럽다.

자치단체의 자주재원 확보방안은 여러 갈래로 접근될 수 있다.

그러나 무엇보다 중요한 자주재원은 지방세수이며 따라서 지방세제의 개선책이 우선 강구되어야 한다. 이를 위해서는 국세와 지방세원의 재조정이 절실한 과제이다.

따라서 국세와 지방세의 조정에 관한 법률이 다시 정비되어야 할 것이다. 동법은 1961년 12월 제정되면서 국세와 지방세의 세목을 구분하여 제시하고 있다.

당초에는 국세(소득세, 법인세, 영업세), 부가세를 도세로 인정함으로써 지방세수의 충실을 뒷받침하였으나 1976년에 이르러 부가세제는 지방세제의 자주성을 해친다는 명분으로 폐지되고 국가와 지방은 각기 독자적인 세목체계를 가지게 되었다. 이와 같이 국가와 지방의 세원구분을 각기 독자적으로 분리해서 갖는 세원분리주의는 우리나라에서는 너무나 엄격히 지켜져 지방세원의 충실한 개편을 저해하는 결과가 되었다.

앞으로도 소득과세나 소비과세 등에 있어서 국가와 지방이 세원을 공유하며 각기 분할 징수할 수 있는 세원의 혼합을 인정하지 않고서는 지방세수의 확충을 기할 수 없게 되었다. 지방세수의 보편성과 신장성은 이러한 터전 위에서만 의미를 가질 수 있다고 하겠다.

그런데 최근의 비등한 지방재정확충 논의에도 불구하고 이러한 개편의 움직임은 아직 보이지 않고 있으며 단지 1997년부터 국세인 주세의 양여비율을 100%로 높이는 개정법률안이 추진된데 그치고 있다. 그리고 이 재원도 수질개선양여금으로 지원되는데 그칠 뿐 지방일반재원의 확충과는 거리가 있는 것이었다. 그렇다고 지방세법의 개정으로 신규세목의 설정이나 세율의 상향조정이 기대만큼 이루어질 전망이 보이는 것도 아니다.

그 동안 지방세로 광고세, 환경세, 관광세 등 여러 세목의 신설이 논의되기도 하였으나 국민부담증가를 이유로 실현되지 못하였으며, 단지 교육재정확보를 위한 세제개편이 있었을 뿐이다. 이는 지방세수 영역(지방세목)에서 교육재원을 보충하는 방법이 됨으로써 오히려 지방세수증대를 위한 세제개편의 여지를 더욱 위축시키고 있다고 하겠다.

그렇다면 자치단체의 세수는 운영에서의 개혁적인 노력에 의해 증대하는 방안이 있겠으나 이 또한 부동산 거래의 감소, 지가의 안정, 담배소비의 정체 등의 요인으로 인해 세수증대의 행정노력을 어렵게 하고 있다.

이에 자치단체들의 기대는 지역특성에 따라 경영 수익사업을 확충하는 등 세외수입 증대로 몰리고 있는 것 같다. 사용료, 수수료의 현실화가 원가보상의 논리로 추진되고 있으며, 광천수의 개발, 유료주차장의 개설, 택지의 조성, 분양 등 자치단체의 기업가적 경영노력이 경쟁적으로 전개됨을 볼 수 있다.

그러나 여기에서도 지나친 수입에 집착한 나머지 사업영역이나 추진방법에 있어 민간과의 마찰을 야기하는 등 문제의 소지가 없지 않다. 수익도 바람직하지만 자치단체의 경영사업에는 반드시 공익적인 한계가 지켜져야 할 것이기 때문이다.

자치단체의 예산은 주민에 대한 서비스 대가나 기반시설에 대한 투자가 주류가 될 것이다.

가끔 특정인에 대한 선심성 예산의 편성이나 투자비의 지나친 분산 편성으로 효율성의 문제를 제기시키는 경우를 보게되는데 예산심의 기능을 가진 지방의회의 올바른 기여가 기대된다.

주민의 직접참여와 통제로 예산편성을 보다 실효성있게 하고자하는 노력을 선진자치단체에서는 많이 볼 수 있다. 자치단체의 사업예산의 운용

결과는 바로 주민이 지방정부를 평가하는 대상으로 선거결과에 나타날 수 있어야 할 것이다. 이를 위해서는 주민에 대한 예산의 공개와 재정 운영에 대한 평가기준이 제시되어야 하며 자치단체의 자산과 재정운영상황전반에 걸친 제장부가 작성, 공개되어야 할 것이다.

이런 점에서 현행 예산회계의 과목구조는 개편되고 재정분석 등은 개선되어 나가야 할 것이다. 또한 사업예산의 책정에 있어서도 중요사업에 대한 자체심사에 보다 중점이 두어지는 투자심사가 제기능을 다할 수 있어야 할 것이다.

시 · 군 · 자치구 단위에서도 기획실이 설치되는 등 예산관리기능이 강화되고 있거니와 차제 자치단체의 기획과 재정관리를 담당해 나갈 인재의 육성과 관리기법의 개발보급 등 지방재정연구와 연수기능이 강화되어 나가야 할 것이다.

✲〈지방재정소식〉 1996.11.

지방재정자립도의 의미

지방자치는 지역의 주민이 스스로 결정하고 책임을 지는 시스템으로 운영된다. 이러한 자치의 영역은 단체의 고유사무이든 위임사무이든 이를 수행할 비용에 충당할 재원은 법률의 정하는 바에 따라 스스로 조달함을 원칙으로 한다. 그러나 지방자치의 운영상 실제를 보면 재원이 스스로 조달되는 자주재원은 전체재원에서의 비율이 높지 않은 편이며 점차 낮아지고 있는 것이다.

이에 비해 중앙으로부터의 이전재원, 즉 지방교부세 국고보조 등의 비율이 높아지고 있는 것이다. 자치단체의 전체 재원 중 스스로 조달할 수 있는 자주재원, 즉 지방세와 세외수입의 합계액의 비율이 재정자립도인바 이는 우리나라의 지방자치가 어느 정도 실질적인 자율수준에 이르렀는가를 보여주는 지표라 할 수 있다. 또한 각 자치단체별 자립도는 그 단체의 자립수준을 보여주는 것이라 할 수 있다. 지역의 자치업무 수요를 스스로 부담하고 충당할 수 있는 능력의 척도라 할 수 있으며 또한 외부재원의 크기에 영향을 받지 않고 안정적으로 자치단체의 서비스를 할 수 있는 지표라 할 수 있을 것이다.

우리나라의 지방재정에서의 최근의 자립도 현황을 보면 2003년도 당초 예산에서는 56.2%로 나타나고 있으며 이는 전년도(54.0%)보다 약간 늘어난 것이긴 하지만 종전에 유지해온 60.0% 수준을 밑돌고 있는 것이다.

더구나 단체별로 보면 그 격차는 너무나 심하게 나타나고 있다. 즉 서울(95.1%), 경기도(75.8%)는 높은 편이나 전남도(14%)는 최하위로 너무나 낮은 실정이다. 과천시(95.8%), 울주군(57%)은 높은 편이나 나주시(13.5%)나 신안군(7.2%)은 너무나 낮은 수준이다. 이렇게 낮은 수준의 단체에서는 지방자치가 주민참여 면에서 명목에 그치고 자치가 불안정한 기반에서 이루어질 수밖에 없는 것이다.

그런데 이러한 재정자립도 지표의 산정은 자치단체의 세입(자주재원+의존재원) 중 자주재원의 비율(지방세+세외수입)로 되어있어 의존재원(국고보조+지방교부세)의 크기에도 영향을 받게 되어 있다. 따라서 지방자치의 수준이나 정도를 볼 수 있는 지표는 될 수 있지만 단체의 재정력이나 재정의 건전성 등의 지표로는 적합하다고 보기는 어렵다는 것이다.

예컨데 어느 단체의 예산에서 당해 년도의 국고보조 등 지원이 늘어나면 지방세수가 일정함에도 불구하고 자립도는 떨어지고 반대로 국고지원이 줄어들면 더 높아지는 결과가 되어 자치단체의 재정력을 나타내는 지표로 보기는 어렵다는 것이다. 재정자립도는 또한 지방에서의 일반재원이 되는 지방교부세의 교부와도 역비례(반비례)의 관계가 될 수밖에 없어 지방교부세의 배정이 늘어날수록 자립도는 낮아지게 되는 것이다. 그럼에도 불구하고 지난날 우리나라에서는 재정자립도가 곧 재정력이나 재정의 건전성을 보여주는 지표로 과신해온 경향도 없지 않았다.

한편 재정자립도가 갖는 재정분석에서의 한계성 때문에 보다 합리적인 재정지표의 발굴, 활용을 위해 노력해 왔으며 그 결과 분석의 목적에 따라 유용한 재정력 지수(기준재정 수입액/기준재정 수요액), 경상수지비율(경상경비/경상일반재원), 1인당 세수(예산액)액 등이 활용되어 오고 있다. 나아가 자치단체의 재정력을 나타내는 단일지표의 개발에 관심을 가져오기도 했으나 지표는 목적에 따라 한정적 의미를 가질 뿐 어디서나 통용될 수 있는 '만능지표'는 나오기가 어려운 것으로 보였다.

재정자립도는 자치의 수준과 정도를 나타내는 지표로서 지금도 유용한 것은 사실이나 자치단체의 재정력이나 그 밖의 분석 지표로서의 의미는 별로 가질 수 없는 것이며 분석목적에 따른 여타의 지표들이 활용되어야 할 것이다.

그렇다 하더라도 재정자립도의 향상은 지방자치의 실질적인 수준 향상으로서 그 의미는 크다고 할 것이다. 재정의 자립이야말로 바로 행정의 자율성의 근간이 되기 때문일 것이다.

그런데 최근 지방의 재원부족에 대한 지원대책이 지방세수 확충보다 지방교부세의 증대 방향이어서 지방의 재정자립도는 오히려 저하되고 있음을 보게 된다.

지방에서 재량으로 쓸 수 있는 일반 재원의 증대를 가져오는 이러한 지방재정력의 강화 방안은 자치단체간에 균형 있는 재원의 보장이란 면에서는 바람직하기도 하다.

그러나 지방자치에서 주민참여나 책임성의 증대라는 면에서 볼 때는 오히려 문제가 되는 것으로 보여지기도 한다. 자치단체에 대한 비용의 분담의식 없이는 참정(參政)이나 봉사나 책임의식이 키워질 수 없기 때문일 것이다. 또한 서비스와 부담이 연계되지 않음으로써 재정의 팽창을 가져오기 쉽고 지방자체의 세수노력을 저해하게 된다는 점등이 일반적으로 지적되고 있는 것이다.

따라서 지방재원 확충은 지방세수 중심이 되고 지방교부세는 단체간 재정격차를 조정하는 기능에 보다 충실하도록 발전시키는 방향이 바람직한 것으로 생각된다. 이는 바로 지방재정자립도가 향상되는 방향으로의 지방재원대책이라 할 수 있는 것이다.

이를 위해서는 지방세원의 확충이 있어야 하며 소득이나 소비과세에서의 국세 중 일부가 우선 지방으로 이양되어야만 할 것이다. 그리고 자체노력에 의한 세원발굴과 징수가 가능하도록 제도적인 뒷받침이 있어야 할 것이다. 또한 이러한 전제로써 자치단체의 사무는 위임사무 위주에서 자치사무 중심으로 재편되어야 할 것이다.

✽〈자치행정〉 2003. 7.

재정분권 개혁에의 기대

2004년 말 국회는 심야 회의를 열어가면서 민생경제에 활력을 가져올 법안들을 서둘러 통과시켰다. 당시 처리된 법안 중에는 지방재정분권과 지방자치의 발전에 기여할 안건들도 적지 않게 들어 있었다. 지방세법이나 지방교부세법의 개정, 종합부동산세법의 제정이나 지방자치법의 일부 개정 등이 여기에 해당된다고 하겠다.

먼저 지방세수의 안정적인 확보와 공평한 세 부담을 위해 재산세에서 주택과 부속토지는 통합과세하되 과세표준을 시가 기준으로 개편하게 되었다. 이로 인해 세 부담이 급격히 늘어나는 경우도 있겠으나 전년대비 50% 이상은 증가하지 않도록 상한제를 두고 있다.

지방세의 과세표준은 과세권자인 자치단체의 장이 평가함이 원칙이겠으나 전문성에 입각한 전국적인 형평을 이유로 토지는 이미 시행되고 있는 공시지가를 기준으로 하고 건물에 대해서는 새로이 가액공시제를 도입키로 한 것이다. 이러한 평가체계와 방식의 개편은 자치단체의 개별적인 사정이나 자율성보다는 전국적인 균형과 공평성을 중시한 결과로 보인다.

한편 종전의 종합토지세는 폐지하고 일정기준을 초과한 전국의 주택이나 토지 등 부동산을 합산과세하게 되는 종합부동산세는 국세로 신설하되 세수는 교부금으로 모두 지방에 배정하는 방식이 되고 있다. 종합부동산세에 대하여는 지방고유의 세원인 재산과세를 국세로 가져가는데 따른 반발과 논란도 적지 않았으나 종전의 종합토지세가 지방세이면서 전국적인 합산과세로 인해 나타난 문제점을 시정하는데 명분을 두고 또한 자치단체간

재정조정재원을 확충한다는 의미에서 이해를 구하고 있는 것 같다.

지방교부세법은 지난해 말 국고보조사업의 지방이양에 따른 재원이전을 위한 분권교부세의 설정과 종합부동산세수를 지방에 교부하는 내용의 두 차례의 개정이 이루어지게 되었다.

국고보조사업의 지방이양에 따른 지방교부세율의 인상 (종전 내국세 총액의 18.3%에서 19.13%로 인상)에 이어 종합부동산세수 교부금의 추가로 지방재원에서는 다양한 교부금의 비중이 크게 늘어날 것으로 보인다. 용도가 지정되는 국고보조금의 일부를 2009년까지 한시적이나마 교부금으로 개편, 지원하는 제도 개선은 진전된 방향이라 할 수 있으며 종합부동산세 도 국세로 설정되는한 교부금은 피할 수 없는 재원 배분방식이라 할 것이다. 다만 종목별로 교부금을 늘려 배분하는 이러한 방식보다는 지방으로 세원이양을 늘려나가는 방안이 더 바람직하지 않을까 생각된다.

교부금도 일반재원으로 지원되면 지방재정수요 충족에 문제가 없을 것으로 보이기도 하나 이는 자주결정, 자기책임이란 지방자치 본래의 취지와는 거리가 있게 되고 특히 지방재정 운영에서의 스스로의 도덕적인 해이나 국가의 통제적인 관여의 배제를 어렵게 할 수도 있을 것이기 때문이다. 이런 의미에서 지방으로의 재원이전은 교부금보다는 국세의 다른 세목으로 세원을 대체하더라도 지방세원 이양의 방향으로 발전되어 나가야 할 것이다.

한편 재정분권의 충실화로 재원의 운영 폭이나 재량이 크게 될수록 주민의 감시가 필수적이며 이러한 의미에서 이번 지방자치법개정에서 감사 청구를 위한 연서인원의 요건이 크게 완화된 주민감사청구의 활용이 기대된다고 하겠다. 또한 새로이 도입된 주민소송제도 자치단체의 재무회계분야에서 위법한 행위의 시정이나 피해 회복에 있어 주민참여의 역할을 크게 할 수 있을 것으로 기대된다.

✽〈자치발전〉 2005. 2.

지방분권과 공평과세

서울 강남구 의회는 2004년 5월 3일 2004년 재산세의 세율을 50%감면하는 조례를 의원 발의로 통과시켰다.

재산세는 지방세의 기간세목으로 기초자치단체의 주 세입원이 되며 그 기준은 법으로 정하여지나 조례로 50%까지 세율을 가감할 수 있는 탄력세율제로 되어있다. 자치단체 스스로의 의지로 세율을 인하 조정하게됨으로서 지역주민을 위한 지방분권의 틀을 유감없이 발휘한 것이다.

지방자치는 의회라는 대의기구를 통해 스스로의 부담을 조정할 수 있는 장치를 가지게 되며, 이는 지방분권의 기본요건이라 볼 수 있는 것이다. 이때까지 이러한 감면 사례가 없었던 것은 그만큼 주민의 분권에 대한 자치의식이 저조하였거나 세 부담이 미약하여 그 필요성을 느끼지 못한 탓일 것이다.

그러나 자치구가 정부의 지침을 거부하고 자체 조례를 통해 주민의 부담을 완화하겠다는 이번 조치로 확실한 지방분권의 정착을 기뻐하기보다는 공평과세의 실현이 멀어지고 투기억제에 역효과를 오히려 우려하지 않을 수 없는 처지가 된 것이다.

이에 정부로서는 공평과세와 투기억제라는 정책목적을 달성하기 위해서 자치단체의 과세자율성을 어떤 형태로든 축소 제한하지 않을 수 없는 딜레마에 빠지게 된 것이다.

이러한 국면을 가져 온 1차적 책임은 과세당국이 일시에 과다한 세 부담의 인상을 충분한 격변완화장치 없이 시행한데 있다고 할 것이다. 종전에는 재산과세의 시가표준이 건축면적과 연도를 주로 고려하는 관계로 현저히 세부담이 낮으며 특히 아파트 가격이 급등한 지역에서는 시가와 과세표준간의 격차가 더욱 커져 불공평한 결과로 나타났으며 이의 해소책으로 과표 현실화율을 급격히 높임에 따라 개별 세부담은 전년대비 4 ~ 5배나 인상된 예도 볼 수 있게 된 것이다.

과세의 공평이나 투기억제는 당연히 이루어져야 하나 주민으로서는 재산의 보유사실만으로 일시에 세금이 크게 오르는데 따른 저항이 있을 수 밖에 없을 것이다.

또한 당해 자치단체 의회로서는 주민의 의사를 수렴하여 과세 감면조례를 채택하게 됨은 어쩌면 당연한 일일지도 모를 일이다.

한편 정부는 지방의 이러한 재산세 인상거부에 대응하여 강력한 경고성 지도를 발휘하기도 했으나 재정의 자립도가 높은 강남구 등에서는 실효가 없게되자 드디어 지방세법을 개정하여 자치단체의 세율조정권을 20 ~ 30%수준으로 제한하자는 주장도 나왔다. 일부에서는 재산세를 아예 광역단체의 세목으로 개편하자는 주장도 나왔다. 이들은 모두 재산과세의 적정화란 주요개혁정책이 이루어지지 못한다면 여타의 개혁시책추진이나 효과들도 허사가 될지도 모른다는 우려 때문이기도 할 것이다. 그밖에 조정교부금 등에 대한 가능한 지원과 통제로 자율적인 세율인하 조정을 억제하려는 의도도 보인 바도 있으나 이도 정도가 될 수는 없는 것이었다.

이번 사태는 해당 기초단체가 정부의 취지를 이해, 조례안의 재의나 개정을 통해 감면율을 조정(강남구 30, 송파구 25, 서초 강동구 20%등) 하거나 감면을 포기함으로써 타협이 이루어지게 되었으나 지방분권의 환경이나 정책추진은 큰 시련을 겪게 된 것이다.

여하튼 이번 사안은 조세의 급격한 부담증가가 가져오는 문제에의 대응을 일깨워 준 사례라 할 수 있을 것이다.

✲ 2004. 5.

지방세제 개편의 의의(2001년)

1. 서론

지방세제 관련법이 2000년 12월 29일 개정 · 공포됨으로써, 2001년부터는 지방자치의 근간인 자주재원의 충실한 확보에 다소나마 진전을 보게 되었다. 자치단체의 재원부족을 보전하는 방법으로는 지방교부세나 지방양여금의 증액을 추진함으로써 자치단체의 재원증대와 함께 지방재정의 균형화에도 기여하는 방향으로 중앙정부의 지방재원 조치는 한결같이 추구되어 왔다. 이러한 방안은 상대적으로 자주재원 증대에는 소홀한 결과를 가져왔다. 지난해부터 지방교부세의 법정교부율이 상향조정되었고 이로 인해 지방재정 능력이 증대된것은 사실이지만 최근에와 지방세수의 신장을 위한 세제개편은 별 진전이 없었던 점이 이를 잘 드러내고 있다. 국가로부터 교부되는 지방교부세도 일반재원으로 자치단체의 재정수요 충족에서 자주성이 보장되기는 하나, 이는 주민이 직접 납부하는 지방세와는 달리 자치의식의 함양이나 주민의 자치행정에의 참여와 관심을 불러올 수 없고 자치단체로서도 직접 주민에대한 책임성을 갖기가 어렵게되는 것이다. 따라서 지방자치의 발전을 위한 재원보전은 가능하면 지방세수로 이루어져야 할 의미와 이유가 여기에 있다고 할 수 있다. 지방세가 국세와 다른 지방세 자체의 징수관리 조직을 갖는 의미도 이러한 지방자치의 정치적 의미에서 비롯된 것으로 볼 수 있을 것이다. 여하튼 이번 세제개편은 1990년 후반 이후 논란이 되어온 지방자치 재원 현안 사항에 대하여 일부 해답을 준 것이긴 하나 보다 많은 분야에서 미결 사항을 남기기도 하였다. 따라서 우선 새롭게 도입되거나 변경된 지방세제의 내용과 그 의미를 살펴보고, 미흡한 분야와 계속 해결되어야 할 분야를 다시 한번 정리해 보고자 한다[10].

2. 지방세제 개편의 내용

1) 전화세 폐지, 지방양여금 재원 대체

전화세는 국세로서 이번 세제개편에서 성격상 부가가치세로 흡수된점을 이해할 수도 있으나 또한 전화세를 지방세로 이양, 존치시키자는 논의도 상당히 오랜 기간 제기되어 왔다. 사실 지방세로 이양이 될 만한 세원은 국세 중 전화세와 주세 정도로 이 두 세원은 실제 모두 양여세원이 되어 온것이다. 따라서 언젠가는 지방세로의 이양이 되지않을까 내다보기도 하였다. 그러나 전화세가 폐지됨으로써 지방세 이양론은 이제 더 이상 제

10) 지방양여금제는 2004년부터 일부 재원이 지방교부세로 통합되고 폐지되었다.

기될 수가 없게 되었고, 지방세 중 소득과 소비과세의 증가나 공동세로서의 국가세원에 참여 방안이 더욱 어려울 것으로 보여진다. 전화세의 지방양여재원 폐지에 따른 재원 보전으로 교통세액 일부(2002년 14.2%)를 양여재원으로 대체키로 함으로써 당분간 양여재원은 유지될 수 있을 것이다. 그러나 교통세목 자체도 존속이 불안정한 한시세목인 점을 유의 해야 할 것이다(지방양여금제는 2004년 폐지되었다).

2) 지방교육세의 신설

교육재원의 지방화는 국가재정의 입장에서보면 재정부담을 줄이기위해 계속 추구해온 과제였다. 지방자치가 교육자치를 포괄한다는 원론에서 보면 이는 당연한 요청이나 문제는 우리나라에서 교육행정이 주민자치라기보다는 교육자의 자치로 볼수 있을 정도로 일반주민자치와는 늘 독자의 길을 걸어 온데 있다고 할 것이다. 이는 지방교육재정에서 국고의 뒷받침이 있었기 때문이라고도 할 수 있을 것이다. 그러나 이러한 국고의 부담도 이제는 한계에 왔다고 보아야 하겠다. 교육만큼 주민의 관심이 높은 사무도 없을 것이며 따라서 자치단체의 재원을 교육재정으로 더 유인하기위해서도 이에 상응한 권한을 자치행정기관에 주고 주민통제가 가능한 방향으로 개선되어야 할 것이다. 여하튼 이번의 지방세제 개편에서 가장 큰 의미를 갖는 분야는 지방교육세의 신설이라 할 것이다. 물론 지방세에 부가되던 기존의 국세를 지방세로 전환시키는 것으로 이번 조치로 인한 부담상의 증가는 없으나 주민의 부담은 앞으로 늘어날 수밖에 없게 될 것이다. 구체적인 내용을 보면,

▶ 등록세, 재산세, 종합토지세, 자동차세, 주민세(균등할) 등에 부과되던 교육세는 이제 지방교육세로 전환되고 담배소비세와 경주마권세

에 부과되던 교육세는 지방세로 되면서 세율이 일부 인상, 조정되었다. 이는 모두 자치단체가 징수하여 일반회계에 계상, 교육비 특별회계로 전출하도록 되었다. 이러한 교육비 전출은 법상 의무적이긴 하나 지방의회의 의결을 또한 거쳐야 한다는 점에서 주민자치를 위한 진일보의 조치라 할 수 있겠다. 나아가 교육예산 사용에 대한 지방의회의 관여도 제한적이나마 가능하게 되었다.

▶ 이번 개편에서 교육비 지원을 항구화하고 증액해 나가기 위한 조치로 주민세 소득할 세율을 한시적인 인상에서 정상적인 규정화가 된 것은 평가할 수 있겠다. 즉 지방세 부칙에의 규정을 본문으로 조정하고 2000년말까지의 세율 10%를 계속 유지토록 한것이다.. 이미 한시적으로 인상된 세율을 그대로 유지한다는 면에서 조세의 부담감은 줄일 수 있으나 국민에 대한 약속을 지키지 못한 셈이 되었다. 그리고 이러한 재원은 일반회계에서 교육비 특별회계지원금액을 늘이는 조치(2.6% 3%)와 연계된다는 점에서 지방세수의 실질적인 증대와는 또한 거리가 있다고 하겠다. 더구나 이 조치는 주민세 소득할을 중심으로 지방소득세로의 개편이 기대되어 왔다는 점에서보면 이러한 새로운 대안의 모색을 더욱 어렵게 하지 않을까 보여지기도 한다.

3) 지방농업소득세 신설

농지세는 당초 물세로써 지세를 이어받아 설정된 세목이며 1984년 소득과세 성격의 일대개편이 있기까지는 농지의 조수입을 기준으로 한 지세(地稅) 성격을 가지게 되었다. 농지에 재산세가 부과되고 조수입이 아닌 소득기준이 과세 표준이 되면서 농지세는 유일한 지방소득과세로 자리잡게 되었다. 그러나 세수 비중이 너무 낮아 큰 의미를 가질 수는 없었다. 그렇지만 소득과세의 증대를 기대해온 지방세정 당국이나 관련 학계에서는 이를 기초로 지방소득세의 설정을 꾸준히 거론해 왔다. 농지소득외 기타 소득을 합산, 지방소득세의 설정도 내다볼 수 있었기 때문이다. 이번 세제 개편에서는 결국 지방소득세가 실현된 상징적인 의미와 효과는 적지 않은 것이라 할 것이다. 그러나 세수가 역시 미미하고 더구나 농촌세원으로 대도시 지역에서는 큰 의미를 가질 수 없게 되었다.

4) 주행세율 조정

주행세는 자동차세수의 감소에 따른 세원 보완방향으로 2000년부터 도입된 세목으로 금후 하향조정될 수밖에 없는 자동차 보유세의 세원을 보전하기 위해 설정된 것이었다. 이번 주행세율의 조정은 중고차의 세율인하 방침에 따라 자동차세의 감액에 상응하여 주행세율의 인상조정이 따르게 된 것이다. 즉 비영업용 자동차는 등록 후 3년되는 해부터 연간 5%씩 경감세율을 적용하게 되었으며(50% 한도) 여기서의 세수감소는 주행세율의 인상으로 충당하게 되었다. 즉, 주행세율을 종전 교통세액의 3.2%에서 11.5%로 인상조정하게 된 것이다.

5) 비업무용 토지중과세 폐지

법인의 비업무용 토지에 대하여는 그동안 취득세를 일반세율의 5배인 10%로 중과세해 왔다. 이는 법인이 토지를 취득한 후 일정 기간내 정당한 사유없이 고유업무에 직접 사용하지 아니하는 토지를 규제하려는 것으로 토지투기 억제라는 정책목적에 기여해 왔다. 그러나 이로인해 법인이 과다한 토지를 가지려 하는 경우 정당한 목적사용여부를 두고 논란이 제기되기도 하였다. 이제 토지투기가 진정된 이 시점에서 기업활동과 관련된 복잡한 정책세제를 지방세제에서 정리하는 의미와 이유는 크다고 하겠다.

3. 지방세제 개편의 의의

1) 지방세목의 신설 미결

국가세원의 일부를 이양받아 지방세목을 신설하려던 그간의 세제연구개선건의(지방소득세, 지방소비세 등) 노력은 실효를 거두지 못한 결과가 되었다. 기존 지방세원 범위에서 세목의 일부 신설이 있기는 하였으나 이는 크게 기대에 미흡한 것이라 하겠다. 지방자치 신장을 위한 필수과제로서의 지방세제의 충실화는 국가 주요 세원 지키기와 재정격차 시정이란 명분 앞에 빛을 보지 못하였으며 이로인해 자치재원의 분담을 통한 자치의식의 제고는 늦추어 질 수밖에 없고 또한 교부금 배정에서 불리하거나 소외되고 있는 대도시 지역의 재정은 더욱 어려움을 가지게 될 것으로 보인다.

2) 지방양여세원의 불안정

지방양여세 재원은 세원과 양여금의 용도가 서로 연계되는 체계도 없이 운영되어 왔으며, 따라서 이번의 전화세 폐지에 따른 세원 조정도 규모가 크긴 하나 다른 대체재원으로서 교통세의 일부가 추가 양여됨으로써 문제를 해결하고 있는 것이다. 그러나 교통세 자체도 목적세로 폐지, 통합이 예정되는 세원이 되고 있어 지방양여재원을 더욱 불안정하게 하고 있다고 하겠다. 이러한 양여세 재원의 불확실성과 불합리성은 마땅히 시정됨이 바람직할 것이나 이는 양여금제 자체가 폐지되어(2004년) 의미가 없게 된 것이다.

3) 지방교육재정 부담 증가

이번 세제개정에서 가장 큰 변화는 지방교육세목의 신설이라 할 수 있겠다. 지금까지 교육재정의 책임은 국가의 역할이었으며 목적세로 국가가 재원을 조성, 지방에 양여해 온 것이다. 그런데 이제 교육자치의 명분은 교육에서의 재원의 지방화를 불가피하게 하고 있는 것이다. 이번 지방세목의 신설은 현행 국세로서 교육세의 세원 세율과 동일한 범위 내에서 이루어지는 것이나 이제 교육재정 수요에 비추어 보면 그 부담율은 점차 높아질 수 밖에 없을 것이다. 교육자치 업무의 실질적인 자치단체 이양도 되기 전에 이러한 부담의 전가는 책임성의 불일치로 인한 갈등을 불러올 수도 있을 것이다.

4) 정책세제의 정비

지방세법상 비업무용토지에 대한 중과세제가 이번 세제개편에서 폐지됨으로써 토지관련 세제의 단순화와 조세마찰을 크게 줄일 수 있게 되었다. 지방세제는 그동안 이러한 정책과세로 왜곡되어 왔으나 이제 제자리로 돌아오게 되었다. 그러나 한편 대도시에서 법인에 대한 세원과 세수가 불가피하게 줄어들게 됨으로써 이에 상응하는 세원의 확보 조치가 있어야만 할 것이다.

5) 기타 현안 사항의 유보

지방세제의 근본적인 개편을 위한 조치로 국가세원의 일부 지방이양이나 공동세제의 운영 등이 논의되어 왔고 특히 부가가치세의 일부를 지방에 이양하여 지방소비세를 설정해야 한다는 논의 등이 활발하였으나 아직은 실현되지 못한 상태가 되었다. 뿐만 아니라 지방세원 자체의 추가나 세원의 독자적인 신설도 성과를 보지 못하고 있다. 지방환경세나 관광분야에서의 특별소비분 등에 대한 과세방안은 그 동안의 연구결과가 가능성을 보여주고 있기는 하나 이또한 금후 해결과제로 미루어지게 되었다.

✲ 2001. 8.

우리나라 지방재정의 과제(1997년)

1. 지방자치의 재정기반

우리나라에서도 이제 지방자치는 주민이 참여하는 민주행정의 기초과정으로 정착되어가고 있다. 전국의 자치단체는 저마다 민선된 단체장과 의회를 중심으로 주민에 대한 서비스와 지역발전현안을 해결해 나가고 있다. 국가의 지방적 시책도 자치단체의 이러한 자주적 기능을 최대한 활용하는 전제에서 계획되고 추진되고 있다.

그런데 이러한 자치행정은 결국 자치사무를 처리하고 자체사업을 추진할 수 있는 재정능력에 따라 그 성과가 정하여 질 수밖에 없다.

따라서 지방자치의 건전한 발전은 재정의 충실화없이는 이루어질 수 없다고 하겠다.

지방자치가 부활, 본격적으로 실시된 시기를 전후하여 이러한 재정기반을 확충하기 위한 노력들이 크게 증대되어 왔으나, 아직도 자치현장에서는 재원의 빈약과 재정구조의 취약성을 호소하는 소리가 높다.

그러나 이러한 지방재정의 어려움을 덜어 줄 수 있는 제도적 보완이나 운영면에서의 개선은 충분히 이루어지지 못하고 있는 것 같다.

그런데 이러한 지방재정의 어려움은 재정수입이나 지출 등 재정관리면에서만 보아서는 제대로 이해될 수도 없고 해결되기도 어렵다.

지방재정 수요를 유발하는 근저부터 살펴보아야만 할 것이다. 그것은 바로 자치단체 활동영역의 적합성 · 활동수준의 적정성에 귀착된다고 하겠다.

2. 지방행정 수요의 범위와 수준

지방재정은 지방행정수요를 충족시켜주는 수단이다. 재정수요는 행정수요이며 이를 최대한 충족시킬 수 있는 수입의 확보와 관리가 재정의 역할이라 할 수 있다. 다시 말해 행정수요가 커지면 여기에 따라 재정수입의 증대가 요구된다. 또한 행정 수준의 고도화는 人力과 투자수요를 늘리게 된다. 따라서 재정은 우선 행정수요의 시각에서 조명되고 그 적정성이 검토되어야 할 것이다.

1) 지방사무의 범위

지방자치단체는 주민의 일상생활에 필요한 서비스를 제공하되 그 범위는 일반 시장기능에 맡길 수 없는 일들이 될 것이다.

이러한 공공기능 중에서도 전국적으로 통일을 기해 추진할 사무는 국가의 업무가 될 것이다. 따라서 자치단체의 업무는 성질상 범위가 설정되고 관계 법령으로도 대강이 제시되고 있는 것이다.

지방재정은 이러한 범위의 자치사무를 추진하는데 필요한 재원의 조달과 집행이라야 한다. 이러한 범위를 넘어서 시장기능이 감당할 업무나 국가가 처리해야할 사무에 관여하거나 그 경비를 부담해서는 안되는 것이다.

2) 지방행정의 수준

지방행정은 주민의 평균적인 수준의 수요를 충족함이 원칙이라 할 것이다. 일반적으로 주민의 생활과 복지에 기본이 되는 수준의 서비스 제공이며 그 이상의 고도의 서비스는 주민각자의 추가 부담이 될 수밖에 없을 것이다

사회복지지원이나 의료보호에서의 공공서비스는 이러한 기준에 입각하고 있다. 이를 초과한 지나친 수준의 복지, 여가에 대한 서비스 등은 지방재정에 무리한 부담을 주게 되고 사회적으로도 공평하지 않다고 할 것이다.

이런 의미에서 볼 때 현장방문서비스 · 무료서비스등 특정인에 대한 지나친 수준의 서비스는 재검토되어야 할 것이다. 그렇지 않을 경우 주민의 납세가 광범위한 계층에 공평하게 효과적으로 사용된다고 볼 수 없기 때문이다.

3. 지방재정의 변천

우리나라에서 지방재정의 명맥은 1949년 지방자치제 실시 이후 상당기간 단체자치에서의 운영 형태로 이어져왔다.

자치단체의 예산과 지방세제가 지방재정법이나 지방세법에 의거 운영되어 왔으며 다만 주민의 참여와 통제는 제한되고 그 대신 중앙정부의 직접통제하에 놓여 있었던 것이다.

이 기간 중에도 지방세의 확충을 위한 노력이 있어 왔고 어느 정도 개선이 이루어진 것도 사실이다. 그러나 이러한 오랜 중앙통제하의 지방재정 운영은 우리나라의 지방재정을 획일적인 세목과 세율위주의 지방세가 되게 하고 세원의 단체간 균형화나 조정수단이 크게 강조되지 못하였으며

재정운영에서 자주성, 탄력성이나 민간과의 경쟁 내지 이용능력을 키우지 못하는 등 지방재정 발전에 크게 장애를 남기게 되었다고 하겠다.

1991년 지방의회가 구성, 운영되고 지방자치가 본격적으로 실시된 이후 지방재정은 주민자치에 입각한 자주적인 운영의 기틀을 되찾았다. 국가의 지방재정에의 관심은 점차 커지고 있으나 아직 지방재정확충을 위한 획기적인 결실에는 이르지 못하고 있는 것 같다.

1989년 담배소비세 등의 지방이양이후 1991년 지역개발세가 설정되고 지방양여금제가 도입되기도 하였다. 그러나 이런 조처들이 지방의 자주재원의 신장에는 크게 기여하지 못하고 있는 것 같다.

그리고 최근엔 주민세소득할세율이 인상 (7.5 → 10%)되기도 하였으나 이는 한시적인 교육재원 확보방안이었다. 결국 지방재정의 획기적인 강화를 위해서는 국세의 지방이양이 불가피하나 이는 계속 미루어지고 있는 것이다.

한편 민선자치 이후 지방재정에의 반응으로는 일부이기는 하나 재정의 방만한 운영과 비효율성에 대한 비판의 소리가 높아지게 되고 재정관리의 개선에 대한 관심이 크게 대두되고 있는 실정이라 할 것이다.

4. 지방재정의 발전과제

1) 재정수요의 관리

우리나라의 지방재정은 실제 규모나 구조면에서 취약하다고 할 수 있으나 자치사무의 범위나 국가와의 사무배분이란 관점에서 볼 때 결코 낮은 수준만은 아닌 것이다.

재정수입이 부족하고 안정성이나 신장성이 부족한 면도 있으나 국민부담이나 국가재정을 고려할 때 수입증대는 한계가 있을 수밖에 없을 것이다.

따라서 한편으로는 재정수요의 조절과 관리에도 노력을 기울여 나가야 할 것이다. 현행과 같이 자치사무를 개괄적으로 예시하는 방식으로는 자치사무의 범위를 한정하기도 어려울 수밖에 없을 것이다.

따라서 자치사무를 보다 명확히 규정하는 제도적 보완도 필요하나 지방자치행정이 공공행정으로서 필요한 역할을 하면서 작은 정부의 입장에 충실한 경영관리 원칙을 지켜 나간다면 주민 부담의 최소화는 물론 지방재원의 부족 현상도 크게 개선될 수 있을 것이다.

2) 재정수입의 균형화

자치단체간 재정력의 격차를 보다 균형있게 조정할 수 있는 방안이 강구되어야 할 것이다. 자치단체간의 경쟁적인 노력은 재정수입의 격차를 더욱 크게 할 수 있음으로 일정 기준이상의 초과수입이 있는 단체는 초과분을 수입 기준미달 단체에 교부할 수 있는 납부금 제도가 필요할 것이다.

이러한 역교부금제는 광역시에서 자치구간 재원조정에 먼저 활용될 수 있을 것이다.

이로써 자치기반을 고려치 않은 상태에서 출발한 현행자치구의 재정격차가 조정되고 광역시 단위의 균형있는 발전이 가능하게 될 것이며 이는 시민의식으로도 수용될 수 있을 것이다.

3) 지방세원의 개편

우리나라에서 지방자치는 오랜 공백을 가진 만큼 자치의식 형성이 미흡한 것은 사실이며 따라서 지방세수가 자치에서 갖는 의미가 제대로 알려지고 있지 않는 것도 현실이라 할 것이다.

지방자치의 출발은 자치경비의 자체 부담을 전제로 하며 지방세의 납부는 자치에의 참여로 시민의 책임을 다하는 것과 연관된다고 하겠다.

따라서 우선 지방세제의 홍보와 공정한 관리로 주민의 이해를 높여가야 할 것이며 이러한 이해를 바탕으로 재산과세 구조의 현행세제를 소득과 소비과세와의 균형을 갖도록 하는 세제로 개편해 나갈 것이다.

이밖에도 지방재정은 세외수입의 증대, 민간위탁의 확대, 국가위임사무 경비의 부담조정등 재원의 충실화와 관리의 효율화를 위해 개선되어야 할 많은 과제들을 안고 있으나 이는 자치단체의 공동의 노력으로 단계적으로 해결해 나가야 할 것이다.

✽〈지방행정〉 1997. 3.

지방세원배분과 공동세제
- 독일과 대만의 사례를 중심으로 -

1. 공동세제의 의의

공동세란 세원을 국가와 주 또는 지방자치단체가 공유하면서 공동의 세목으로 징수하여 이를 일정한 비율에 따라 각기 배정하는 세제라 할 수 있다.

이러한 공동세제는 독일에서 실시되고 있으며 소득세, 법인세, 부가가치세가 이에 해당된다. 그러나 보다 넓은 의미로 보면 국세 또는 지방세목으로 징수하여 타주체에 분여하는 세원의 배분방식도 세원의 공유란 점에서 공동세로 볼 수 있다.

독일에서의 지방세인 영업세와 대만에서의 국세인 상속세, 성세인 영업세, 현세인 토지증가세 등이 이에 해당된다. 이들 세목에 의한 세수의 일부는 국가나 자치단체에 일정률에 의거 분여된다.

한편 양여세도 국세의 일부를 지방에 배분하는 것이긴 하나 대개 양여목적이 지정되며 특정사업을 위한 포괄적인 교부금 형태가 되고 있어 세수분여와는 구분될 수 있다. 또한 지방교부세도 세수의 일정분을 지방에 배분하는 것이나 이는 재정균형화를 위한 재정조정 교부금으로서의 의미를 더 갖는 점에서 세수의 분여와는 구분된다. 그러나 공동세 등 세수분여도 결국 지방재정의 균형을 고려하게 되며 따라서 지방교부세가 직접적 재정조정수단이라면 공동세 등은 세원배분방식에 의한 재정조정의 간접적 수단이라 할 수 있다.

국가와 지방간의 세원의 배분은 분리방식과 경합방식으로 대별될 수 있고 경합(공유)방식으로는 세수분여, 양여금, 교부금 등으로 구분될수 있다.

여기서는 공동세 방식에 있어 대만의 세수분여제와 독일의 공동세제에 대하여 살펴보기로 한다.

한편 우리나라의 세제는 세원분리방식에 입각하고 있으며 극히 예외적으로만 세원의 경합이 인정되고 있을 뿐이다. 그러나 지방세원의 안정된 확보와 균형있는 배분을 위해서는 세원의 공동이용과 분여방식이 적극 활용되어야 할 것이며, 따라서 이에 관한 외국의 사례는 자치재원 확보를 위한 세제개편에 크게 참고가 될 수 있을 것이다.

2. 대만의 세수분여제

대만은 중앙 성 및 직할시 현시의 3단계 지방제도에 따라 재정수지 구분이 되며 세제도 국세, 성 및 직할시세, 현시세로 구성되어 있다.

국세는 소득세, 상속 증여세, 물품세, 증권거래세, 광구세 등이며 이중 상속증여세는 중앙과 지방이 일정비율로 나누어 갖는다. 즉 성의 경우 중앙 성 현이 10 : 10 :80의 비율로, 직할시의 경우 중앙과 직할시에 50 : 50의 비율로 배분된다.

성 및 직할시세는 영업세, 인지세, 자동차면허세 등인데, 직할시는 현시세도 징수한다. 성 및 직할시세 중

① 영업세는 성의 경우 50%만 갖고 50%는 성이 총괄하여 관내 현시에 배분한다. 직할시의 경우 50%만 갖고 잔여 50%는 중앙정부가 총괄하여 성 및 직할시에 배분한다. 이로써 영업세의 50%는 지방재정조정재원이 되며 특히 직할시의 경우 중앙정부의 역할이긴 하나 성으로의 수평적인 조정이 이루어진다.

② 자동차면허세는 직할시의 경우 전액 직할시 수입이 되나 성의 경우 50%는 소속 현시에 배분된다.

③ 인지세는 성의 경우 50%는 총괄하여 현시에 배분하며 직할시의 경우 50%는 중앙이 총괄하여 성 및 직할시에 분배하게 된다.

현시세는 토지세, 가옥세, 계세, 도축세, 오락세 등이 있다. 이 중

① 현시세인 토지증치세는 60%만이 당해 현수입이 되고 잔여중 20%는 성에 납부하며, 20%는 성이 총괄하여 소속 현시의 재정조정재원으로 배분한다. 즉 토지세 중 토지증가세는 60%는 자체수입이 되나 40%는 세원의 납부 또는 조정대상으로 성에서 관할한다.

② 도축세도 재원의 10%를 성이 재정조정재원으로 하여 소속 현시에 배분한다.

결국 중앙은 직할시에서의 영업세와 인지세의 50%를 조정재원으로 성·직할시에 배분하여 성은 관내에서의 성세인 인지세, 영업세의 50%와 현시세인 토지증치세의 20%, 도축세의 10%를 조정재원으로 하여 현시에

배분한다.

3. 독일의 공동세제

1) 공동세의 세원

독일은 연방국가로서 각주는 연방에 부여한 입법기능을 제외하고는 독자적인 입법권을 갖는다. 지방자치제도는 원칙적으로 주법의 소관이나 대체로 군(Kreis), 직할시(Kreis freie stadt)와 시 · 읍 · 면(Gemeinde)의 2층제 구조를 가지고 있다. 연방과 주, 자치단체는 각기 사무영역을 지니나 연방의 기능이 점차 확충되면서 연방기본법에는 주와 연방의 공동임무가 규정되기에 이르렀고 공동사무(대학설립, 지역경제구조개선, 병원보조, 국민주택건립 등)에 대하여는 비용분담 협의에 의거 연방보조가 되고 중앙과 지방의 세원배분에도 각기 독자적인 세원과 세목을 가지고 있으나 연방과 주, 자치단체가 세원을 공유하는 공동세목을 두어 상호기능과 재원의 협조를 보다 긴밀히 하고 있다.

1969년 독일연방기본법 개정에서 소득세와 법인세 외에 매상세(부가가치세)가 추가로 공동세로 되었으며 소득세, 법인세는 시 · 읍 · 면에 교부되는 일부(소득세의 15%)를 제외하고 연방과 주가 각각 50%씩 배분하며 부가가치세는 별도 정하는 비율로 배분하도록 하였다(1986년 이후의 경우 연방 65.5%, 주 34.5%임).

이러한 공동세의 총세수 중의 비중은 74.4%를 차지하고 있으며 각기 고유세목의 자체세수 비중은 연방이 12.4%, 주는 4.7%, 자치단체는 8.6%에 불과하다. 공동세로서 소득세의 시 · 읍 · 면 배분에 따른 상응하는 조치로서 시 · 읍 · 면세인 영업세의 일정분이 주와 연방세에 배분되는 바 이를 합한 세원의 각급 정부간 최종적인 배분은 1987년의 경우 연방, 주, 자치단체간에 각각 50.6%, 35.5%, 13.9%로 되어 있다.

- 연방세 : 소비세(맥주세제외), 화물도로운송세, 자본유통세, 보험세, 관세, 전매수익 등
- 주세 : 재산세, 자동차세, 맥주세, 상속증여세, 부동산취득세, 소방세 등
- 지방세 : 영업세, 토지건물세 등

각급 행정주체는 각기 고유세목과 공동세를 합친 세수를 세입원으로 하고 있는바, 이러한 세원의 상호배분 교류는 안정적이며 균형있는 재원확보를 위한 조치로써 독일의 조세제도의 특징이 되고 있다.

한편 이상의 세원 배분에 의한 수직적 재원균형화 조치 외에 보완적인 조치로써 연방과 주에 의한 직접적인 재정조정과 주 상호간의 수평적 재원조정제도가 마련되어 있다.

2) 공동세의 세목과 배분

공동세의 세목은 소득세, 법인세, 매상세이며 시 · 읍 · 면세인 영업세도 주와 연방에 일정률로 납부되고 있어 광의의 공동세로 볼 수 있음을 이미 보아왔다. 공동세의 단체간의 배분율은 〈표 2〉와 같으나 단체별 구체적 배분 사항은 세목에 따라 다르다.

〈표 2〉 공동세의 배분

구 분	연방	주	자치단체
소득세	42.5	42.5	15.0
법인세	50.0	50.0	-
매상세	65.5	34.5	-

먼저 소득세와 법인세는 징세지주의에 따라 각기 배속 귀속되나 매상세는 주분의 3/4는 인구 비례로, 잔여1/4는 1인당 주세수입이 평균을 하회하는 재원이 빈약한 주에 조정 교부된다(보충교부금).

소득세와 법인세는 세수분여 형태이나 매상세는 재정조정교부금 형태를 취하고 있으며 이는 곧 연방의 재정조정제도이기도 하다.

3) 지방재정조정제도

독일에서의 세원배분은 재정조정제도와 연관되고 있으며 공동세의 배분(특히 매상세)도 재원조정기능을 일부 수행하고 있다. 그밖에도 주간의 수평적 재정교부금제도와 연방과 주에 의한 수직적 재정조정제도가 있다.

(1) 수평적 재정조정(주간재정조정)

수평적 재정조정은 주간 조세징수력을 기준으로 주의 과세력 측정치(기준액)가 조정측정치(기준액)를 상회하는 주는 조정급부의무주가 되고 이에 미달하는 주는 청구주가 되며 전자로부터 후자로 교부금이 주어지는 형태로 이루어진다. 주의 과세력 기준액은 기본적으로 주세의 세수(공동세수포함)와 시 · 읍 · 면 납부세액의 합계액이 된다.

청구권이 있는 주는 조정기준액의 92%까지는 전액, 92% 이상 100% 미달액은 그 부족액의 37.5%가 교부됨으로써 조정기준액의 95%가 최저 보장된다. 한편 조정급부의무주는 102% 이하는 의무가 없고 102%에서 110%까지는 초과분의 70%, 110%초과분은 전액이 대상이 되어 일정율의 조정부담금을 교부하게 된다.

(2) 수직적 재정조정

먼저 연방에 의한 조정으로 매상세의 연방배분액중 1.5%는 주에 대한 보충 교부금으로 활용된다. 그리고 주분 배정액의 1/4을 재정이 빈약한 주에 조정 교부되고 있음을 이미 보아왔다.

주에 의한 시 · 읍 · 면 재정조정(Der Kommunale Finany Ausgleich)으로서는 공동세로부터의 수입의 일정율(기타세수 포함하는 주도 있음)을 주법의 정한 바에 따라 조정교부금으로 시 · 읍 · 면에 교부한다(기준 교부금). 여기서 배분방법은 수요측정치와 조세력측정치를 산정, 대비하여 부족액에 대한 일정율을 지급하고 있다(조정율).

4. 한국의 세원배분제도와의 대비

우리나라의 중앙과 지방간 세원배분의 특징은,

① 세원의 분리방식에 따라 동일세원에 대한 국세와 지방세 종목의 경합을 원칙적으로 배제하고 있다. 그러나 1966년 이전에는 국세부가세로서 소득세, 법인세, 영업세부가세가 시행된 적도 있다.

② 소득세, 법인세, 부가가치세 등 주요 소득, 소비세목이 모두 국세로 되어 있으며 지방세는 이와 경합되지 않는 재산의 보유 취득과세 중심으로 되어 있다.

③ 1989년부터 담배소비세가 지방세로 설치되어 소비세 비중이 높아졌으나 지방사업과 관련되는 특정소비 등에 대한 과세가 배제되고 있다.

④ 내국세의 일정분(1991년 13.27%, 2005년 19.13%)을 지방재정조정재원으로 하여 일반교부금으로 교부하고 있으며, 1991년부터 국세의 특정세목의 세수(전화세, 주세 등)가 양여금으로 지방자치단체에 양여되어 왔다.

⑤ 국가와 지방은 각기 조세징수를 하나 도세의 징수는 시군에서 하며 이에 따라 도세 징수교부금을 교부하고 있다(보전교부금 별도).

이러한 세원의 배분원칙은 지방세수를 빈약하게 할 뿐 아니라 구조적으로 지방세는 소득탄력성이 적고 재산관련 직접세이므로, 조세 저항요인을 안고 있어 지방세수 신장에 애로를 겪고 있다.

지방자치의 실시를 앞두고 지방세원의 확충논의가 계속 제기되어왔으나 세원의 분리방식이 지켜지고, 기존 국세체계를 고수하는 한 지방세수의 신장전망은 크게 기대할 수 없는 것이었다. 지방세원의 확충방안으로 거론되고 있는 세목 신설(자원세, 관광세 등)은 지방의 특성에 따른 세수 확보의 명목을 충족할 수는 있겠으나 그 세수는 미약하여 실효가 적고 지방세수의 구조개선과는 거리가 먼 것이다.

이러한 여건에서 바람직한 세원의 배분과 재정조정은 대만이나 독일에서 광범위하게 이루어지고 있는 세원배분의 혼합과 공동이용방식과 같은 방향으로 근본적인 개혁이 이루어져야 할 것이다. 우선 소득과세에의 지방참여가 주민세의 개선을 통해 이루어지고 고급오락장, 유흥음식 등의 업종에서의 특정의 소비행위에 대하여는 지방단위에서의 과세가 용인되거나 그렇지 않으면 부가가치세의 일부가 양여되어야 할 것이다. 또한 양도소득세의 일부도 양여가 있어야 할 것이다. 이에 상응하여 지방세(예 : 담배소비세, 정책목적의 재산과세 등)의 일부는 국고로 납부될 수 있을 것이다.

이와 같은 세원간의 교류와 배분을 통해 안정세목과 신장세목이 조정되고 지역경제와 지방세수가 연계되면서 보다 균형있는 세수배분에 접근될 수 있을 것이다. 이러한 세원배분에 의한 일차적 조정이 이루어진 다음에 지방교부세에 의한 보다 정밀한 재정조정이 보완되어 나가야 할 것이다.

그러나 광역자치단체간의 수평적인 재원의 조정은 초과기준의 설정이나 납부 등에 현실적인 애로가 적지 않아 그 필요성에도 불구하고 실현이 어려울 것으로 예상된다.

오늘날 지방재정이 당면하고 있는 급증하는 재정수요의 요인은 교통, 환경, 주택 등 도시문제나 농촌지역개발문제 등에 기인되며 이는 모두가 국가적인 과제인 동시에 지방의 문제이며 여기에 자치단체에 책임영역이 보다 확대되어야 한다고 볼 때 국가와 지방간 세원의 공동 이용을 위한 혼합방식으로의 세원배분 대책이 적극 검토되어 나가야 할 것으로 생각된다.

✲〈지방세〉 1991. 3.

지방재정의 책임성 제고 방향

1. 지방자치와 책임성 구현

지방자치는 지역 주민이 스스로의 의사와 능력에 따라 생활 편익을 조성하고 이용하는 자주적인 정치, 행정체계라 할 수 있다.

주민이 필요로 하는 각종 생활서비스와 지역의 기반시설들은 민간 기능이나 국가의 책임에 의해서도 공급 · 지원될 수 있으나, 자치단체가 제공하는 서비스는 재원의 자기조달 의사와 능력의 범위에 따라 이루어진다는 점에서 특징이 있다.

즉, 서비스 결정 과정의 자율성과 재원의 자주성이 필수적이며, 이는 자치 행정이 갖추어야 할 기본적인 책임성의 구현이라 할 수 있다.

여기서 책임성이란 행정 활동을 충분히 만족스럽게 다하여야 할 자치단체 기관의 책무이며 윤리적 책임을 포함하는 것으로 볼 수 있다.

지방재정 영역에서 보면, 이는 재원을 스스로 확보하는 책임과 이를 효율적으로 사용하여야 할 책임이라 할 것이다. 그런데 이러한 책임을 이행토록 하기 위해서는 무엇보다 주민의 책임성에 대한 인식과 참여를 증대시켜 나가야 할 필요가 있을 것이다.

주민의 책임과 역할에 의하지 않고 중앙의 지도와 감독 기능에 의존하여 지방의 행정 및 재정 문제를 해결하고자 한다면 지방자치의 책임성은 크게 저하될 것이다.

지방자치가 진정한 자치 정신에 바탕을 두고 제대로 발전하기 위하여는 자치행정을 담당하는 기관과 이를 선출하는 주민의 책임성이 전제되어야만 할 것이다.

그렇지 않은 지방자치는 많은 제도적 장치와 지원에도 불구하고 발전 기반이 없는 형식적인 장치로 남게 될 것이다.

2. 교부금에 의한 재정지원

자치단체의 서비스에 소요되는 경비는 스스로 조달함을 원칙으로 하며, 지방세수와 이용자 부담이 주요 재원이 된다. 이러한 자주 재원은 바로 지방재정의 책임성의 원천이 된다. 그러나 대부분의 자치단체는 자주 재원으로 그 경비를 충족치 못하고 있으며, 중앙으로부터 지방교부세나 지방양여금 또는 국고보조금의 지원을 받게 된다.

지방교부세 등 재정교부금은 대부분 비도(費途)가 지정되지 않음으로써 자치단체가 자유롭게 사용할 수 있으며 더구나 이러한 교부금은 자치단체의 재정력이 취약할수록 증액 교부되며, 자치단체 간의 재정격차를 균형화하는 조정 재원으로 큰 의미를 갖게 된다.

따라서 국가적인 견지에서 보면 자치단체에의 재정 지원은 세수 격차가 큰 지방세수보다는 이러한 교부금을 선호하게 된다.

그러나 이들 재원은 지원규모나 지원시기를 중앙에서 정하게 되고, 지방주민의 자기 부담과는 거리가 있는 것이다.

그런데 우리나라의 경우 지방자치가 본격화되면서 자치단체의 재정보완 조치는 지방세수보다는 이러한 교부금과 지방양여금에 의해 수행되어 왔다.

지방주민의 납세는 자치단체의 재원조성과 더불어 자치정(自治政)에의 참여의 의미를 갖으며, 자치단체의 기관은 이를 근거로 납세 주민에 대하여 서비스로 보상할 정치적 및 행정적인 책임을 갖게 되는 것이다.

이러한 자주 세원의 증대를 위한 지방세제의 개편은 거의 답보 상태에 있으며, 재정교부금만이 크게 증대되는 추세에 있어 지방재정의 책임성이란 입장에서 볼 때 바람직스럽지 못한 것이었다.

자치단체의 재원은 지방세수가 증대되는 방향으로 보완하되, 단체간 불균형의 완화를 위해 불가피한 경우 재정교부금을 증대해 나가는 방향이 되어야 할 것이다.

이러한 의미에서 볼 때 지방양여금의 상당부분은 지방세원으로 이양되어야 할 것이었다. 일본에서는 국세인 소비세의 20%를 지방에 양여해 오다가 최근 이를 지방소비세로 개편하였으며 아울러 소비세 재원의 일부를 지방교부세 재원으로 추가한 사례는 우리에게도 참고가 될 것이다.

3. 지방세제의 취약성

우리나라의 지방세제는 국세에 비해 세수가 부족하고 구조적인 취약점을 갖는 것으로 지적되고 있다. 소득과 소비 세목이 미흡하고 자산의 유통에 크게 의존하고 있는 점에서 세제의 개편 및 보완이 논의되어 오고 있다.

그런데 지방세제의 이러한 내용은 또다른 문제점으로 재정의 책임성을 확보하는데 미흡하다는 지적을 받고 있다.

예컨대, 종합토지세만 하더라도 전국적인 합산 누진과세로 자치단체의 자주 과세권과는 다소 거리가 있으며, 그 밖에 지역의 생산과 소비 등 경제활동과 연계되는 세수가 현지 자치단체로 귀속되지 않음으로써 자치단체의 책임성을 희석시키는 결과가 되고 있는 것이다(종합토지세는 2004년 재산세와 종합부동산세로 개편됨).

지방세의 납세는 주민의 의무로서 이행되며 지역의 서비스로 되돌려 진다는 자치정신의 이해를 전제로 할 때 의미를 가지게 된다고 할 것이다.

단순히 자치단체의 재원의 보전에만 의미가 있다면, 모든 조세를 국세로 일괄 징수하여 지방에 배분하는 것이 보다 효율적이고 편리할 것이기 때문이다.

4. 지방재정의 효율성과 책임성

1) 납세액의 가치실현

자치단체의 예산이 알뜰하게 짜여지고 생산적인 방향으로 운영된다면, 선출된 자치단체의 장이나 지방의원은 일응 주민의 기대에 부응하는 책임을 수행하는 것으로 볼 수 있을 것이다.

주민의 납세를 재원으로, 주민의 신탁에 의거하여, 주민의 신뢰를 바탕으로, 운영되어야 할 자치단체로서는 우선 납세액의 가치를 실현하는 것이 중요하며, 이는 재정 운영의 효율화가 전제되어야 할 것이기 때문이다.

선진국에서도 지방자치의 가치를 이러한 납세에의 보답 내지 지방재정 책임의 이행이란 면을 중요시하고 있음을 보게 된다. 그런데 우리의 자치현실은 주민의 납세에 대한 책임을 크게 느끼지 못하는 사례가 적지 않는 듯 하다.

근간 보도되고 있는 출장비, 업무추진비 등 경상경비의 과다지출이라든가 각종 선심성 행사 등 생산성이 낮은 지출과 같은 재정운용은 재정 책임의 이행과는 거리가 있는 조치들이라 아니 할 수 없는 것이다.

뿐만 아니라 지나친 실적주의를 의식하여 과대한 행사를 하거나 유지관리에 대한 고려없이 적정 규모를 초과하는 시설의 건립 등은 효율성의 기준에 따른 엄격한 심사가 필요한 분야라 할 것이다. 여기에는 납세자인 주민들의 감시나 통제가 긴요하겠으나, 그 이전에 자치기관의 양식과 책임감이 지적되어야 하며, 재정책임에 대한 인식을 확실히 하여야 할 사안들이라 하겠다.

이러한 재정 책임을 다 하지 못하는 관계자에 대하여는 정치적 및 행정적 책임에 더하여 민사법에 따른 배상 책임이 따르도록 할 수도 있을 것이다.

2) 공무원의 비용 의식

지방 공공업무를 수행하고 있는 모든 관계자들은 우선 자기 업무에 대한 목표를 명확히 인식하고 이를 이룩해 낼 전략과 수단을 찾아야 할 것이다.

여기에는 소요되는 비용의 규모와 확보 방안이 가장 중요하며, 소요경비의 경제성에 대하여 깊이있는 검토가 이루어져야 할 것이다. 아울러 재원의 조달 방안에 관하여 이용자나 민간의 분담 가능성에 대해서도 검토할 수 있으며, 여러 대안에 대한 탐색이 비용과 효과를 대비하는 방법으로 모색될 수 있을 것이다.

이에 따른 결과는 비용의 절감과 편의의 증대로 나타날 것이다. 비용편익분석기법은 투자사업뿐 아니라 모든 공공지출에서 사전에 한번쯤 생각해 보아야 할 과정으로 인식되었으면 한다.

그리고 경영사업에서는 공기업이 아니더라도 비용과 수익을 손익계산

방식으로 파악하고 분석하는 기법이 활용된다면, 보다 생산적인 운영이 가능할 것이다. 여기에는 시간 관념의 도입이 필요하게 되며, 이러한 이해 없이는 사업 경영이 어려울 수밖에 없을 것이다.

3) 재정책임 확보를 위한 자체통제

지방재정에서의 책임성의 확보는 주민 통제가 제대로 이루어질 때 가능할 것이다.

종래에는 중앙에서의 지시와 감독 방식에 의한 재정통제가 주류가 되어 왔으나, 이는 주민자치시대에 더이상 바람직할 수 없으며, 이제부터는 주민 스스로 지방재정 운영에 참여하고, 확인하며, 시정을 요구하는 통제기능을 발휘하여야 할 것이다.

중앙의 통제가 줄어드는 여건에서는 주민의 감시가 이를 보완할 수 있어야 할 것이다. 중앙에서의 재정지도는 이제 새로운 방향으로 각종 인센티브의 도입에 의한 재정의 건전성과 효율성 그리고 책임성을 높이는 시책을 강구해 나가는 것이라 할 것이다.

지방재정에 대한 자체통제의 몇 가지 방안을 제시해 보면 다음과 같다.

첫째, 지방재정의 분석과 공개이다.

지방예산 운영의 실태를 결산 자료를 이용하여 정기적으로 분석평가함으로써 재정운영상의 문제점에 대한 대비가 가능할 것이다.

각종 분석지표를 통해 재정의 안정성 및 효율성을 파악할 수 있고, 타 유사단체와의 대비를 통해 자기 단체의 수준을 알게 되며 단체간 선의의 경쟁도 가능할 것이다.

이러한 분석 자료들은 주민에게 공개됨으로써 주민통제가 보다 용이하게 될 것이다.

둘째, 자체감사의 실효성 확보이다.

재정운영에서의 낭비 배제나 생산성의 증대는, 자체 감사가 제대로 이루어질 때 가능할 것이다. 방대한 사무와 경비를 집행함에 있어 제3자에 의한 객관적인 확인 감사가 어떤 조직에서도 필요하게 된다.

현 자치단체의 자체감사는 제 기능을 다하지 못하는 것 같으며, 따라서 합리적인 외부 감사가 있어야 할 것으로 보인다. 그러나 이때 외부 감사는 중앙정부(감사원, 내무부 등)의 감사가 아닌, 자치단체가 참여하는 외부 조직에 의한, 전문가에 의한 감사를 의미하는 것이다.

최근 지방세 수납 비리가 빈번히 발생하고 있어 지방의 재정관리 능력에 대한 회의와 불신을 낳고 있으며, 그때마다 중앙의 감사가 강화됨을 볼 수 있는데, 이는 바람직한 해결 방법이라 볼 수 없을 것이다.

지방재정의 자체 기능에 의하여 정상적인 재원관리가 되고 비리가 척결될 수 있어야만 할 것이다. 따라서 적정한 감사제도가 마련될 때까지는 지방자치단체 스스로에 의한 외부감사제의 운영을 개발해 나가야 할 것으로 보인다.

여기에는 국가와 자치단체의 대표가 참여하는 지방감사위원회가 독립적인 기구로 지방자치단체의 감사 기준을 만들며, 공인회계사 등 전문가를 감사관으로 지정하여 자치단체의 회계 등을 정기적으로 감사하게 하는 영국의 지방감사제도가 참고가 될 수 있을 것이다.

셋째, 단체장이나 지방의원의 책임있는 역할이다.

지방자치에서의 핵심 과제라 할 수 있는 재정책임의 실현에는 무엇보다 주민에 의해 선출되는 단체의 장이나 지방의원의 역할이 중요하다. 이들이 재정 책임을 회피하거나 무시할 때 주민들은 납세에 상응하는 책임있는 봉사를 받을 수 없게 될 것이다.

이는 곧 주민의 기대와 신뢰의 상실을 의미하며, 이러한 경우 감사 청구나 해직 요구와 같은 주민의 직접적인 요구는 정당성을 갖게 될 것이다.

이제 우리나라에서도 이러한 제도적인 장치를 갖추어 가고 있거니와, 지방자치의 건전한 발전을 위해서는 이러한 책임있는 조치들이 마련되어야 할 것으로 보인다.

✽ 〈자치행정〉 1998. 1.

지방예산편성지침과 재정운영

1. 지방예산편성지침의 의의

지방자치단체의 예산은 단체장이 편성하여 의회의 심의 · 의결을 거쳐 확정되는 것으로 자치단체 고유의 업무가 된다. 이 과정에서는 국가나 광역단체의 재원지원을 받는 경우도 있으나 용도가 지정되는 보조금을 제외하면 재원의 확보와 사용은 자치단체의 권한으로 간섭이나 제약의 대상이 될 수 없는 것이다. 이는 지방자치의 본질적인 내용인 자주재정권의 당연한 귀결이라 할 것이다.

그러나 예산의 편성에서도 법령이나 조례의 범위 내에서 합리적인 기준에 따라 경비를 산정하도록 지방재정법(제30조)에 규정되고 있으며 이러한 법령에 의한 제약은 효율성의 확보나 전국적인 균형을 위해서도 지켜져야 할 것이다.

예산은 또한 자치단체마다의 여건에 따라, 단체장이 제시하는 정책 방침에 따라, 마련된 지침에 따라, 각부서의 예산 요구와 예산담당부서의 심사

과정을 거쳐 편성된다.

여기서 논의하고자 하는 예산편성지침은 이러한 자치단체 단위의 정책 지침이 아니라 중앙정부에서 지방재정법 제30조에 근거하여 전국적으로 시달하는 예산편성기본지침을 의미한다.

이러한 지침은 임명직 단체장 시대에는 이론없이 수용되어 왔으나 민선 단체장 시대에 들어서면서 중앙정부의 사전 통제적인 이러한 지침은 재정 운영의 자율성에 대한 침해로 보아 우선 폐지의 대상으로 지목되어 왔다.

이제 참여정부에서는 지방의 그동안의 요구를 감안하여 분권화계획의 일환으로 이러한 지침을 폐지하기로 방침을 정하게 된 것으로 보인다.(지방분권추진 로드 맵 참조)

한편 일부 자치단체들에서는 갑작스런 지침의 폐지가 혼란과 낭비를 가중할 우려가 있다는 이유에서 즉각적인 폐지의 유보를 건의하기도 했다.

여기서는 이러한 예산편성지침이 가져온 공과와 이의 폐지에 따른 대안을 포함한 개선방안을 살펴보고자 한다.

2. 예산편성지침의 내용

매년 자치단체에 시달되고 있는 예산편성기본지침은 크게 3가지 부문으로 나누어 볼 수 있을 것이다

① 중앙부서의 정책 방향과 지방에서 구현되어야 할 시책사업들에 대한 자료를 포함하고 있다. 기본지침에는 국가재정과 지방재정의 운영 여건과 방향 등이 제시되고 있다. 아울러 국가예산의 편성기준 등 참고 자료를 전달해주게 된다.

② 지방재정의 건전화를 위한 제도와 원칙에 이어 주요 경비별 편성기준을 제시하고 있다. 개별경비의 기준(한도)을 세부적으로 규정하고 있

다는 점에서 가장 비판의 대상이 되어 온 분야이기도 하다. 이러한 직접적인 규제분야는 민선 자치시대에 들어 그 대상이 대폭 축소되 오기도 했다.

2003년도 예산편성지침을 보면 국가에서 정한 기준을 적용하는 경비로서는 직책급이나 부서 운영 업무추진비, 일 · 숙직이나 시험수당 등이 있으며 지방예산편성 지침으로 기준이 정해지는 경비로는 의정운영 공통경비, 의장단 활동비, 의원 해외여비, 기관운영이나 시책추진 업무추진비, 사회단체에 대한 보조 등 경비가 있다.

예산편성지침상의 이러한 경비의 기준설정은 결국 소모성 예산의 과다계상 억제와 지역간의 불균형의 해소가 주된 이유라 할 수 있을 것이다.

③ 지방자치단체 예산편성에서의 과목 분류와 편제에 관한 규정을 두고 있다. 세입세출예산과목(장/관/항/세항/목 등) 의 구분과 예산의 서식 등이 제시되고 있다. 통일된 과목구분과 서식 등은 지방재정의 집계분석과 대비를 위해 각 자치단체가 반드시 따라야 할 내용이기도 하다.

3. 예산편성지침의 공과(功過)

전국적으로 매년 예산편성 시기에 맞추어 시달되는 지방예산편성지침은

① 국가와 지방자치단체의 시책의 연계와 종합조정이 필요하다는 점에서 볼 때 이의 유효한 수단으로 불가결한 요건이 되어 왔으며,

② 일반적으로 남용의 우려가 있는 소모성 경상경비의 팽창을 억제할 수 있는 명분이 되었고,

③ 예산편성에서 지역마다 차이가 나는데서 올 수 있는 불평이나 불균형을 해소하는데 기여한 것으로 볼 수 있을 것이다.

이러한 긍정적인 역할이 있었는가 하면 부정적인 면도 적지 않았다.

① 지방예산편성에서 중앙정부 지침의 준수를 의무화함으로써 전국적으로 획일화된 지방재정 운영이 되게 하고,

② 중앙시책사업의 지나친 강조로 자치단체의 독자적인 투자시책이 소홀히 될 수도 있었고,

③ 연도마다 예산과목 분류나 편성방식을 수시 개편함으로써 지방재정의 안정적인 운영이나 분석 판단에 지장을 주기도 한 것 등의 부작용도 없지 않았다.

무엇보다 중앙에 의존하는 재정운영을 가져오게 함으로써 자치재정으로서의 창의와 능력개발이 지체되고 지방재정의 자율성이 저해된 점을 지적할 수 있을 것이다.

4. 예산편성지침의 개선방향

1) 지침의 기속성

자치단체 예산편성지침의 법적인 기속성은 지방재정법에서는 당초부터 명시되지는 않았다. 행정자치부 장관(내무부 장관)이 회계연도마다 각 부처의 의견을 들어 예산편성기본지침을 작성하여 전년도 7월말까지 시달하는 것으로 규정되어 있을 뿐이었다.

민선단체장의 출범과 더불어 이러한 지침의 성격이 논란이 되자 1998년 7월 지방재정법시행령(제30조)의 개정으로 "자치단체의 예산은 법령에 다른 규정이 없는 한 법 제30조 제5항의 규정에 의한 예산편성기본지침에 따라 편성하여야 한다"는 규정을 신설함으로써 지침에 법적인 기속력을 명시적으로 부여하기에 이르렀다.

나아가 지방재정운영에서의 패널티 제도의 일환으로 개정된 지방교부

세법 시행령에는 (제12조) 지방교부세의 반환 또는 감액의 사유로 예산편성지침을 위반하여 예산을 편성, 집행한 경우를 규정하는 등 지침 위반에 대한 제재를 두게 되었다.

2) 지침의 폐지와 대비

자치단체의 자율적인 재정활동을 기속하는 예산편성지침은 원칙적으로 폐지되어야 할 대상이라 할 것이다. 예산편성지침은 효율성과 균형성 확보를 위해 유용한 역할을 하기도 했으나 자치단체의 자율성을 침해하는 사전통제로써 이는 더 이상 지속될 수도 없기 때문이다. 다만 지침을 폐지하는 경우에도 이에 대비한 준비기간이 필요할 것이며 대안의 마련이 필요한 분야도 있을 것으로 보아 경과 기간을 두는 방안이 바람직할 것 같다.

예컨데 자치단체로서는 정책기획 능력을 갖추어 나가면서 중장기적인 발전전략을 감안하여 자체 예산편성지침을 마련할 필요가 있을 것이며 또한 다른 유사단체의 여건과 비교하여 보다 효율성 있는 경비기준의 마련도 필요할 것이다.중앙정부에서도 현행 예산편성지침에 포함된 내용 중 지방예산에서 반드시 지켜져야 할 기준이나 예산과목분류와 편제 등(2. 예산지침 내용 중 ②③부분)은 관계 법령에 규정을 둠으로써 법령에 의한 지도 · 관여로 개선해 나갈 준비가 필요할 것이다.

그리고 중앙 각 부처의 시책이나 국가전반의 재정경제의 운영상황 등(2. 예산지침 내용 중 ① 부분)은 계속하여 지방에 참고자료로 전파할 필요가 있을 것이다. 이러한 분야에서는 이미 시도되고 있는 권고 사항으로 할 수도 있을 것이다.

5. 지방재정운영의 자율성과 책임성

지방예산편성에서 제약이 되어 온 사전적 행정통제 장치로서의 예산편성지침은 지방재정운영의 자율성 확보를 위해 폐지될 수밖에 없으나 이는 결코 지방재정의 효율성, 건전성이나 균형성의 확보 노력을 포기하는 것일 수는 없을 것이다.

재정관리에서 필요한 이러한 가치들을 지속적으로 확보해 나가는 방안으로서는 지방재정운영에서의 책임성을 더욱 높여 나가야 할 것이다. 그리고 이를 위해서는 예산에 대한 주민감시의 강화, 지방의회의 견제 역할이 중요함은 물론이나 여기에 더하여 자치단체의 사업과 예산집행에 대한 평가제의 도입, 활용이 필요할 것으로 생각된다.

이러한 평가도 자체관리의 영역이긴 하나 중앙정부로서도 평가를 지원하는 방식에 의한 관여로 자율성의 신장에 상응하는 책임성이 구현될 수 있게 할 것이다. 이를 위한 평가주체나 평가기준설정 방식 등의 준비가 있어야 할 것이다.

또한 주민통제의 효과를 높이기 위해서도 재정관련 업무 정보의 충실한 공개는 필수적이며 예산운영에서의 낭비적인 요인도 이러한 공개를 통해 상당 부분 배제할 수 있을 것이다. 여기에 주민소송제 등의 도입이 이루어지게 되면 관계 당사자의 실질적인 책임의식을 높여나갈 수 있을 것이다.

✲ 〈자치행정〉 2003. 9.

지방재정운영에 패널티제 도입

1. 건전한 지방재정을 위한 통제

지방자치제가 본격적으로 실시된 이후 주민을 고객으로 한 서비스의 만족도는 크게 높아지고 있으며 지역마다의 개발 잠재력 또한 점차 활력을 얻어 가고 있다.

주민의 의사에 따른, 주민을 위한 정치행정에의 기대는 이러한 지방자치의 조속한 정착으로 관심이 모아지고 있다.

그러나 한편 이러한 성과에도 불구하고 깨끗하고 공정한 지방선거의 실시나 효율적인 지방재정의 운영 등 지방자치의 정착을 위해서는 여전히 해결해야 할 과제들이 적지 아니 남아 있는 것도 사실이라 하겠다

특히 지방재정에서의 책임성이나 건전성, 효율성의 확보 문제는 지방자치의 정착과 건전한 발전을 저해하는 최대의 걸림돌이라고도 할 수 있게 되었다.

지방예산을 선거를 의식하여 선심행사에 뿌린다든가 투자비를 갈라 먹기식으로 배분한다든가 지방세수나 재산관리를 태만히 하는 등 부적절한 재정 관리사례가 늘어나고 있는 것이다.

이로 인해 지방자치는 그 우월한 가치에도 불구하고 낭비를 가져오는, 우리 실정에 맞지 않는 제도라는 인식이 점차 확산되기에 이르렀다.

이러한 폐단을 시정하는 노력으로 주민감사청구, 주민소송 등 주민에 의한 직접통제 방법이 우선 강구되고 있기는 하나 중앙통제의 방법으로도 재정의 책임성을 높여 나가는 길을 모색하지 않을 수 없게 하고 있다. 이

에 부응하는 방안으로 중요사업에 대한 투자심사제의 강화나 지방교부금 배정의 인센티브와의 연계 등이 강구되고 있으며 그 중의 한 방법으로 재정패널티제의 도입이 논의되어 왔다.

이는 기채승인이나 투자심사 등 지방재정 법규나 지침에 위배되는 사례를 일삼는 자치단체에 대한 제재로서 지방교부금 등을 삭감하려는 것으로 이에 따른 긍정적인 효과도 있겠으나 이에 못지 않게 부정적인 면도 나타날 수 있다는 점에서 충분한 검토가 있어야 할 것이다.

2. 인센티브제의 운영실태

지방재정의 운영면에서 보면 종래부터 공유재산이나 지방수입관리 등에서 우수한 단체에 대하여는 시상하는 방식으로 인센티브를 주어 왔다. 이때 시상금으로 특별교부금이 주어지기도 했다. 그러나 이러한 행정에서의 일반적이며 전통적인 방식에서 나아가 자치단체에 대한 법정 재정지원을 미리 제시된 조건의 충족도에 따라 정책적으로 차등을 두어 지원하는 재정인센티브제도가 새로이 도입, 운영되고 있으며 현행 지방교부세법상의 교부금 지급방식에 대표적으로 도입되고 있다.

지방교부금의 산정에 도입되고 있는 인센티브의 예를 들어보면 다음과 같다.

1) 기준재정수요산정

① 공무원정원감축을 지원하기 위해 표준정원을 기준으로 하여 감축 운영 정도에 따라 기준재정수요(인건비, 일반관리비)를 증감한다.

② 사무보조 일용인부 감축을 위해 일용인부의 대 전년도 감축 비율에 따라 기준재정수요를 증감한다.

③ 경상적 경비절감을 유도하기 위해 경상경비규모의 표준액을 정하고 이와 대비 절감 정도에 따라 기준재정수요를 증감한다.

④ 상수도요금의 현실화를 촉진하기 위해 상수도요금의 평균 현실화율과 대비 현실화 정도에 따라 재정수요를 증감한다.

⑤ 읍 · 면 · 동 통합을 유도하기 위해 읍 · 면 · 동 통합이 되더라도 불리함이 없도록 행정수요에 종전 기준액을 반영한다.

⑥ 지방공공청사의 관리를 적정화하기 위해 청사 면적을 공무원 정원과 대비 미달 운영하는 경우 수요를 증액 보전하며 초과운영시 수요를 감액한다.

2) 기준재정수입산정

⑦ 지방세 징수율을 지표로 지방세부과 대 징수율이 평균 대비 높은 단체는 기준수입을 감액하고 낮은 단체는 증액한다.

⑧ 주민세 개인 균등할을 지표로 개인균등할 인상이 평균보다 높은 단체는 기준수입을 감액하고 낮은 단체는 이를 증액한다.

⑨ 과표현실화를 촉진하기 위해 종합토지세 과표 현실화율이 평균보다 높은 단체는 기준수입을 감액하고 낮은 단체는 이를 증액한다.

⑩ 탄력세율적용을 유도하기 위해 지역개발세의 탄력세율 적용에 따른 증액분 중 일부를 기준수입에서 공제한다.

⑪ 사용료, 수수료의 현실화를 위해 현실화율이 전국 평균을 초과하는 경우 기준수입을 감액 반영한다.

이러한 인센티브는 대개 미리 설정된 기준(표준, 평균 등)에의 충족 도나 근접도(초과 또는 미달)에 따라 수요 또는 수입금액이 늘어나거나 줄어들게 하는 방식이며 기준에의 미달정도에 따라 교부금액이 줄어드는 경우 역인센티브로 작용하게 되며 이는 일종의 패널티의 성격을 가지는 것으로 볼 수도 있다. 그러나 이는 교부금 산정에서의 비례방식의 적용의 결과이며 재정운영에서의 특정 위반사항에 대한 제재로서의 패널티와는 구분된다고 하겠다.

3. 재정 패널티제의 도입검토

그동안 추진되어 온 지방재정에서의 패널티제는 지방재정관련 법령을 위반하거나 기준과 절차를 위반하여 재정질서를 문란케하거나 낭비적이며 불건전한 재정운영을 하고 있는 자치단체에 대한 제재로 지방교부금을 감액하는 내용을 골자로 하고 있다.

적용대상이 되는 제재 사항을 보면

- 발행 승인을 받지 않고 지방채를 예산에 편성하거나, 투융자심사를 받지 않고 주요 사업을 예산에 편성하는 경우 등 지방재정법규정을 위반한 경우와
- 감사결과 법령 조례를 위반하여 과다하게 예산을 집행한 경우등을 대상으로 하고 있다.

이러한 재정페널티에 대한 적용대상 및 범위를 세부적으로 법령에 규정하며 대상단체에 대한 사전예고제 시행 및 소명기회 제공 등으로 자의적인 운영이 되지 않도록 한다는 것이다.

4. 지방재정의 효율화를 위한 제도의 보완

건전한 지방자치의 발전을 위하여는 지방재정의 자율성이 존중되어야 하는만큼 효율성 또한 반드시 지켜져 나가야 할 가치라 할 것이다. 효율성

이 없는 재정은 자체로서도 지속될 수가 없고 이를 바탕으로 한 지방자치도 정착될 수가 없기 때문이라 할 것이다.

그러나 효율성을 확보하는 방안은 지방자치의 건전한 발전에 기여하는 합리적인 대안이라야 할 것이다. 행 · 재정상의 책임의 확보는 대체로 행위당사자의 귀책으로 일차적으로 해결하도록 하고 있으며 이런 취지에서도 재정 패널티제에서와 같이 일반주민에게 책임이 귀착되도록 하는 것은 바람직한 것으로 볼 수 없을 것이다.

따라서 방만하며 비효율적인 지방재정운영에의 대응으로서 재정패널티방식의 접근은 재정통제에 기여할 수 있으나 교부세의 취지에는 부합하지 않으며 따라서 지방교부세에서 대응방안을 찾기 보다는 별도 조성된 자금을 활용하거나 차라리 국고보조금과 같은 재원을 활용하는 방안이 바람직할 것이다. 나아가 부당한 재정지출을 바로 잡기 위하여는 시행이 준비되고 있는 주민 소송제를 적극 활용토록 할 것이다.

✻ 2001. 8

피닉스시의 재정관리

1. 시의 공사부문간 경쟁과정

피닉스시(city of Phoenix)는 아리조나주 소재지로 市인구는 110만이나 시도시권 인구는 210만에 이른다. 아리조나 사막에 위치하며 전자산업과 레저산업을 주로 한 신도시로 따뜻한 태양의 고장(Valley of the Sun)으로 휴양객이 늘어나는 미국 남부지역 도시이다.

피닉스시는 미국 내에서 뿐만 아니라 세계적으로 경영이 잘 이루어지고 있는 시로 인정받고 있다. 이 시가 이러한 인정을 받게 된 이유는 시정을 경영관리의 원리에 따라 운영, 고객만족과 비용절감을 이루어 나간데 있으며 그 중 중요한 방법의 하나가 시의 공사 부문간 경쟁과정(public private competitive process)이라 할 수 있다.

즉, 시의 서비스관련 부서와 사기업은 누가 보다 더 잘 고객에게 서비스를 제공할 수 있느냐의 경쟁을 입찰과정을 통해 하게 되며 이는 1979년이래 시행되어 왔다.

경쟁입찰대상은 쓰레기처리 등 12개 분야에 이르고 있다.

경쟁결과 낙찰건수를 보면 공사간 22:34건이 되고 있다(〈표 3〉 참조).

이로 인한 이득은 고객만족의 증대뿐만 아니라 27백만 달러 이상의 비용절감을 가져오는 등 여러가지로 지적되고 있다. 비용절감의 대부분은 쓰레기 수거와 매립(23.3백만 달러), 화재긴급수송(3백만 달러)등에서 이루어졌다.

피닉스시가 이러한 입찰과정을 도입하게 된 배경은 1970년대 후반의 높은 인플레이션과 자치단체의 수입과 지출제한법제 등을 들 수 있다. 그러

〈표 3〉 경쟁 입찰 서비스 유형, 낙찰부문(1979~1994년)

	시	사기업		시	사기업
구급차서비스	1	0	쓰레기수거	5	7
요금부과징수	0	2	주택관리	1	0
자료입력	1	0	가로수선	2	0
연료배부	1	0	가로청소	2	0
시설유지	1	0	계량기수선	1	0
매립자업	0	1	공선변호	0	1
조경유지	7	23	계	22	34

면서 인구증가에 따른 재정수요는 계속 증대되어 왔기 때문이다. 여기에 사기업들의 비용절감 경영기법이 자극제가 된 것으로 볼 수 있다. 이에 시의 서비스 담당자들은 흔히하던 민영화보다 민간과의 비용경쟁을 통한 비용절감과 서비스개선에 착안하게 되었다.

이로써 고객만족과 효율성이 최대의 선택기준으로 정착되게 되었다. 여기에서 서비스 질의 개선이 수반될 수밖에 없었다.

한 조사에 의하면 고객만족도는 쓰레기 수거의 경우 1989년 7.6(10점 만점)에서 1993년 7.9로 향상되고 앰뷸런스 서비스의 경우도 8.0에서 8.3으로 향상된 것으로 나타났다.

쓰레기 수거비용은 시와 민간기업이 교체해 맡으면서 1979년 가구당 월 4.5달러 수준에서 1983년 3달러 수준으로 낮아지기도 하였다. (1992년에는 3.7달러 수준) 화재시 긴급수송(앰뷸런스 서비스)의 경우 10분내 대응조치가 입찰과정 후 종래(1984년)의 배인 90%를 넘어서고 있다.

경쟁입찰절차는 다른 서비스 구매과정과 같으나 시감사관에 의한 시제안 비용확인 검토와 서비스공급 후의 감사가 추가된다. 이는 엄정한 입찰과 서비스의 질을 보장하기 위한 조치인 것이다.

시에서의 감사관(city auditor)의 역할은 대단히 중요하다. 시장직속기구로 회계검사와 더불어 입찰기준 비용의 타당성을 점검하고 서비스품질을 사후 평가하는 기능까지 맡고 있다. 종래 공공부문은 비능률적이며 민간기업은 생산성에서 정부부문을 앞선다는 관념을 깨뜨리게 하고 있다. 민간부문에 의한 공공서비스의 경영도 침체와 비능률을 가져올 수 있으며 따라서 서비스의 경쟁은 항시 필요한 것이다.

그런데 이러한 경쟁입찰제는 이제 우리나라에서도 지방행정의 경영화를 이룩하는 의미에서 도입방안을 검토해 볼 수 있지 않을까 생각된다. 그러나 객관적인 입찰기준의 설정집행이나 특히 기존 인력의 처리문제 등이 애로가 될 것이다.

자치단체의 서비스 기능이 민간에 이관될 때 담당직원의 인계나 부내 소화가 쉽지 않을 것이기 때문이다. 그러나 이러한 경쟁이 이루어지지 않으면 자치단체 서비스는 스스로든 민간기업에 의하여서든 독점에 따른 폐단으로 비능률이 나타날 수밖에 없을 것이다.

쓰레기 수거의 경우 우리나라에서도 현재 직영방식 민간위탁(위양)방식 혼합방식 등 다양하게 채택되고 있으나 경쟁이 제대로 되지 않고 있는 것이다. 비록 민간위탁방식이 최초에는 낮은 비용으로 이루어진다해도 계속적으로 서비스질의 보증이 어려운 것이다.

따라서 재계약 시에는 관계기관과의 경쟁을 거쳐 요구수준에 맞지 않으면 환원될 수 있는 방법이라도 채택할 수 있을 것이다.

영국에서는 일정 공공서비스에는 의무적으로 경쟁입찰(Competitive Tendering)을 거치게 하고 있지만 우리나라에서는 그렇게까지 할 수는 없다 하더라도 제한된 범위내 자치단체의 선택에 따라 이 제도의 도입을 생각할 수 있을 것이다.

2. 시 예산 · 설명 공개

피닉스시의 95~96년 예산규모는 1,394백만 달러로 전년대비 9.4% 증가하였다. 이중 경상지출이 1,080백만 달러, 자본지출이 131백만 달러, 잔여는 채무비용이다.

세입내역을 보면 市 판매세가 20.3%, 재산세 6.7%, 사업수입 31.6%, 연방지원 8.4%, 州의 교부금 20.1%로 되어 있으며, 세출은 사법지출 4.3%, 상수도 11.1%, 지역사회경비 20.0%, 채무상환 13.1% 등으로 되어 있다.

부서별 집행액을 보면 경찰, 소방, 공원관리, 가로교통부문 순으로 되어 있다.

시세의 종류는 재산세, 판매세, 기타 이용자소비세 등이 주종이다. 재산세(Primary Property Tax)는 경상목적용으로 평가액에 대하여 0.93%로 부과되고 있으며 이 밖에 채무관리 등 비용에 충당되는 재산세(Secondary P. T)가 별도 부과된다. 재산세 부과증가는 주헌법에 따라 연 2%로 제한된다. 지방판매세(Local Sales-Tax)는 13개 분야로 구분되며 광고분야는 시민센터용이나 잔여는 일반목적재원이 되고 있다. 세율은 0.5%~3.3%이며 전년대비 10% 늘어나고 있다.

1993년부터 새로 0.1%씩 부가되는 301조 판매세는 경찰업무용으로 재원이 한정되고 있다.

그밖에 이용자세(User Tax), 면허세, 자원이용세(Utility Sales Tax) 등이 있다.

주가 시에 나누어주는 세수로는 주판매세, 주소득세, 자동차면허세가 있다. 주판매세수의 40%는 주기금과 카운티, 시 등으로 배분되는데 시에 배분되는 25%는 시인구수에 따라 배분된다. 이중 피닉스시는 34.5%를 받게 되는데 95년도 수입은 78백만 달러가 되고 있다.

주소득세 교부는 개인과 법인소득세의 15%를 시 인구비율에 따라 나누어 교부받는 것이다. 이 세수 중 피닉스시는 34.5%(75백만 달러)를 배분받고 있다.

자동차 면허세수는 주의 도로기금에 31.5%가 배분되고 잔여분 중 20%는 주의 일반재원으로, 25%는 카운티 일반재원으로, 25%는 주의 교육재원으로, 25%는 시로 배분되고 있다.

이밖에 특정목적에 사용되는 연방과 주의 경상보조재원이 있다. 이는 주로 저소득층 주택 및 도시개발수요에 충당되는 특정재원이다. 그밖에 사회복지 지원사업, 범죄예방, 대중교통을 위한 보조도 있다.

이상에서 시재정을 간단히 살펴보았으나 요는 이러한 세입세출의 내용보다 시예산 설명이 세입은 물론 세출분야별로 자세히 쉽게 되고 있다는 것이다. 사업계획(program)마다 목표와 예산배정에 대한 설명을 하고 있는 점이 특이하다. 시민의 이해와 참여를 얻고자 하는 실제적인 노력이라 할 것이다.

최근 「Financial world」지에서 피닉스시는 재정관리와 업적평가 그리고 예산설명 분야에서 최우수로 평가받았으며 미국, 캐나다 재무공무원협회에서도 가장 우수한 예산설명상을 받은 바 있다. 이러한 뛰어난 시정운영은 시지배인(F. Fairbanks)의 탁월한 능력에 힘입은 바가 큰 것으로 보인다.

우리나라에서도 본격적인 자치시대를 맞아 자치단체예산의 공개를 의무화하고 있다. 그러나 예산서의 내용이 주민이 이해하고 편성과 집행의 평가에 참여할 수 있을 정도가 되어야만 주민자치는 그 책임을 다하게 될 것이다.

3. 시의 조직 구성

피닉스시는 자치단체기관 구성형태에 있어 미국의 많은 중소도시가 택하고 있는 시의회-지배인 형태를 채용하고 있다.

시의회(Council)는 지구단위로 선출되는 8명의 의원과 전 시에서 선출되는 시장으로 구성되며 시의 입법 및 정책결정을 하게 된다. 시정의 관리집행업무는 의회에서 선정하는 지배인에 맡겨진다. 지배인은 경영의 전문

인사로 의회에 책임을 지고 시정관리에 최선을 다하게 된다.

이러한 시의회-지배인 형태가 시정의 경영화를 촉진할 수 있게 된 것으로 보인다. 우리나라는 자치기관 형성이 일률적으로 시장-의회제로 되어 있어 이러한 체계와는 거리가 있다. 그러나 중소자치단체에서의 기관구성 형태나 시정관리를 책임지는 경영인의 선정, 시민 통제위주의 예산체계 등 자치제도와 운영은 우리에게도 적지 않는 참고가 될 것으로 보인다.

✽〈자치단체국제교류〉 1996. 1 · 2

II

인터넷 지방자치 상담

한국의 지방자치제도와 운영에 관하여 일반시민과 학생들의 이해를 높이고자 on-line상에 상담코너를 운영해왔다. www.jachi.co.kr 계시판을 통해 이루어진 지방행정 · 재정 · 개발 등 분야에서의 상담사례 중 일부를 소개한다.

한일지방(재정)분권비교

▷ 한국과 일본에서의 분권을 간단히 비교 바랍니다.

한국과 일본에서는 다같이 지방자치제도가 도입 · 시행되고 있다.

일본은 한국보다 앞서 지방분권이 시행되어 왔으며 양국간에는 제도상 유사점이 많은 것도 사실이나 차이점 또한 적지 않음을 알게 된다.

2003년 10월 1일 개최된 "지방분권의 추진과 과제"를 주제로 한 지방분권 세미나(일본자치체국제화협회 주최)에서도 이러한 사정은 잘 나타나고 있다.

우선 지방정부의 역할에 있어 일본의 경우 국가 대 지방의 세출규모는 37 : 63의 비율로 지방정부의 기능이 더 크며 특히 국토개발(28:72) 상공업무(29:71)등에서 두드러진다. 경찰과 소방분야는 20:80이며 학교 교육분야는 86:14로 지방의 역할이 월등한 편이다. 중앙의 지방에 대한 이전재원을 합치면 지방의 세출규모가 국가재정규모를 앞서게되는 것이다.

세원의 배분 상황을 보더라도 국가 대 지방은 58:42로 지방의 비율이 적지 않으며 선진국 중 크게 앞서고 있는 실정이다(영국 95:5, 프랑스 84:16, 독일 50:50등). 한국에서의 국가와 지방간 세원배분이 대체로 80:20인 점과 비교해볼 때 일본의 지방재정규모나 역할이 월등히 높다는 것을 알게된다. 뿐만 아니라 세수구조면에서도 지방세수는 소득과세(예: 주민세)와 소비과세(지방소비세)에서 국세와 세원을 나누어 가지고 있는 것이다.

그럼에도 불구하고 일본에서는 지방분권의 다음 과제로는 지방재정의 자주성 확보가 되고 있다. 이는 자기결정, 자기책임의 원칙이 지방자치의 기본이기 때문이라 할 수 있다.

국가의 세원을 추가로 지방에 이양하되 국가재정의 부담을 고려하여 국고보조를 대폭 정리하면서 이에 상응한 재원을 지방에 이전하려는 것이다. 이는 세원이양과 국고보조 지방교부세를 상호연계 해결하려는 이른바 3위 1체의 개혁이 되고 있는 것이다.

이러한 개혁에도 저항은 수반되기 마련이며 우선 국고보조의 삭감에서부터 각 성 · 청의 반발에 부딪치고 있는 것이다. 앞으로 3년간 4조엔의 국고보조 삭감목표와 이에 상응한 세원이양이 이미 각의 결정에 의한 방침으로 제시되어 있어 이 정도는 달성될 수 있을 것으로 보이나 난관이 적지 않을 것 같다.

한국에서도 재정분권을 비롯한 지방분권분야에서 획기적인 변혁이 시도되고 있으며 이 분야에서 로드맵이 야심찬 목표와 과제를 제시하고 있다. 그러나 지방의 역할에서 학교교육과 경찰업무가 거의 배제되고 있는 현실에서 볼 때 이 분야에서의 개혁이 우선 이루어져야 할 것으로 생각된다.

지방자치의 성공요인

▷ 안녕하세요 지방자치단체에 대해서 조사하는데요. 우리의 지방자치가 성공하려면 어떠한 요인이 필요한가요?

지방자치의 성공요인은 여러 시각에서 볼 수 있겠습니다만 몇 가지 주요요인을 든다면,

1) 주민의 자치의식이 성숙되어야 할 것입니다. 지방선거에서 지역대표자(단체장이나 지방의회의원)를 잘 선출하고 이들이 올바로 일을 해나갈 수 있도록 적극적으로 참여 활동을 해나가야 할 것입니다.
2) 지방자치의 틀로서 지방제도가 합리적으로 마련되어야 할 것입니다. 자치사무의 범위나 재원이 적정하게 지방에 배분되고 보장되어야 하며 중앙의 관여는 최소화되어야 할 것입니다.
3) 자치기반으로서 지역에서 자치를 지탱할 수 있는 수준으로 지역경제가 활성화되어 나가야 할 것입니다. 참고하기 바랍니다.

신공공관리의 적용

▷ 신공공관리가 적용된 예(사회적측면에서…)는?

신공공관리(new public management)란 공공서비스분야를 민간시장에 개방하여 시장 경영원리와 기법을 도입, 행정자원의 한계를 경제사회자원의 효율적인 활용으로 보완하려는 것이라 할 수 있다. 최근 선진 여

러 나라에서의 행정개혁은 이러한 원리에 입각하고 있는 경우가 적지 않다.

신공공관리는 행정분야에 철저한 성과주의의 도입과 고객만족지향의 도입이 특징이며 서비스를 공급자인 관청의 입장이 아닌 고객인 시민의 입장으로 전환, 제공하는 것이라 볼 수도 있다.

실제 행정관리 분야에의 도입사례로는 성과급여제의 도입, 성과중심의 행정평가 실시, 행정서비스에 대한 시민만족도의 조사 활용, 독립행정법인의 설립운용, 공회계제도의 개선 및 설명책임의 이행 등을 들 수 있을 것입니다. 참고하기 바랍니다.

자치단체의 파산에 대해

▷ 학교에서 발표주제가 〈자치단체의 파산〉입니다. 이와 관련하여 알고 싶어요. 혹시 자료가 있는 곳이라도~~알려주세요^^

자치단체도 채무가 과다하게 되면 파산에 이를 수 있으며 이는 특히 미국의 자치단체들에서 사례를 볼 수가 있는 것 같습니다..

파산관련 연방법이 있으며 오렌지 카운티의 경우 여기에 해당되어 널리 알려지기도 하였습니다.

한국에서는 기채에 대한 중앙통제(허가)가 엄격하여 이런 수준에 이르는 단체는 없는 것으로 압니다. 행자부에서 매년 자치단체 재정진단을 실시 대비를 하고 있기도 합니다.

자료는 지방재정 저서를 보시기 바라고 전문 연구서도 참고 바랍니다.

〈예: 한국지방행정연구원, 미국 도시재정위기의 발생과 대응사례,1997.〉

재정자립도의 수준

▷ 재정자립도를 지역경제역량 정도로 이해하고 있는데요. 재정자립도가 얼마정도 되어야 완전한 자치가 이루어 질 수 있는건가요?

재정자립도는 자치단체가 소요재원을 자체적으로 조달할 수 있는 비율을 말하며 이는 지역경제력의 정도에 비례한다고 볼 수 있겠습니다. 구체적으로는 자치단체 일반회계 예산중 지방세수와 세외수입의 비율로 표시됩니다.

재정자립도가 얼마정도가 되어야 완전한 자치가 될 수 있는가에 관하여는 정설이 있는 것도 아니며 이론상 100%가 되어야 한다고도 볼 수 있겠으나 실제 이러한 단체는 없을 것입니다.

우리나라 자치단체의 재정자립도의 분포 현황을 보면(2003년 예산) 평균자립도는 56.2%이나 자립도가 50%이상 되는 단체는 46단체에 불과 하지만 한편 90%이상 되는 단체도 있는 실정입니다.(서울 ,과천시 등)

바람직한 자치를 위해서는 현재보다 자립도가 높아야할 것은 당연할 것이나 자치단체간 격차가 완화되는 것이 무엇보다 바람직할 것입니다.

그러나 현실적인 지역경제력의 격차를 감안할 때 이는 어려운 과제이며 따라서 지방재정력의 수준이나 비교는 자체 조달재원(지방세와 세외수입)에다 지방교부세를 포함한 일반재원의 비율로 보아야한다는 주장이 설득력있게 제기되고 있는 것입니다. 그럼에도 불구하고 재정자립도는 주민이 스스로 결정하고 책임을 진다는 지방자치의 취지에서 볼 때 여전히 중요한 지표가 될 수 있을 것입니다.

주민의 권리와 의무에 대하여

▷ 지방자치시대의 주민의 권리와 의무에 대해 알고 싶습니다.

주민은 지방자치의 구성요소이며 자치행정의 주체이자 행정서비스의 대상이기도 하다.

이에 주민은 지방자치단체에서 다음과 같은 권리와 의무를 가지게 된다.

〈주민의 권리〉

▶ 주민은 소속자치단체의 재산과 도로, 상하수도, 병원 등 자치단체가 설치한 공공시설을 이용할 권리를 가지며(수익권)

▶ 자치단체에서의 선거에 참여, 투표할 수 있는 선거권과 공직(단체장이나 지방의원)에 선출될 수 있는 피선거권을 가진다. 여기에는 법령이 정하는 연령기준이나 요건 등이 충족되어야 한다.

아울러 주민은 직접청구의 방식으로 조례의 제안이나 감사의 청구 등을 할 수 있다. (참정권)

주민투표나 주민소환도 거론되고 있으나 아직 실현되지 않고 있다.

〈주민의 의무〉

▶ 자치단체의 운영에 소요되는 비용을 분담할 의무를 지게 된다. 즉 법

령이나 조례 등이 정하는 기준에 따른 지방세나 사용료 등을 납부할 의무가 있는 것이다.

▶ 주민은 법령과 조례, 규칙 등을 준수할 의무를 또한 지게된다.

보다 자세한 사항은 지방자치행정론 등 전문 저서를 참고하기 바랍니다.

기능배분의 원칙과 기준

▷ 지방자치론을 배우는 학생인데요. 기능배분의 원칙과 기준, 재원배분, 인적배분에 대해서 자료 부탁드립니다

국가와 지방간의 기능(사무)배분의 원칙으로는,

▶ 주민과 가까운 기초단체에 사무가 우선 배분되어야 한다는 현지성의 원칙(기초단체우선의 원칙)

▶ 자치단체에서 종합적으로 사무가 처리될 수 있도록 하여야 한다는 종합성의 원칙

▶ 자치단체 계층간 책임이 명확하도록 하여야 한다는 책임성의 원칙 등을 들 수 있으며, 국가와 자치단체간, 광역단체와 기초단체간 구체적인 사무배분의 기준은 지방자치법(제9조,제10조)에 규정되어 있습니다.

재원배분에 관하여는 사무배분의 정도와 기준에 따라 배분됨이 원칙이겠으며 실제 지방재정수요를 감안하고 지역별 세수의 균형을 고려하여 지방세목을 설정함으로써 세원배분이 먼저 이루어지고 다음에 재원보전과 재정조정을 위한 재원이 주어지게 되는 것입니다.

자세한 내용은 「지방자치론」, 「지방자치행정론」 등 전문저서를 참고하

기 바랍니다.

주민감사청구제

▷ 주민감사청구제가 한국, 일본 외에 다른 나라에도 있는지 알고 싶습니다. 최근 송파구 주민감사청구와 관련해서 관심을 갖게 되었습니다.

주민감사청구제는 일본에서 시행, 발전된 제도로 우리나라에서는 이를 실정에 맞게 조정하여(청구서명자 수, 제출감사기관 등) 도입한 것으로 알고 있습니다.

일본에서 현재 시행되고 있는 감사청구제는 직접청구로서의 사무감사청구와 주민소송의 전제로서 주민 1인이라도 제출할 수 있는 주민 감사 청구 두 가지이며 이 중 사무감사청구제는 도입되었으나 주민감사청구를 거쳐야 하는 주민소송은 아직 도입되고 있지 않은 실정입니다.(2006년부터 도입)

주민소송은 미국 등 선진자치제에서는 주민발안, 주민투표 등과 더불어 널리 시행되고 있다고 합니다.

지방선거와 정당참여

▷ 아무리 찾아보아도 제가 찾고자 하는 자료가 없네요. "쓰레기 치우는 일인데 여기에 무슨 한나라당이나 새천년 방식이 있을 수 있는가"

지방선거에 정당의 참여가 바람직한지, 정당을 배제하는 것이 바람직한지에 대하여는 각기 논거나 사유를 들 수 있을 것입니다.

쓰레기 수거방식에 있어 정당에 따른 차별이 있을수 없을 것이란 주장은 일응 사례로서는 타당하겠으나, 환경정책의 중요도에 대한 견해의 차이나 기타 다른 업무분야에서도 정당에 따라 시각의 차이는 있을 수 있을 것입니다.

정당 참여론의 주장에는 지방정당의 활성화와 지방행정의 민주화에 보다 비중을 두고 있음을 볼 수 있습니다.

그러나 생활행정이라 할 수 있는 지방행정에 당파별 대립이나 중앙정치에 의한 오염의 심화등 정당참여의 폐해 또한 적지 않아 오히려 정당 배제론이 힘을 얻고 있기도 합니다.

이 문제는 각기 장단점이 있어 각자의 소견에 따라 견해를 달리 할 수밖에 없을 것입니다.

현 제도상으로는 기초의회의원 선거에서는 정당공천이 배제되고 있으며, 기타 지방의원이나 단체장선거에서는 정당공천이 허용되고 있으나 이는 일관성있는 조치로 볼 수 없으며 따라서 이의 개정이 논의되고 있는 실정입니다.(2005. 6. 30. 제도 개정에서 다수의 반대의견에도 불구 기초의원선거에도 정당공천제가 도입됨)

지역간의 갈등을 극복할 수 있는 방안

▷ 지방자치제도에서 지역간의 갈등을 극복할 수 있는 방법을 알고 싶은데, 조금이라도 좋으니 부탁드립니다.^

지역갈등의 극복을 위해서는 우선 갈등의 원인이라 할 수 있는 지역간 격차를 해소하며 지역간 협력이 가능한 균형있는 발전책이 강구되어야 할 것입니다.

구체적으로 갈등은 공해를 유발하거나 혐오시설의 입지에서 오거나 상하유역간 개발과 보전에 따른 이해의 차이에서 오는 경우가 많은데 이런 경우 -상호 대화와 협조로 이해의 폭을 넓혀가며 수혜지역의 부담으로 피해 지역에 대한 보상을 강구하는 방안이 있을 것입니다.

▶ 쓰레기나 하수처리의 경우에는 이웃 단체간 협약에 의거 공동으로 처리하거나 각기 지역안에서 처리하는 방안도 갈등을 줄이는 방안일것입니다.

▶ 자치시대를 맞아 늘어나는 지역이기주의를 상호 이해와 협력으로 해결해 나가도록 건전한 자치의식을 길러 나가는 것이 무엇보다 중요하리라 봅니다.

지방자치단체장에 대한 통제방안

▷ 학교 숙제인데여~ 인터넷에 있는 걸로 잘 이해가 되지 않아서^^;

지방단체장에 대한 통제는 중앙정부에서 하게되는 통제로(중앙통제) 단체장의 사무처리에 대한 승인, 위법부당한 사무에 대한 취소정지, 감사등 여러가지 방안이 있으며 주민에 의한 통제로 (주민통제) 선거에 의한 단체장의 선출외에 주민에의한 직접청구(조례제안청구,감사청구) 등이 있으나 주민소환제도의 도입이나 지방의회에 의한 단체장의 불신임제는 아직 채택되지 않고 있습니다.

최근 단체장에 대한 통제를 강화하기 위해 주민소환제의 도입과 주민의 청구에 의한 징계제 등의 도입이 신중히 검토되고 있는 실정입니다.

중앙정부와 지방정부의 갈등

▷ 지방자치란 과목을 듣게 되었는데여. 리포트쓰는게 중앙정부와 지방정부의 갈등입니다. 개선되어야 될점이나 현제도에서 잘못된점. 가르켜주세요.

중앙정부와 지방자치단체(정부)는 시책추진이나 구체적인 사업의 추진과정에서 갈등을 겪는 경우가 있게 됩니다. 중앙과 지방은 상호 의존성이 높으면서도 상호 이익이나 견해의 차이 또한 적지 않기 때문이라 할 수 있습니다.

특히 우리나라에서는 민선단체장의 출범과 더불어 갈등 양상이 커진 바 있으며 이는 중앙에서의 통제의 필요성과 지방에서의 자율성의 신장 요구간의 마찰이라 볼 수 있겠습니다.

이러한 갈등의 사례를 찾아보고 원인과 문제점을 살펴보며 그 해결과정과 앞으로의 개선방안을 생각해 볼 수 있을 것입니다.

그동안 있었던 사례를 보면

▶ 지방의 권한이양 요구에 중앙은 이를 계속 미루어 온 사례가 적지 않았고 특히 국토계획과 개발, 환경보존과 관리분야에서 견해의 상충이 많았으며,

▶ 지방의 재원 추가이양 요구에도 중앙은 지방예산에서의 낭비가 더 문제로 보였고 따라서 중앙의 지방예산편성지침시달과 지방에서의 적용에 마찰이 있어왔으며,

▶ 국가의 주요 국책적인 개발사업(원자력발전, 국제공항관련사업)등에서도 지방의 이의 제기나 협조 부진으로 문제가 된 사례도 있었습니다.

자치입법권의 범위

▷ 지방행정론 수업을 듣는데요. 자치입법권의 문제점과 개선방향으로 레포트를 제출해야 합니다. 책마다 짤막하게 조례나 규칙의 제약사항만을 서술해 놓았을 뿐 자세한 자료가 없더군요.

자치입법권의 핵심은 조례의 제정권이라 할수있으며 이에대한 제약들은 바로 자치입법권에서의 문제점인 동시에 개선사항이라 할수 있을 것입니다.

현재 조례의 제정에 대한 제약의 예를 들어보면,

▶ 조례는 법령의 범위내에서 제정하도록 되었으나 이는 법령에 위반되지 않는 범위로 이해되고 있습니다만 주민의 권리의무에 관한 사항은 법률의 위임이 있어야 조례제정이 가능하고 또한 벌칙을 규정할 때에도 법률의 위임이 있도록 되어있으나 이는 지나친 제약으로 지적되고 있습니다.

따라서 일정 범위내에서는 주민에 대한 규제적인 조례의 제정도 가능하여야 하고 벌칙 또한 조례의 이행에 필요한 범위에서 규정이 가능하도록 되어야 할것입니다.

이와관련된 사건이나 판례도 많이 나와 있어 정리해볼 필요도 있을 것입니다.

그러나 조례제정의 실제를 보면 자치단체에 재량이 주어져 있더라도 제대로 활용되지 못하는 경우도 있어(지방세에서의 초과세율이나 국가의 환경기준보다 강화된 기준등) 자치입법권의 활성화를 위해서는 입법담당자들의 상당한 노력이 있어야 하리라 봅니다.

외국의 경우를 보면 연방제인 독일의 경우 조례의 범위가 넓기는 하나 역시 이러한 원칙이 적용되고 있으며 일본의 경우에는 행정사무에관해 규제적인 조례가 가능하고 특히 일정한 범위에서 벌칙의 규정도 가능한것으로 알고 있습니다.

이와 관련된 자료는 지방자치행정론등 전문저서에서 찾아보는것이 좋겠습니다.

전문잡지의 특집도 참고가 되겠습니다.

〈예: 자치 입법권에대한 논의 , "자치의정" 지방의회발전연구원, 1998년 9.10호〉

신중앙집권화와 광역행정

▷ 광역행정과 신중앙집권화의 정확한 의미와 필요성 등을 알고 싶습니다.
자세한 설명 부탁드립니다.^^

광역행정은 자치단체의 구역을 넘어서는 광역적인 수요에 대응한 행정으로 이를 위한 광역행정조직(단체)가 설립되기도 하나 자치단체간의 협력을 통해 대개 해결하고 있습니다.

협력방식으로는 우리나라에서는(지방자치법상) 자치단체간 행정협의회, 자치단체조합의 설립 운영 등 방식이 있습니다. 외국의 경우를 보면 광역행정청이나 특별구가 설치 운영되기도 합니다.

현대 민주국가에서는 중앙집권에 따른 획일적이며 통제적인 행정에서 벗어나 지역실정에 맞는 자율적인 지방행정운영이 될 수 있도록 지방분권(지방자치)이 이루어지게 됩니다만 지방분권 역시 단점인 비능률이나 낭비를 가져오는 경우가 있게 되어 이를 시정하기 위해서는 다시금 중앙으로의 권한 집중이 이루어지는 경우를 보게되는데 이를 신중앙집권이라 부르게 됩니다. 지방에 이양되었던 사무가 다시 중앙으로 회수되고 통제도 강화되는 현상으로 선진국(영국 등)에서도 있어 왔으며 최근 우리나라의 경우에도 이런 경우를 볼 수 있습니다.(건축, 환경 관련업무 등) 도시화 문제나 환경관리 등 새로운 수요에 대응해 나가기위해 현대 행정에서는 광역행정이나 신중앙집권화의 경향이 늘어나고 있다고 하겠습니다.

자세한 사항은 「지방자치(행정)론」이나 「지방자치의 이해」 등 저서를 보아야 할것입니다.

일본 단체장 연임자료

▷ 일본의 지방자치 중에서 지방자치단체장이 초선인 경우와, 재선, 3선(또는 그 이상)인 경우 자치단체의 발전에 기여하는 정도가 나와있는 자료가 있으면 알려주세요.

단체장의 연임제한에 관해 우리나라에서는 3기 연임으로 제한이 제도화되었으나 일본에서는 제한의 방법에 관한 검토가 있을 뿐 아직 실현을 보지 못하고 있습니다

일본의 최근 "지방분권추진계획"(1998.5)에는 지방공공단체의 행정체제의 정비 확립을 위해 단체장의 다선 제한을 폭넓게 검토 연구하기로 되어 있음을 볼 수 있습니다.

따라서 이와 관련된 자료는 분권관련 자료에서 찾아 볼 수 있지 않을까 생각됩니다.

일본에서는 4회이상 연속 취임 시장 · 구청장이 전체의 15%이며 최장 8회 연속취임시장도 있으나 이러한 장기 재임에는 장단점이 있는 것이며 따라서 신중한 검토 연구가 필요한 사안으로 보고 있는 것 같습니다.

지방의회 폐지 논란

▷ 요즘들어 지방의회가 폐지되야 한다는 의견이 많은 것 같습니다. 왜냐면 의원들의 무분별한 해외여행과 자질 부족으로 더이상 지방의회가 있어야 할 의무를 저버렸다는 말을 많이 하고 있는데여 지방의회가 존재해야 할 이유가 있다면?

지방의회는 지방자치단체의 의사기관으로 주민을 대표하는 지위를 가지며 주민자치를 통해 민주주의를 실현하는 필수적인 기관으로 이해되어

야 할 것입니다.

주민이 선출하는 지방의원으로 구성되는 지방의회는 자치입법을 하는 입법기관으로서, 단체의 장 등 집행부를 감시하는 감시기구로서 그 기능과 역할은 참으로 중요하며 지방자치를 수행함에 있어서는 필수적인 기구라 할 것입니다.

우리나라에서 현재 지방의회의 운영 상항을 보면 예산심의 등 역할은 미흡하면서 경비를 남용하는 사례가 적지아니 나타나 실망을 주고 있기도 하나 지방의원 스스로의 결의와 주민참여와 감시로 이를 시정해나가되 지방의원 수를 줄이며 의원의 전문성을 높이고 지방의회의 기능을 보다 충실히 하는 등 제도개선도 서둘러야 하리라 봅니다.

외국의 경우에 흔히 볼 수 있는 통합형 기관구성 형태에서는 지방의회가 집행기능도 하게 됨에 따라 그 지위와 역할이 달라지기도 하며 또한 대도시 자치구의 경우 지위와 역할을 조정하면서 광역의회와의 겸직 방안 등 여러 대안이 나올 수는 있겠으나, 우리나라 헌법에서는 지방의회를 두게 되어 있으며 이런 여러 점들을 감안하여 개선방안이 마련되어야 하리라 봅니다.

우리나라 지방자치의 현실과 문제점

▷ 우리나라의 지방자치현실과 문제점 그리고 앞으로 나아가야 할 방안을 제시해주셨으면 합니다

우리나라의 지방자치는 길지 않는 역사에도 불구하고 지방행정의 민주

화에 크게 기여하고 있으며 주민의사의 수렴에 따른 다양한 서비스의 제공과 개성있는 지역발전을 이끌어 가고 있다고 하겠습니다.

그러나 이러한 성과에도 불구하고 적지 않는 문제점들이 또한 제기되고 있는바,

▶ 지방선거에서의 불법 혼탁 양상이 심화되고 있으며,

▶ 선심성 행사나 비효율적인 투자 등 재정낭비요인이 크게 지적되고 있고

▶ 지역이기주의에 따른 단체간 분쟁이나 단체내의 기관간 갈등도 커지고 있는 것 같습니다.

이에 대응하여 최근 자치단체장에 대한 통제를 주로 강화하려는 움직임도(주민소환제의 도입 등) 있으며 이로인한 지방에서의 반발이 보여지기도 합니다.

근본적으로 지방자치의 발전을 위해서는 무엇보다 주민의 자치의식이 성숙되어야 하며 이를 위해서는 지방자치에 대한 이해를 높이고 주민의 참여와 통제가 보다 적극적으로 이루어지도록 할것입니다.

또한 우리 실정에 맞는 지방자치제도로의 보완이 계속되어야 할것입니다.(본 사이트 "한국의 지방자치 - 지방자치제도"에서의 당면현안과제 참조)

지방정부의 생산성 향상방안에 대해

▷ 지방 정부의 생산성 향상방안에 대한 자료가 매우 급합니다. 관리자님께 부탁드리겠습니다.

일반적으로 공공부문에서의 생산성 향상은 조직정비나 인력감축 등 구

조개혁이나 규제완화나 예산절감 등 다양한 방법으로 경비는 줄이면서 서비스의 질은 보다 높여 나가게 될 것입니다.

그 중에서도 지방정부는 우선 규모의 적정화와 계층의 간소화가 이루어져야 할 것입니다.

특히 최근에는 정부부문에 기업에서의 경영기법의 도입이 활발하여지고 있으며 민간화의 촉진으로 효율적인 서비스를 공급하고 있음을 보게 됩니다.

나아가 전자정부의 구현으로 주민의 편익을 높여가고 있는 실정이라 할 것입니다.

또한 생산성 향상을 확인하기 위하여는 무엇보다 행정성과의 측정과 평가가 중요한 과제가 된다고 하겠습니다.

이와 관련해서는 지방행정연구원이나 한국개발연구원의 관련연구결과나 작은 정부의 필요성과 관련된 논단 등도 참고 자료가 되겠습니다. "엠파스" 검색도 활용해 보기바랍니다..

실정에 알맞은 지방자치단체의 기관 구성형태

▷ 제주도는 기관통합형, 기관분리형, 절충형 이 세가지 중에 어떤 유형을 취하는게 가장 알맞을 까요? 제주도만의 갖고 있는 특성과 처한 상황, 여건에 따라 어떤 기관 형태가 가장 적합할지.

지방행정이란 면에서 제주의 특성을 본다면 멀리 떨어진 도서로서 제주도는 인구나 시 · 군(읍 · 면) 수가 작으면서도 전국적인 계층구조를 그대로 가지는 것이라 할 수 있겠습니다. 또한 자치단체는 주민에 대한 기본서비스를 하면서 특성있는 지역개발을 주도해 나가야할 여건에 있다 하겠습니다.

이러한 특성을 단체의 기관구성과 연관시켜 발전방안을 생각해 본다면 자치단체마다 현행대로 집행부와 분리된 소수의 지방의회의원을 유지하고 상호견제를 하기보다는 기관의 통합형태나 절충형태를 가지는 것이 더 바람직하지 않을까 생각이 되기도 합니다.

그간의 운영경험에서 보아 기관 대립형은 협조보다는 갈등을 유발하고 이의 조화있는 해결을 어렵게 한다는 점에서 특히 기초단체의 경우 이러한 방향으로의 개편의 필요성이 더할 것입니다.

그러나 이러한 시도는 관련(우리 헌법과도 연관되는)법제의 개편이 수반되어야 할 사안이라 쉽게 시도하기가 어려울 것으로 보여집니다. 따라서 우선 충분한 연구가 선행되어야 할 것입니다.

서울특별시의 자치제도상의 의의

▷ 서울특별시가 갖는 지방자치제도상의 의의가 무엇인가요?

서울특별시는 자치구를 포괄하는 광역자치단체이나 우리나라의 수도로서 또한 대도시로서의 특성에 따라 다른 광역단체(광역시 도)와는 다른 자치제도상의 특별한 지위를 가져 왔습니다

1947년 특별시가 된 서울시는 당시나 그 후 제정된 지방자치법(1949,7)에서는 다른 광역단체와 같은 지위를 가지게 되었으나 5.16 이후 제정된 '서울특별시에관한특별조치법' 에 따라 다른 광역단체보다는 격상된 지위

를 가지며(국무총리소속) 특별시장의 권한도 크게 확대된바 있습니다.

이러한 특별한 지위와 관련된 특별법은 1991년 지방의회가 부활되면서 폐지되었고 현재는 다른 광역단체와 같은 지위에다 행정상 약간의 특례만 인정되고 있는 실정입니다.〈서울특별시의행정특례에관한법률(1991.5 참조)〉.

이러한 특별시제도가 가지는 자치제도상의 의의를 본다면

▶ 수도로서 대도시로서의 특성에 부응하여 서울시 행정의 자율성과 능율성을 높일 수 있다는 장점이 있으나,

▶ 자치제도상 예외조항을 두는 문제와 자치단체간 차별성을 두면서도 그 효과는 별로 없다는 문제점등이 지적되고 있는 실정이라 할것입니다.

서울시의 지위나 특례에 관한 일부 재검토의 필요성에도 불구하고 그러나 아직은 뚜렷한 방향이 나오지 않고 있는 것 같습니다.

관련 자료로는 지방자치론(학)등 전문저서를 보아 주기 바라며 서울시정개발연구원의 "수도서울의 위상정립, 1993" 연구서도 참고가 되겠습니다.

우리나라 지방자치단체의 계층구조

▷ 행정학을 공부하고 있는 학생입니다. 우리나라 지방자치단체의 계층구조의 현황과 문제점 및 개선방안을 알고 싶습니다

우리나라는 도시나 농촌지역 모두 광역단체(광역시 도)와 기초단체(시 군자치구)의 2 층제로 자치계층이 구성되어 있습니다.

그밖에 기초단체 산하에 읍 · 면 · 동 - 리가 있어 행정계층으로는 3- 4

계층이 되고 있습니다.

계층구조와 관련하여

▶ 도시기능의 유기적인 수행을 어렵게 할 우려가 있는 대도시내 자치구 등 2층제 자치구조를 유지할 필요가 있는지,

▶ 읍 · 면 · 동 등을 포함하여 경비와 시간이 크게 소요되는 3 –4의 행정 계층을 유지할 필요가 있는가,

▶ 광역단체와 기초단체의 현행 구역 규모는 적정하며 균형은 유지하고 있는가 등 관점에서 문제점 등이 제기되고 있습니다.,

그 개선방향으로 대도시내 자치구를 특별자치단체로 하거나, 읍 · 면 · 동의 기능을 전환 또는 폐지 행정계층을 감축하거나 자치단체의 구역을 균형 있게 조정하는 방안 등이 논의되어 오고 있습니다.

이들은 모두 지방행정 전체에 미치는 영향이 크기에 신중한 대응이 요구된다고 하겠습니다.

영국의 주민자치제도

▷ 영국의 주민자치제도에 대해 상세한 설명을 알고 싶습니다. 일단 미국형 주민자치제도와 비슷한 점도 많지만 차이점도 있다는것은 알고 있는데요.

영국과 미국은 다 같이 주민자치를 기반으로 지방자치가 발전되어 온 나라로 공통점도 많으나 다른 점 또한 적지 않은 것으로 알고 있습니다.

영국은 특히 지방의회를 중심으로 자치단체의 운영을 하고 있으며 계층구조도 2층제로 되어 있었습니다.(최근 단층 또는 2 층제로 개편) 지방세

수도 레이트 단일세원으로 세수비중이 그리 높지 않은 편이라 하겠습니다. 그러나 지방자치 행재정운영에서 효율성을 높이기 위한 중앙정부의 제도적인 관여나 개혁 노력이 크게 늘어 나고 있음을 볼 수가 있겠습니다. 자세한 내용은 영국 지방자치에 관한 전문저서를 참고하기 바랍니다. 본 홈페이지 외국의 지방자치(영국)도 참고가 되었으면 합니다.

지방교부세 자료

▷ 경제학과 2학년인데요, 지방교부세에 관해서 리포트를 써야 하는데, 어떻게 해야 될지 모르겠네요. 그래서 자료좀 부탁드립니다.

지방교부세는 자치단체의 재정을 균형있게 보전하기 위한 지방재정조정제도로 운영되고 있습니다.

이러한 교부세 제도의 성격과 발전연혁을 간단히 살펴보고 지방교부세의 재원, 배분방법, 당면개선과제 등을 살펴볼 수 있겠습니다.

▶ 지방교부세의 재원은 내국세의 15%(종전 13.27%이었으나 그전에는 법정율이 아니고 예산으로 정하여 교부함)로 법정화되어 있고(2005년에는 내국세의 19.13%가 되고 있고 그밖에 종합부동산세 교부금제가 운영되고 있음.),

▶ 이 재원의 단체간 배분은 기준재정수요액과 기준재정수입액을 측정항목과 단위비용에 따라 산정하고, 그 차액인 부족액에 대하여 비례교부되고 있으며 분권 교부세는 종전 국고보조사업의 이양과 연관 교부되고 있음.

▶ 보통교부금 외에 교부세액(분권교부금 제외)의 4/100 은 특별교부금으로 운영되고 있습니다.(2005년)

당면한 과제는 지방교부세의 배분에 있어 보다 합리적인 방식에 의한 수요측정과 특히 각종 재정인센티브제의 확대 적용문제가 있고, 그리고 교부세재원 비율의 추가 인상 등이 과제라 할 수 있습니다.

이와 관련된 자료는 지방자치론, 지방재정론 등 저서에 담겨져 있으며 본 홈페이지에서도 약간의 설명과 자료가 있으니 참고 바랍니다.

- 지방재정자료 - 의존수입/재정통계자료
- 지방재정동향 - 지방 교부세 개정 방향

지역경제 활성화 방안

▷ 지방재정에 관한 자료가 필요합니다. 주제는 "지역경제개발을 위한 지방재정 운용"입니다.

지방자치시대 지방재정 운용의 방향은 지역경제발전과 주민생활의 질의 향상에 두어질 것입니다.

지역경제 활성화를 위해서는

▶ 지방재정의 기반(지방세수 등)이 우선 확충되어야 하겠고,

▶ 지방재정 지출이 투융자 등 생산성 향상에 기여할 수 있으며,

▶ 지역내로의 민간투자의 유인에 기여하는 재정운용이 되어야 하겠습니다.

그리고 경우에 따라서는 지방차입재원(지방채)의 적극적인 활용도 필

요하게 되겠습니다.

관련자료로는 「지방행재정론」 저서나 한국지방행정연구원 등 단체의 자료도서실에서 검색활용이 가능할 것입니다.

〈예〉

▷ 지방행정연구원 도서자료실(www.book.krila.re.kr/saHome.asp)

▷ 한국의 지역경제성장과 지방재정지출에 관한 연구, 노근호, 1995.

▷ 지역경제 활성화를 위한 지방재정의 역할정립에 관한 연구, 이재원, 1990.

지방정부의 행정정보공개에 대하여

▷ 졸업논문을 준비중에 있는 학생입니다. 지방정부의 행정정보공개에 대한 자료를 구하고 있는데요

우리나라 지방자치단체에서 정보공개에 관한 최초의 제도는 청주시에서 제정된 정보공개에 관한 조례일것입니다. 이 조례는 제정과정에서 관련법령이 없다는 이유로 집행부에 의해 대법원에 제소에까지 이른 사안으로 대법원 판례가 되기도 한 것입니다(1992.6).

정부에서는 1996. 12. 공공기관의정보공개에관한법률을 제정하기에 이르렀으며 여기에는 공개정보의 대상, 절차, 방법 등이 규정됨으로써 이후 정보공개 조례의 준거가 되고 있습니다만 아직도 행정정보의 공개에는 대상 여부를 둘러싸고 기관별로 논란이 적지 않는것 같습니다. 주민참여와 통제의 실효를 위해 행정정보는 최대한 공개되어야 할것입니다.

관련법규와 지상에 보도된 사례 등이 참고가 될 것입니다.

지방정부의 경쟁력 제고방안에 대해서

▷ 지방정부의 경쟁력 제고방안에 대해서 간략한 답변을 부탁드립니다.

지방정부의 경쟁력 확보에는 행정의 효율성과 재정의 건전성 유지가 무엇보다 중요하겠습니다. 이를 위해서는,

▶ 행정개혁의 적극 추진으로 불필요한 업무를 줄이고 인력을 감축하는 등 적정한 구조조정이 되어야 겠으며,

▶ 디지탈 시대에 맞는 전산시스템의 개발 서비스로 업무처리의 효율성과 주민에 대한 서비스 기반을 갖추어야 하겠습니다.

▶ 아울러 부채의 누적 등 재정에서의 부실 요인을 없애고 사회간접자본시설이나 생활환경 개선을 위한 투자재원을 충실히 확보해 나가야 하겠습니다.

이러한 과제들을 원활히 수행하기 위해서는 결국 단체장이나 소속 공무원들의 리더십과 능력개발이 관건이 된다 하겠습니다.

지방자치에서 주민의 참여 방법

▷ 지방자치에 있어서 주민의 참여가 중요하다고 하는데 어떤 식으로 참여하는 방법이 있을까요

지방자치에서의 주민 참여는 필수적인 요소라 하겠습니다.

참여의 방법으로서는,

▶ 간접민주제인(대의제) 지방선거에 참여(투표)가 우선 중요하겠으며 근간 낮아지고 있는 투표율부터 높아져야겠으며,

▶ 직접민주제요소로 최근 제도화된 주민감사청구나 조례제정,개폐청구 등도 제대로 이루어져야 겠습니다. 그리고

▶ 비공식 방법과 경로에 의한 주민참여도 적극적으로 이루어져야 할 것입니다.

지역사회단체나 시민운동단체들의 활동에서 볼수있는 바와 같이 자치단체의 정책 형성에 기여하며 행재정활동을 감시하는 주민의 참여는 건전한 지방자치 발전에 반드시 있어야할 과정이라 하겠습니다.

읍 · 면 · 동 없애도 괜찮을까요?

▷ 우리나라의 지방행정제도는 특별시, 광역시, 도 –시 · 군 · 구 –읍 · 면 · 동으로 되어있습니다. 여기서 하부 행정기관인 읍 · 면 · 동에 대해서 업무중복,업무처리지연등 여러 문제점이 발생하고 있는데요. 그렇다면 이 읍 · 면 · 동의 제도를 폐지하면 어떤 긍정적, 부정적 결과를 초래할수 있을까요?

우리나라의 행정계층은 다계층구조(3~4)로 중복과 비효율성이 지적되

어 왔으며 계층의 간소화 방안으로 읍 · 면 폐지론이 제기되어 왔습니다.

그러나 읍 · 면이 갖는 민원기능 또한 적지 않아 일시에 폐지보다는 현재 자치센터로의 기능 전환이 추진되고 있는 실정입니다.

이는 읍 · 면 · 동의 행정계층의 역할은 줄이고 주민편익센터로 하는 방안이나 여하튼 읍 · 면의 폐지 내지 기능축소는 행정의 중복을 배제하고 시간과 경비의 절약을 가져오는 장점이 있는가 하면 주민 가까이서의 행정서비스는 줄어드는 단점이 있으리라 봅니다.

집행부와 지방의회의 갈등 해결

▷ 과중한 업무에도 항상 성실한 답변에 감사드립니다. 지방의회는 주민을 대표하는 기관이며, 집행부는 예산을 집행하는 기관이므로 이사이에 갈등이 있기 마련일텐데 이러한 갈등을 해소할 수 있는 방법을 사례별로 알려주시면 감사하겠습니다.

자치단체에서 집행부와 지방의회는 조례나 예산의결, 기타 집행부 견제기능과 관련, 갈등이 나타날 수 있고, 이는 통상 상호 정치적인 타협에 의해 해결됨이 원칙이나 그렇지 못한 경우 법적인 해결에 의할 수 밖에 없을 것입니다.

지방자치법에 의하면 조례안이나 의결안건에 대한 단체장의 재의요구와 의회의 재의결에 대한 법원에의 제소 결과에 따라 해결될 수 있는 방안도 있습니다.

조례안의 재의요구나 제소결과는 행자부 홈페이지(자치법규 운영현황)에서 볼 수 있으며, 기타 집행부와 의회간 개별 사례는 엠파스 등에서 검색을 통해 찾아보기 바랍니다.

제3섹터에 대해서

▷ 지방자치단체의 제3섹터 민관협력사업추진시 전제되는 사업선정기준에 대해서 알고싶은데 자료가 없네요. 알려주세요.

우리나라에서 제3섹타는 지방공기업법이 적용될 수 있는 다양한 영역에서 가능하며, 그 형태도 지방공사형, 민상법상의 법인형 등이 있습니다. 지방공기업법에는

○ 공공부문이 5할 이상 출자하는 지방공사(공단)의 설립요건으로 사업의 경상경비의 5할 이상을 당해사업의 경상수입으로 충당할 수 있으며, 민간의 경영이 어렵고 지역발전에 기여할 수 있는 사업으로 규정되고 있습니다.

○ 공공부문이 5할미만 출자출연하는 민, 상법상의 법인에서도 설립에는 주민복리와 지역경제에 기여하고, 사업성이 있어야 하며 이러한 내용에 대해 관계전문기관의 검토 평가를 받도록 하고 있습니다.

이는 제3섹타로 추진할 사업은 공익성과 수익성을 다같이 갖추어야 함을 의미한다고 하겠습니다.

지방자치관련 국정의 통합성과 지방의 자율성의 조화

▷ 지방자치에 관한 다양한 자료를 얻을 수 있는 사이트를 알게 되어 기쁘군요. 바쁘시겠지만 "지방자치와 관련하여 국정의 統合性과 지방의 自律性의 調和"에 대한 자료를 구하고 싶습니다.

국가정책의 일관성과 통합성은 언제나 필요하며 지방의 자율성을 존중

하는 지방자치의 여건에서는 조화로운 운영이 더욱 중요하다 하겠습니다. 즉 지방자치의 자율성은 최대한 주어져야겠으나 이로 인한 지역적인 균형이나 국가 전체의 이익이 훼손되어서는 안될 것이기 때문입니다.

우선 자율성을 신장하는 측면에서

▶ 권한과 재원의 지방이양 확대

▶ 조직개편의 자율성 부여 등이 최대한 고려되어야 하겠고, 반면 통합성의 확보를 위해서는 적정한 통제장치로

▶ 법령에 의한 사무 분야별 기준의 설정

▶ 개별 보고나 승인 지원 등의 적정한 행사가 필요하겠습니다.

이와 관련된 중앙과 지방의 갈등은 신속히 해결되어야 하겠으며 1999년 8월 개정된 지방자치법에 도입된 행정협의조정위원회 제도도 유용할 것으로 보이나 보다 객관적인 판단은 사법부의 역할이 되어야 하리라 봅니다.

결국 통합성과 자율성의 조화점은 지방자치의 성숙도에 따른 중앙과 지방간의 역할의 분담 경계가 되지 않을까 생각됩니다.

참고자료로는 지방자치 저서에서 국가와 지방정부 관계나 중앙통제 분야가 될 것이고, 국가와 지방정부간 관계 연구 논문은 '중앙도서관' 등에서 검색(색인어)이 가능하리라 봅니다.

지방재정문제점과 개선방안

▷ 저는 행정학과 학생입니다.지방재정문제점과 개선방안에 대해서 알려주세요

우리나라의 지방재정은 늘어나는 수요에 비해 재원이 부족하고 지방세입이 단체별로 균형을 이루지 못하고 있으며 예산의 운영에 있어서도낭비요인이 적지아니 지적되고 있습니다. 이런 문제를 개선하기 위해서는,

▶ 세입증대를 위한 지방세제의 개편(새로운 세원의 발굴이나 세율의 조정)

▶ 경영사업수입, 요율 현실화 등 세외수입 증대

▶ 지방 세수균형을 위한 조정교부금의 확충등이 이루어져야 하겠습니다.

그리고 예산운영면에서 효율성을 높이기 위해 중기계획에의한 예산, 투자심사, 예산의 공개 등 여러 방법이 내실있게 운영되어야 하리라 봅니다.

본 자료상담란에 게시되어 있는 자료도 참고가 될 것입니다.

한국지방자치의 문제점을 알고 싶어요

▷ 지방자치의 이해란 교양 과목을 수강하고 있는 학생입니다. 특히,지방자치단체장이나 지방의원의 문제점에 관해 알고 싶습니다.

한국의 지방자치는 계층구조, 사무의 범위, 국가 관여 등에서 많은 문제를 안고 있는 것이 사실이겠으나 특히 단체장이나 지방의회와 관련된 문

제점들을 살펴보면,

① 일부 단체장이긴 하나 지역 경영 마인드나 리더쉽의 부족으로 계획적인 지역관리나 갈등해소가 지연되고 재정 운영면에서도 투명성, 효율성의 문제가 크게 제기되고 있으며,

② 지방의회도 다양한 주민 여론의 수렴과 전문성에 입각한 집행부 견제가 되어야 하나 지역 이기주의나 연고에 집착하는 경향을 때로는 보이며 낭비성 예산집행으로 신뢰를 떨어뜨리는 일도 없지 않았다.

관련 자료는 일간지 뉴스나 지방행정 관계 연구원이나 학회 세미나 보고서(민선자치 이후 평가 등)에서 볼 수 있으며 자치관련 사이트도 활용할 수 있을 것입니다.(예:empas`지방자치)

지방자치와 NGO

▷ 지방자치와 NGO에는 어떤것들이 있으며 그들 사이에는 어떤 관계가 있는지 알고 싶습니다. 또 지방자치의 문제점과 NGO 문제점들에 대해 알고 싶습니다.

비영리민간단체(NGO)는 정치참여, 경제정의구현, 환경보전, 지속가능한 개발 등 다양한 영역에서 시민운동을 전개하고 있으며 이들의 지역 단위에서의 활동은 지방자치와 밀접히 연관되어 있다고 하겠습니다(지역단위 참여단체로는 http://peoplepower21.org 등 참조).

지방자치는 주민에 의한 자율적인 사무처리과정이며 따라서 공정한 지방선거나 직접 청구의 활용, 건전한 행재정 운영 등이 필수적이며 여기에는 주민참여에 의한 감시와 통제가 절실히 요청됩니다. 이러한 요청에 부

응하여 근간 시민단체 등에 의한 자치참여가 활발히 이루어 지고 있음을 볼 수 있습니다.

지방자치단체와 이들 NGO는 기본적으로는 협력관계에 있게 되나 때로는 갈등 관계를 보일 수도 있으며 그러면서도 각기 역할을 다할 때 밝은 지역사회와 건전한 지방자치의 발전이 이룩될 수 있을 것입니다.

지방자치시대의 자치 지도자상

▷ 지방자치시대의 자치 지도자 상에 대해 좀 가르쳐 주세요. 그리고 여기에 관련된 자료를 아시면 좀 가르쳐 주세요.

지방자치는 주민이 선택한 지도자(단체장, 지방의원 등)의 자질과 역할에 크게 의존되며 이들이 갖추어야 할 지도자상의 요건으로는,

○ 공공의식과 지방자치에 대한 신념

○ 주민을 위한 시책개발 의지와 능력

○ 경영마인드와 추진력 등을 들 수 있을 것입니다.

관련자료로는 자치단체장의 리더쉽과 관련된 연구자료가 한국지방자치학회보나 한국행정학보 등에 가끔 보이기도 하며 〔민선지방자치단체장〕(1995, 대영문화사)이라는 저서에는 민선단체장과 리더쉽이라는 글도 있습니다.

홈페이지 사이트로는 한양대 자치연구소(http://fnf-cla. hanyang. ac.kr/rsh)의 지방자치단체장의 리더쉽과 지방정부개혁(99.4)을 참고하기 바랍니다.

III

강연 · 대담

– 지방행정의 경영화 방향

– 「제주도」지와의 대담

지방행정의 경영화 방향

충북 옥천군청에서 있었던(1993. 12. 8.) '지방행정의 경영화 방향'에 관한 저자(당시 지방자치경영협회장)의 강연요지임.

옥천군에 와서 여러분을 이렇게 뵙고 말씀드릴 수 있는 기회를 주셔서 영광으로 생각합니다. 더구나 충청북도 옥천군은 행정을 가장 효율적으로 하기 위해서 경영화를 최대의 가치로 내세우고 열심히 일하고 있는 고장이라서 더욱 저로서도 이 고장에 온 것을 영광스럽게 생각합니다. 먼저 여러분들이 군청을 위해서 그동안 힘쓰고 계신데 대해서 경의를 드립니다.

행정쇄신과 경영화

오늘은 제가 그동안 지방자치경영협회 회장직을 맡아 있으면서 얻은 지식과 여러 곳의 사례 등을 보고 느낀 점을 모아서 여러분들에게 참고가 될까 해서 말씀드리고자 합니다. 요즈음 경제가 어렵다고들 누구나 얘기합니다. 아침 신문을 보더라도 전국에서 중소기업체가 950개 업체나 부도가 났다고 합니다. 어느 때보다도 경제가 어려워지는 것을 보여주는 것이라 하겠습니다. 그렇지 않더라도 요즈음 국내외 여러가지 정세, 특히 경제적인 면에서 볼 때에 어려운 형편에 있는 것 같습니다. 이러한 시점에서 우리 지방행정도 경제에 도움이 되는 일을 해야 될 것이고 뿐만 아니라 행정 자체도 경제적으로 해야 되지 않겠느냐 또 옛날과는 달리 새로워져야 되지 않겠느냐 하는 뜻에서 개혁이라고도 할 수 있고 쇄신이라고도 할 수 있겠습니다. 충북에서는 이것을 경영화라고 내세운 것 같습니다. 아주 적절한 시책이라고 느껴집니다. 종래에도 행정쇄신, 행정개혁을 많이 해왔습니다만 이를 좀더 새롭게 한다는 입장에서 경영화라고 한 게 아닌가 싶습니다.

기업의 경영혁신기법 – 벤취마킹

사실 경영이란 말은 우리 행정보다도 기업에서 원래 사용했고 그쪽이 전문영역이라 할 것입니다. 즉 사기업영역에서는 지금도 경영혁신이라고 하는 말이 많이들 거론되고 있습니다. 기업이라는 것은 환경에 그때그때 적응하지 못하고 혁신을 하지 못하면은 거기에서 정체가 되고 살아남기 위해서는 혁신을 하지 않으면 안됩니다. 그래서 경영혁신이 기업에서 끊임없이 추진되고 있는 것으로 알고 있습니다. 그 중에서 요즘 몇 가지 최신경영기법으로 알려져 있는 사례들을 들어보겠습니다. 우선 여러분들도 이미 들어서 아시겠지만은 벤취마킹입니다. 이것은 미국에서 먼저 활용된 경영기법으로 1976년도부터 도입이 되기 시작했는데 쉽게 말씀드려서 앞서가는 기업, 잘하고 있는 기업의 잘된 점을 보고 우리도 그렇게 하자, 해나가자 하는 뜻이고 그런 내용의 기법입니다. 우리나라에도 많은 기업이 있고 재벌에서 중소기업체까지 있습니다만 그중에서도 아주 경영을 잘하고 있는 기업도 있습니다. 이런 기업들은 물론 회사에 따라서 다르겠지만은 경영에 있어서 앞서가는 기업들로 이에 뒤지는 기업들은 우선 앞선 기업들을 빨리 따라잡는 것이 결국 자기가 경영을 잘하는 결과가 될 것입니다.

어떻게 보면 모방주의라고 할 수가 있겠으나 남이 잘하고 있는 것을 빨리 모방하는 것도 바로 경영의 혁신에 속할 수 있고 그로써 생산성을 높일 수도 있을 것입니다. 벤취마킹은 결국 경영을 하는 기업이 목표를 세우는데 얼마만큼 금년에 생산을 할 것이냐 얼마만큼 이익을 낼 것이냐 또 어떤 방법으로 그 목표를 달성할 것이냐 이런 것을 설정하는 기법으로 선진기업, 선진단체, 선진지역의 잘 하는 것을 빨리 흡수해서 그것을 목표로 해서 따라가면 된다는 것입니다. 이런 기법은 미국의 제록스회사라고 하는 유명한 회사에서 처음 시작되었습니다. 즉 이 회사가 복사기 회사로 세계시장에 상당히 진출하였으나 일본의 캐논이라는 복사기 업체가 나옴으로써 제록스시장을 거의 다 잠식해 버린데 자극을 받아 어떻게 해서 제록스가 캐논에게 시장을 빼앗겼느냐를 규명하고 나아가 캐논에서 잘하고 있는 점을 추적을 해서 바로 따라잡고 넘어섰다는 하나의 경영사례에서 연유되며 다른 기업에도 많이 확산된데 따른 것입니다. 우리나라에도 일류 기업들부터 시작해서 이런 선진기법이 도입되고 있으며 이 분야에 대한 책도 상당히 많이 나오고 텔레비전 방송도 되고 해서 많이 알려진 것입니다. 이런 기법을 우리가 행정경영을 하는데 있어서도 활용할 수 있다는 것입니다. 물론 기업에서 경영하는 기법이 그대로 행정에 적용될 수는 없겠습니다. 행정과 기업경영은 다른 점이 있지 않겠습니까? 개인기업은 이익을 위하는 곳이지만 행정이라는 것은 어디까지나 공공을 위한 공공성이 중요한 곳으로 기업에서의 기법이 그대로 적용될 수는 없겠죠. 그러나 그대로 가져올 수 있는 분야도 적지 않을 것입니다. 특히 사무관리분야에 있어서는 기업의 경영기법이 적용될 수 있는 영역이며 행정에서 해야 될 내용과 별로 큰 차이가 없다는 것입니다. 그런 의미에서 이 벤취마킹의 기법을 도입하면은 사무관리 개선에 도움이 될 것입니다.

– 리엔지니어링(reengineering)

또한 요즘 새로 활용되고 있는 리엔지니어링이란 기법이 있는데 재구축이란 뜻이죠. 기업들이 어떻게 하면 경쟁력을 키우느냐 종래에 하던 식을 완전히 바꾸어서 업무를 새로 편성하자 그래서 조직, 정원, 업무스타일 등을 바꾸어나가는 경영기법이라고 할 수 있습니다. 기업쪽에서는 새로운 경영기법들이 자꾸 나오고, 그것을 적용해서 기업을 혁신해 나가고 있다는 것입니다. 그런데 우리 행정에서는 그런게 제대로 안되는게 사실이 아니겠습니까? 그것은 물론 행정은 사업만 하는 것이 아니고 또한 경쟁이 없기 때문에 오래전에 만든 법과 제도와 규칙들을 그대로 적용해 온 것이 우리 행정현실이라 할 수 있을 것입니다. 이것은 중앙행정이나 지방행정이나 같은 실정일 것입니다. 이런 것을 혁신하지 않으면 안된다는게 바로 행정의 개혁이고 쇄신이고 경영화라고 봐야 되겠습니다.

사무관리 개선과 경영화

몇 가지 예를 들었습니다만 이런 것은 주로 어떻게 하면 행정사무를 개혁하느냐 다시 말해 사무를 빨리 처리하고 비용을 절감하는 사무관리측면이겠죠. 이러한 행정영역은 우선 도시에서의 건축허가나 기타 민원서류처리 등이 일반적인 것이고 이는 행정의 권력작용이고 이는 또한 행정기관만이 가지는 것으로 기업은 이런 기능이 없는 것입니다. 그래서 일반행정의 특징이 권력행정입니다만 그러나 지방행정은 자치단체의 행정으로서 권력행정보다는 서비스행정이 더 중요시되어 왔습니다. 왜냐하면 자치단체라는 것은 주민들에게 서비스를 하는 것을 기본으로 하기 때문입니다. 국가행정이라는 것은 국가의 치안질서를 유지하는 권력작용이 주이지만 지방단체라는 것은 본시 주민에게 필요한 서비스를 제공하는 것이었습니다. 요즘 행정은 서비스산업이라고들 합니다. 이는 널리 알려진 얘기지만 지방행정은 분명히 최대의 서비스 산업이란 것입니다.

이 지역에는 크지는 않지만 주식회사 등 기업체가 많이 있겠지만 그 중에서도 가장 큰 회사는 군청이라 할 수 있을 것입니다. 600여명의 직원을 가지고 있는 이 지역 제일의 서비스생산회사라고 볼 수도 있죠. 여러분들이 바로 이 회사의 사원이라 할 수 있습니다. 서비스를 생산한다는 측면에서는 회사와 같다는 말입니다. 회사하고 비교할 때 다른 특징은 있겠습니다만 회사에서 잘하고 있는 것을 가지고 와서 이용하면 그게 바로 경영의 도입이고 경영화라고 할 수 있겠습니다. 요는 행정도 서비스로 보는 입장, 인식이 기본적으로 되어야 할 것입니다. 이것이 되지 않으면서 민원행정 또는 봉사행정을 단순히 고친다는 생각만 가지고는 부족하지 않겠느냐는 것입니다. 본질적으로 이러한 인식이 기초되어 있어야겠다는 것입니다. 행정은 서비스다라는 말을 아주 잘 쓰고 직접행정에 도입해서 큰 성과를 거둔 사람이 일본의 이와구니 데슨도(岩國哲人) 시장으로 이 분의 사례들을 많이 드는데 이 분은 시장이 되기 전에 미국의 증권회사에서 부사장을 하다가 시장에 출마해서 당선된 분입니다. 그 분이 회사에서 하던 경영방식을 그대로 시정에 적용하여 상당히 좋은 성과를 거두고 주민들에게 호평을 받은 바 있습니다. 그래서 이러한 방식을 일본 각지에 선전도 하고 한국에 와서도 강연을 한 바도 있습니다. 그런 입장에서 이제 어떻게 경영화를 할 것이냐가 문제겠습니다. 제가 충북도청에서 만든 경영화 지침, 군청에서 여러분들이 만든 경영화지침도 보았습니다만 문제는 그것을 구체화해서 적용하는데 있어서 어떻게 하느냐는 방법론이 중요할 것입니다.

경상비 등 절감

경영화의 내용에 당연히 들어가 있고 여러가지로 이미 추진되고 있겠습니다만 근본적인 손질이나 감축이 좀 모자라지 않느냐라는 것입니다. 예를 들자면 각종 사회단체에 대한 보조 등을 옛날대로 그대로 두면서 예산을 줄이려고 하면 줄일 곳이 없겠죠. 이런 부문을 과감히 정리하는게 개혁이고, 쇄신이고, 경영화인데 이런 분야에서 진척이 있어야 되지 않겠느냐는 것입니다. 이런 분야에서도 많은 개선이 되었다고 제가 듣고는 있습니다. 회의를 할 때에 의례히 식사를 하고 기념품을 주고들 했습니다만 이제는 그런 모습들은 많이 사라진 것 같습니다. 그런 것이 오랜 관행이 되어왔는데 관행이 오래가면 의식화가 되어가지고 고치기가 어려워지는 것이 아니겠습니까. 이러한 개선은 공무원만으로 되는 것은 아니고 주민들이 이해를 같이해야 되기 때문에 시간이 걸리게 되는데 시간이 걸리더라도 하나씩 하나씩 고쳐나가는 것이 곧 경영화라고 생각됩니다. 경영화라고 사실 기상천외의 기법이나 내용이 나올 수는 없다고 봅니다. 적은 분야지만 과거의 타성, 관행을 고쳐나가는 것 그렇게 함으로써 해서 예산이 절감되는 것이 경영화일 것입니다.

사업면에서의 경영화 – 독립채산과 특별회계 운영

이제 경영관리라고하면은 사무관리분야가 있고 크게 봐서 그 다음에는 사업을 경영하는 분야가 있겠습니다. 사업을 경영하는 분야는 군청에서 가장 알려진 분야가 이미 말씀드렸지만 상수도 사업, 하수도 사업, 도로사업, 쓰레기 처리사업 등이 될 것이며 이러한 사업적인 측면에서는 어떻게 경영화를 이룩해 나갈 것인가가 사무관리보다 어떻게 보면 더 중요하다고 할 수 있겠습니다. 지방행정에는 사업부서와 사업부서를 지원하는 부서가 있는데 이 사업부서에 있는 사람들은 어떻게 사업을 경영적으로 해 나가느냐가 관심이겠습니다. 이는 결국 기업의 원리인 수익 확대 즉 최소비용과 최대수익을 바로 적용할 수 있지 않겠느냐는 것입니다. 그렇게 하려면

역시 독립채산제를 도입하는 것이 이상적일 것입니다. 독립채산제라는 것은 자기가 벌어들인 수입으로 자기가 쓴다는 정신인데 특별회계가 바로 독립채산제 아니겠습니까? 독립채산제를 더 철저히 한다면 결국 공기업특별회계로 하면은 이루어질 수 있겠죠. 그러니 사업을 하는데 있어서는 특별회계로 하거나 나아가서 공기업특별회계를 적용해 나가는 것이 경영화를 촉진하는 것이 될 것입니다. 예를 들면 지금 상수도사업을 특별회계로 하고 사업소에서 운영을 하는데 그건 바로 경영이라 할 수 있으며 여기서도 내년부터 공기업회계를 적용한다고 하는데 공기업회계를 빨리 적용하면은 더 수익성을 강조할 수가 있겠죠. 그런데 전국적으로 보면 상수도경영이 거의 모든 자치단체에 있지만 작년까진 70여개, 금년도에는 90개 단체가 공기업특별회계로 운영되고 있는 것입니다. 공기업특별회계라 하면은 완전한 기업형태가 되는 것이며 말하자면 기업과 비슷한 원리로 운영이 되는데 이렇게 되면 경영화는 크게 촉진될 수 있을 것입니다. 그렇게 되면은 상수도 수입 가지고 상수도지출이 충당됨으로 일반회계전입은 최대한 줄일 수 있다는 것입니다. 지금 상수도특별회계를 일반회계에서 많이 부담을 해주고 있는 걸로 알고 있는데 그렇게 되면 일반재원이 들어가니까 일반주민의 부담이 늘어나게 되는 결과가 되겠죠. 경영화라는 것은 결국 자기가 벌어서 자기가 쓰도록 하는 것이라 할 수 있을 것입니다. 그밖의 분야에서도 경영적인 측면에서 사업을 이끌어가야 되는 분야가 적지 않을 것입니다. 지방공기업법을 보면 법을 적용할 수 있는 사업을 많이 나열하고 있습니다. 이들 사업에는 공기업법을 적용해서 독립채산을 할 수 있는 제도가 마련되어 있습니다. 물론 규모가 적으면은 일반사업으로 할 수 있겠죠. 사업이란 것은 규모하고 아주 직결되며 어디까지나 규모가 적정규모가 되어야 자체수입가지고 자체지출을 충당할 수 있지 그렇지 않고 적은 규모 같으면 사실 독립채산은 불가능하죠. 그러나 규모에 제한은 있습니다만 가급적 공기업으로 운영해 나가야 할 것입니다. 옥천같으면 관광사업도 할 수 있는데 그런 것은 특별회계로 할 수 있고 또 공기업으로서 공영개발특별회계로도 할 수 있을 것입니다. 이러한 개발사업분야에서 잘하고 있는 시 · 군이 있습니다. 이런 사업을 기업으로 잘하는데를 빨리 가서 보고 자료를 수집활용해 나가는 방법이 좋을 것입니다.

간접경영확대, 공사 · 공단 운영

사업을 추진함에 있어서는 기업화와 경영화를 촉진하는 것이 중요한 것입니다. 따라서 앞으로 경영사업은 특별회계로만 가지고 할 것이 아니라 이제는 간접경영방식으로 하는 방안, 다시 말해 사업을 군청에서 직접으로 하지 않고 간접경영으로 하는 것이 중요합니다. 건설과나 기타 사업소 등에서 직접 하지 않고 지방공사나 지방공단을 만들어서 별도의 법인에게 맡기는 방법을 점차 활용하게 된다는 것입니다. 그래서 요즘 경영에 조금 앞서가는 시 · 군들이라고 하면 지방공사 하나쯤 가져야 경영을 한다라고 할 수 있을 것입니다. 물론 직접경영을 잘 하여도 좋은 일이지만 경영을 제대로 하려면 공사가 있어야 되지 않겠느냐는 얘기입니다. 아직도 우리나라에는 공사가 흔하지는 않습니다. 시도단위에는 의료공사라는게 있죠. 과거에 시도립병원이죠. 그밖에 시군단위에 공사가 만들어지고 있는데 예컨대 장흥군에 표고공사가 2년전에 만들어졌습니다. 지방마다 불경기 때문에 어려운 점도 많이 있고 또 사업자체도 어려운 점이 있지만 그러나 그 경영방식은 아주 새로운 방법이라 할 수 있습니다. 왜냐하면 공무원이 직접 사업을 하게 되면 공무원 신분이 있고, 군청에서 사업을 하면 예산이 책정되어야 하는데 예산을 가지고 사업을 하게 되면 의회의 승인도 받아야 하고, 예산회계법령이 적용되고, 감사도 받아야 되고 이런 복잡한 일이 많기 때문에 군청에서 바로 사업을 하기란 상당히 어려운 일입니다. 아무런 경쟁도 없고 해놓으면 잘 되는 사업이라면 아무런 문제가 없겠지만은 그러나 시장성을 띠는 사업은 관청에서 하기가 어렵다는 말입니다. 그래서 출자를 해서 주식회사나 공사를 만들어 주체가 되도록 하고 예산은 공사예산으로 사업을 하게 되면 좀 자유롭게 사업을 할 수 있겠죠. 군에서 사업을 하려고 하면 개발단을 만드는 방법도 있지만 이것은 군의 직제를 고치고 정원을 늘려야 되기 때문에 어려운 실정입니다. 그러니 오히려 공사를 만드는게 빠르다는 것입니다. 물론 주식회사나 공사를 만들려면 25%이상 출자해야 됩니다만 그래도 그것이 더 빠르고 명분도 좋다는 것입니다.

업무감축과 공사 · 공단

어느 곳이나 사업을 직접 하고 있는 경우가 많기 때문에 자치단체의 특별회계 수가 많습니다. 지방예산에 특별회계가 많을수록 직접사업이 많다는 것이겠죠. 이러한 직영사업으로는 예산규모가 자꾸 늘어난다는 것입니다. 그래서 전국적으로 보면 최근 지방예산의 규모가 늘어나게 된 것입니다. 특히 공영개발사업으로 인해 다시 말해 시도 단위에서의 주택지 건설, 아파트 건설 등으로 인해 예산이 그만큼 늘어나게 되었습니다. 중앙정부에서는 지방예산이 굉장히 늘어나고, 국가예산보다도 훨씬 팽창이 많이 되고 증가속도가 빠른 것으로 보고 있다는 것입니다. 그러니 경제부처에서는 지방예산이 국가예산보다 신장이 되었으니 이제는 국가에서 할 일을 지방에서 맡아야 되겠다는 주장을 합니다. 그래서 종래에는 국가에서 부담하던 것을 지방으로 떠맡기고 있습니다. 이는 지방예산이 커져서 사업

예산이 충분하다고 보는데도 원인이 있는 것 같습니다.

그래서 지방예산도 이제는 고유한 공공사업을 중심으로 하고 줄일 수 있는 사업은 줄여야 된다는 겁니다. 주민들의 입장에서 볼 때는 어디서 하든 같은 결과라는 것입니다. 군에서 하나 공사에서 하나 주민들에게 서비스가 제공되면 되고, 돈을 적게 들이고 더 좋은 서비스를 할 수 있으면 된다는 것입니다. 공사를 만들면 대개 공사사장은 군수가 겸하는 데가 많습니다. 군수가 이제는 단순한 행정군수가 아니라 공사의 사장도 되고 또 군청 직원이 공사 직원을 겸직함으로써 인건비를 줄일 수 있게 되고 군청과 호흡을 맞출 수 있게 된다는 것입니다. 이런 방식들이 앞으로 적극적으로 추진되어야 하리라 봅니다. 다시 말씀드려서 옥천군에도 개발공사가 설치될 수 있다고 봅니다. 물론 모든 것을 그렇게 할 수는 없고 군청에서 직접 해야 될 사업들은 군청에서 직접 해야 되겠죠. 직접 해야 할 사업은 공공성이 크다든가 또는 개발이익을 군이 가져야 되는 사업들이겠죠. 과거에 하던 택지개발방식을 바꾸어 개발이익을 군이 가지기 위해 직영을 많이 하는 것을 볼 수 있죠. 이런 사업을 만약 민간에 주면 서로 말썽을 일으키는 경우도 있고 해서 직영을 하는데 예를 들면 골재채취 같은 것은 대개 군청에서 직접 많이 합니다. 아마 옥천군도 골재채취 사업을 하고 있고 수익도 많이 올리는 것 같습니다만 이런 것은 경영수익사업으로 앞으로도 계속 해야 되겠죠. 옥천군은 특히 이런 경영수익사업을 잘 하는 군으로 듣고 있고 그래서 그런 면에서는 여기가 경영수익사업 선진 군이라고 생각합니다. 다른 군에서는 경영수익사업을 잘하는 여기 와서 배워가지고 가서 자기들의 수준을 높이는 방법을 택할 수 있겠죠. 아까 말씀드린 벤취마킹 방식이라 할 수가 있겠습니다.

지역자원활용과 경영수익사업

그런데 경영수익사업은 결국 재정운영에 보탬이 많이 될 수 있고 따라서 직접 할 수 있는 사업은 직접 해야 되겠지만 아까 말씀드렸던 것처럼 떼어내어 공사로 할 수 있는 사업도 있다고 봅니다. 경영수익사업의 종류를 보면은 현재 옥천군에서 하고 있는 골재채취, 유원지개발관리, 소규모택지개발 등이 주이겠습니다만은 이런 것도 연구를 해보면 더 많은 분야의 영역에서 사업이 나올 수 있으리라 생각합니다. 이런 사업들을 하는데 있어서는 지역의 여건을 최대한 살리는게 기본일 것입니다. 흔히들 얘기하는 지역자원의 활용이야말로 경영수익사업에서든 공사의 경영에서든 중요할 것입니다. 다시 말해 그 지역의 특성자원을 활용해서 개발하는 방법이 되겠습니다. 자원이라고 하면 흔히 말하는 광물자원뿐만 아니라 여기에는 자연자원으로서 산과 들, 강, 식물 외에도 문화유산 등 이 지역에 있는 모든 것이 자원이다라고 얘기할 수 있습니다. 자원을 활용하는데 있어서 흔히 보면 그 지역에 사는 분들은 그것을 잘 모르고 있는 것 같은데 훌륭한 자원이 많으면서도 그것을 활용할 수 있는 것인지를 잘 느끼지 못하고 있는 것 같습니다. 오히려 외지 분들이 와서 보고 느끼는 수가 많은 것 같습니다. 물론 저도 깊이 있게 이 지역 자원에 대해서 연구해 본 바는 없습니다만 이 지역을 지나가면서 느끼는 점은 있습니다. 옥천은 지리적으로 대전이라는 대도시를 끼고 있어 자원 활용이 보다 유리하겠죠. 100만이 넘는 대도시가 불과 10분 거리에 있다는 것은 아주 시장여건이 좋은 경우라 할 수 있을 것입니다. 자연자원과 시장여건을 잘 활용하면은 이 지역 개발이 여러모로 촉진될 수 있지 않겠느냐, 이를 바탕으로 경영 사업이 여러면에서 발굴될 수 있지 않겠느냐라고 생각해봅니다. 군수님과 말씀 도중 금강유원지 얘기가 나왔었습니다. 유원지 부근에 고속도로 휴게소 같은 것을 군에서 운영하면 돈도 많이 벌고 좋을 것이라는 말도 있었습니다. 사실 도로휴게소란 민간투자로서 좋은 것이겠죠. 업자들은 서로 도로휴게소를 하려고 할 정도입니다. 여기 옥천군은 위치도 좋고 해서 몇 군데 더 만든다는 얘기도 들었지만은 이런 곳에 군에서 투자를 해가지고 도로공사와 같이 한다든가, 민간하고 같이 한다든가 아니면 군이 별도로 맡아서 한다든가 하면은 거기서 수익을 얻을 수 있으리라 생각을 합니다. 그렇지 않아도 옥천군에서는 이런 유원지로 인해 담배소비세가 많이 들어온다는 얘기를 듣고 지역여건을 잘 활용한 결과라고 보았습니다.

민관 합동사업의 추진

지역의 여건을 잘 활용한다는 것은 사람이 스스로 와주고 모이는 이런 장소를 사업하기 좋은 곳으로 보는데서 비롯되는 것이지요. 사람을 일부러 끌어들인다는 것은 무척 어렵지 않겠습니까. 이런 여건이 안되는 지역에 비하면 옥천군은 교통도 좋고 사람도 많이 오고 해서 지역발전을 위한 수익을 개발하기 위한 여건이 상대적으로 좋다는 말입니다. 얼마 전에 강원도 철원군에서 농산물유통공사를 군에서 만들겠다고 검토요청이 있었습니다. 군에서 지방공사를 만들겠다는 계획이었습니다. 군에서 51% 출자하고 농협과 축협이 49%로 출자해서 공사를 만들겠다는 것이었습니다. 좋은 아이디어죠. 철원군은 자원이란 별 것이 없고 땅굴 보려는 관광객들이 좀 다니는 정도이겠죠. 그래서 관광객들이 쉴 수 있도록 휴게소를 만들고 그 휴게소에 농산물 판매소를 만들고 또 식품가공저장도 일부 하고자 하는 것으로 별 자원도 없는 지역에서는 바람직한 아이디어로 보았으며 사업의 가능성도 충분하지 않겠느냐라고 보았습니다. 물론 그런 것까지 군에서 할 수 있겠느냐, 그러한 사업은 민간에서 할 일이 아니냐, 시각에 따라서는 그렇게 볼 수도 있습니다. 그러나 막상 철원군 같은 지역은 군에서 앞장서서 이런 사업을 추진하지 않으면 민간에서 마음대로 할 수가 없죠. 그런 능력이 있는 사람도 없고 있다고 해도 군사보호구역에 묶여서 군청이 아니면 휴게소 허가도 어려울 것이란 겁니다. 아마 옥천지역도 대청댐 때문에 상당히 규제가 많은 지역으로 알고 있는데 따라서 개인이 사업을 하기는 어려운 점이 있을 것입니다. 개인이 사업을 하고 싶어도 어려우니 군하고 합작을 해서 같이 사업을 하게 되면은 규정도 잘 지켜지고 민간자본도 동원이 될 수 있어 민간측이나 군이 서로 좋게 된다는 것입니다. 사실 군에서 재정이 넉넉지 못해서 독자적으로 할 수도 없고 그러니 민간자본을 끌어들여 사업을 할 수밖에 없는데 그렇게 되면 지역의 발전도 되고 군의 수입도 증대됨으로 서로 이득이 된다는 것이죠. 그래서 앞으로는 이런 민관공동사업을 확대해 나가는데 특히 노력을 기울여야 될 줄로 압니다. 이런 시책은 전국적으로도 장려되고 있습니다. 만약 옥천군에서 이런 계획이 제대로 되겠느냐라고 검토를 의뢰해 오면은 자치경영협회에서 검토를 해줄 수 있습니다. 이런 민관공동사업은 외국의 경우 특히 일본의 경우 여러분들이 가보시고 시찰도 해보았겠지만 잘 되고 있다고 합니다. 일본의 자치단체는 주임무가 어떻게 하면 지역을 발전시키느냐 특히 町村자치단체는 조그마하기 때문에 재원도 없고 따라서 사업을 혼자서는 하기가 어렵습니다. 그래서 민간하고 힘을 합쳐서 사업을 하는데 일단 자치단체장이 선출되면 그 단체장은 어떻게 하면 민간자원을 끌어들여 그 지역을 개발하느냐 하는 것이 가장 큰 임무이고 그것을 위해서 민간하고 같이 공사를 만든다고 합니다. 일본에서는 이들 공사들을 외곽단체라고 합니다. 이런 단체들과 시청, 주민들이 일체가 되어 그 지역을 발전시켜 나간다는 의미이겠습니다. 이런 단체들은 지역개발에 있어서 자원을 좀더 유익하게 활용하고자 하는 것으로 여러모로 일본에서는 잘 이용이 되고 있는 것 같습니다. 우리나라도 앞으로 이런 방향으로 가야되겠고 또 그렇게 되리라고 봅니다.

지역개발과 지역경영

이제까지 경영을 사무관리 측면에서 얘기했고 그 다음에 사업경영쪽을 얘기했으며, 이제는 지역개발과 관련해서 경영을 얘기하게 된 것인데 이 부분은 결국 지역경영이라고 할 수 있을 겁니다. 그러니 경영도 단계라고 할까, 보는 측면이라고 할까 시각에 따라서 사무관리적인 측면, 사업경영적인 측면, 또 지역경영적인 측면으로 구분해 볼 수가 있겠습니다.

도시경영의 전개

경영이라는 말이 참 의미도 넓고 그 적용되는 영역도 이렇게 다양한 것입니다. 경영을 이제는 지역경영이란 측면에서 보자는 것입니다. 지역개발사업을 경영으로 접근하게 된다면 이게 지역경영이 되는데 이런 의미에서 경영이 이제는 특히 도시에서 활발합니다. 도시에서는 시민들이 요구하는 서비스의 종류나 질이 다양하고 높게 되며 또한 해결해야 될 수요도 많기 때문에 재정만 가지고는 도저히 이를 충당할 수 없을 것입니다. 오히려 시골에 사는 분들은 행정기관에서 하는 서비스가 다양하지 않고 전통적인 일만 하더라도 별 이의가 없지만은 도시에 사는 사람들은 시의 재정사정을 잘 알기 때문에 재원이 부족한 것을 이해하면서도 아쉽고 불편한 점을 참고 이해하는 것이 아니라 무엇이든지 필요한 것은 해주기를 바라고 또 해주어야만 만족하게 되는 것입니다. 도시라는 것이 그런 특성이 있으며 따라서 도시에서는 특별히 지역경영적인 노력이 더 필요하게 되는 것입니다. 도시경영이라고 할 때에 도시라는 것은 시만 얘기하는 게 아니고 읍만 해도 도시로 보는 겁니다. 읍 행정도 도시경영적인 측면에서 시민의 수요를 어떻게 충족시켜주느냐 하는 문제로 보아야 된다는 것이죠. 농촌경영도 마찬가지겠지만은 그래서 경영의 제1지표는 주민의 만족도, 고객의 만족도가 되는 것입니다. 경영에서 궁극적으로 추구하는 것은 얼마만큼 고객에 만족을 주느냐입니다.

고객만족 경영

기업경영에서 특히 요즘 고개만족 경영이라는 말을 많이 합니다. 기업경영에서 내거는 구호가 고객을 만족시키는 경영이며 이것이 최선의 경영이라는 것입니다. 행정도 도시적인 서비스공급에서 잘 볼 수 있듯이 고객을 만족시킨다는 관점에서 검토해 보아야 할 것입니다. 그러면 고객이 만족하지 못하는 분야가 적지 않고 따라서 어떻게 하면 고객을 만족시킬 수 있느냐라는 쪽으로 접근하게 되겠죠. 그래서 도시행정은 경영적인 측면에서 보아야 한다는 것입니다. 한편 농촌경영도 농촌 나름대로 경영이 필요한데 이는 지역발전이나 개발차원에서 경영을 하게 되는 것이고 이는 결국 지역경영이며 지역 전체를 하나의 회사의 단위로 보는 시각이라 하겠죠.

옥천 같으면 옥천 전체가 하나의 주식회사라는 그런 시각이겠죠. 옥천지역을 경영한다는 그런 관점에서 보면 옥천군에 근무하는 공무원은 옥천군 주식회사의 임직원들이라고 할 수 있겠죠. 옥천군민은 모두 주주라고 볼 수 있겠죠.

지역경제 활성화

그런 시각에서는 어떻게 하면 전체 군민에게 이익을 돌려줄 수 있느냐라는 관점에서 지역을 보게 되겠지요. 그런 시각에서 경영을 보고 접근을 하게 되면 여러 가지 소득창출사업을 찾아야 되고, 고용기회증대 등 지역경제활성화 사업들을 찾아서 해야 된다는 것입니다. 지방행정이 특히 경제행정이어야한다는 얘기를 많이 듣습니다. 대체로 지방행정을 하는 사람들은 경제에는 약한 편이죠. 행정법규를 따지고 하는 것은 잘하지만 사업을 하는 사람이 아니기 때문에 경제에 관한한 기업인들만큼 잘 모른다는 겁니다. 이런 실정으로는 지역경제를 활성화하는데는 지장이 있지 않겠느냐는 것입니다. 그래서 요즘 지역경제행정에 대해서 교육도 하고 경제에 대한 관심도 불러일으키고 해서 이런 면에 상당히 시책이 이루어지고 있는 것으로 보입니다. 그 예로 군에도 경제과를 만든 것으로 듣고 있습니다만 지역경제가 사실 과 하나 만들어서 되는 것이 아니라 모두가 경제에 대한 인식을 가져야 되고 이 지역 전체를 발전시키는데 있어서 각자가 어떤 경제적인 역할을 할 수 있느냐 경제적인 역할이 무엇이냐에 대한 이해가 있어야 할 것입니다. 여기서 경제적인 역할이라 함은 우선 바로 이 지역에 일자리를 만들어서 사람들이 살 수 있게 해야 하는 것일 것입니다. 지금 농촌지역을 보면 이농현상으로 인구가 거의 도시로 빠져나오고 군 인구가 자꾸 줄어가는 게 어디나 다 같은 현상이지만 이것은 결국 농촌지역을 책임지고 있는 자치단체가 떠나려고 하는 사람들을 붙들지 못하고 있다는 얘기도 됩니다. 바로 그렇게 하려면 그 지역에 일자리가 있어야 하므로 고용기회창출이 필요한데 이를 위해서는 공장을 유치하거나 만들어주거나 그밖에 관광개발사업을 경영하거나 그밖에 소득원 사업들을 적극적으로 해야만 할 것입니다. 그런데 여기에는 민간의 힘만으로는 부족하겠죠. 군에서 적극적으로 도와서 끌어들여야 한다는 것입니다. 그것이 민자유치노력입니다.

지역경영을 위한 시 · 군의 역할

이런 차원에서 군에 계신 분들은 지역 활성화를 위한 경제적 여건 조성 노력을 해주어야 할 것입니다. 민간과의 여러 가지 공동노력을 하기 위한 선도적 역할을 또한 해야 됩니다. 여기에 군이 앞장서야 된다는 겁니다. 앞으로 자치단체 간에도 민자유치경쟁이 대단할 것으로 봅니다. 지방자치가 본격화된다는 것은 자치단체 간에 경쟁이 그만큼 본격화된다는 얘기입니다. 어느 군이 더 잘 살게 되느냐 하는 것은 어느 군이 더 나은 자치단체장을 선출하고, 자치단체의원을 선출하고, 자치단체 직원에게 일을 맡겨 더 잘 사는 자치단체를 만드느냐의 경쟁이기 때문에 거기에서는 적극적인 민자유치노력을 하지 않을 수 없다는 것입니다. 바로 경영마인드라는게 여기서 필요한 것입니다. 경영활동을 위한 민자와의 협동적인 노력을 할 줄 알아야 한다는 것입니다. 이제 경영화의 종착점은 그런 일을 하는데 있을 것입니다. 거기까지 신경을 쓰고 관심을 가져야 제대로 지역을 위해 일한다고 볼 수 있을 것입니다. 그러니 경영을 최대한 터득하고 알아서 민간과 협력 내지 합동으로 일을 하고 민자를 유치해서 이 지역을 발전시키는 데까지 가야만 경영을 제대로 하는 것이다라고 할 수 있겠습니다. 그렇지 않으면 이 지역이 다른 지역에 비해서 결국 뒤떨어질 수밖에 없을 것입니다. 요즈음 국제간에도 경쟁이 치열합니다만 이제는 국내에 있어서도 지역간의 경쟁도 점점 더 높아지기에 이를 것입니다. 이를 대비하는 입장에서도 지역경영은 본격화 돼야 된다고 생각합니다.

이는 여러분들이 평소에 생각하시는 얘기겠습니다만 그래도 경영화라는 입장에서 한번 종합적으로 정리해서 얘기했다고 할 수 있겠고, 별로 새로운 얘기였다고 할 수는 없으나 다만 얼마라도 여러분들이 경영화를 이해하고 추진하는데 도움이 되었으면 합니다.

공직자의 경영 마인드

이런 일들을 제대로 해나가는 것은 결국 공무원 여러분들이며 여러분들이야 말로 이 지역경영의 선도자라고 할 수 있겠습니다. 사업 면에서도 그렇고 사무관리 면에서도 그렇고 특히 지역발전 면에서 선도자라 할 것입니다. 여러분들이 앞장서 가지 않으면 민간이 잘 따라오지 않는 게 현실일 것입니다. 특히 대도시 같은데서는 공무원들이 가만히 있어도 이윤을 찾아서 민간기업들끼리 경쟁을 하므로 사업이 되고 구석까지 파고들어서 경영을 하게 되는데 농촌지역에서는 민자가 들어와서 활동할 수 있는 여건이 안되기 때문에 자치단체 직원들이 앞장서 나가야만 여러 사업들이 이루어지게 되는 것이 일반적일 것입니다. 그렇기 때문에 우리 공직자의 자세와 역할이란 면에서 경영 마인드를 가져야 된다는 것입니다. 결론적으로 강조를 한다면 경영마인드란 경영의식이며 경영의식이란 것은 모든 행정과 사업을 할 때 비용에 대한 인식을 우선 가져야 하는 것입니다.

비용 대 수익 인식

공무원들이 행정사무를 보는 과정에서 비용이라는 인식이 대체로 없습니다. 기업을 하는 사람은 무슨 사업을 하던 간에 항상 비용의식이 철저합니다. 공무원들은 비용의식이 낮은게 보통입니다. 이것이 법에 맞느냐 맞지 않느냐는 법규의식이 앞서고 비용의식은 멀다는 애기입니다. 비용의식이 없으면 경영마인드가 되지 않습니다. 모든 영역에서 비용의식이 있어야 되겠고 수익의식이 있어야 되겠습니다. 물론 서비스 중에는 무료로 해야될 것도 많습니다. 소방업무라든가 민방위업무 등 공통적으로 혜택을 보는 사무에 대해서는 어디가서 돈 받을데도 없습니다. 그러나 특정인을 위하여 서비스를 할 때에는 수수료와 사용료를 받게 되는 것입니다. 그런데 특정인을 위하여 서비스를 하면서도 사용료를 받지 않는 곳도 있습니다. 받더라도 아주 적은 수수료를 받고 있는데도 있습니다. 그러나 비용과 수익에 대한 대비는 되어야 할 것입니다. 우선 비용계산을 할 줄 알아야 합니다. 비용이라는게 흔히 단순한 현금지출만 생각하는데 기업을 하는 사람들은 비용이라고 하면은 그렇게 단순히 생각하지 않고 현금에 대한 이자를 반드시 생각하게 됩니다. 또 수익도 1년 후에 생기느냐 3년 후에 생기느냐 이게 상당히 중요하다는 것입니다. 수익을 현재 가치로 할인할 줄 알아야 되고 할인율 다시 말해 장래가치와 현재가치의 평가에 따른 비용인식이 있어야 한다는 것입니다. 공무원들이 사업을 할 수 있는 기초가 우선 되어야겠다는 것입니다.

서비스 혁신 인식

좀전에도 말씀드린 바와 같이 행정에는 서비스라는 인식이 있어야 하고 또 새롭게 혁신하는 자세가 있어야 한다는 것입니다. 날이면 날마다 달라져야 하겠죠. 기업하는 분들은 그렇습니다. 좀더 새로운 것을 끊임없이 찾아나서는 것입니다. 그러한 혁신적인 자세를 공무원들도 가져야겠습니다. 의식면에서 자세면에서 적어도 비용인식이라든가 서비스인식이 있어야 하고 또한 이런데 혁신을 보이려는 의지, 자세가 있어야 행정의 경영화가 성취될 수 있을 것입니다. 그런 기초적인 인식과 자세를 여러분들이 가진다면 틀림없이 훌륭한 성과가 나올 수 있을 것으로 봅니다.

이제 제가 하고 싶은 말은 거의 한 것 같습니다. 제가 이 지역사정을 소상히 모르고 현재 여러분들이 하고 있는 경영화 실태도 잘 알지 못하고 해서 일반적인 얘기를 했습니다. 또 기업하고 행정을 번갈아 가면서 얘기를 했기 때문에 여러분들이 혼동을 할 수도 있겠으나 이 점을 참고해 주시기

바랍니다.

지방주도 인식

그리고 한 가지만 덧붙이자면 지방에서는 흔히 모든 일을 중앙에서 다 한다는 생각을 가진다는 것입니다. 지방에서 우리가 이런 것을 해서 되겠느냐 이것도 중앙에서 해야되고 지방에서 해봐야 별 수 없지 않느냐 이런 생각들을 과거에 가졌고 지금도 그렇게 생각하는 사람들이 있을 것입니다만 이제는 모든 것을 지방주도로 생각하고 행동을 해야 할 것입니다. 솔직히 우리가 중앙집권제하에 오래 있었지만 그래도 다소 여건이 어렵더라도 지방에서부터 힘을 내야 되겠다는 것입니다. 지방에서 스스로 힘이 나오지 않으면 중앙에서 아무리 지방을 변화시키려고 해도 어렵다는 것입니다. 중앙에서보다 지방에서 우선 변화를 보이자는 얘기를 일본의 호소가와 수상이 했다고 합니다만 스스로 변화시켜보겠다는 그런 의지와 자세가 없으면 이 모든 것은 어려운 것입니다. 그래서 경영화에도 이러한 자세가 있어야만 한다는 말씀을 드리고 싶습니다. 긴 시간 경청해주셔서 감사합니다.

『제주도』지와의 대담

전 제주도지사(장병구)와 『제주도』지 편집자와의 대담이 지방자치경영협회장실에서 있었다(1994년 1월). 그 요지는 다음과 같다.

요즘 지방자치경영협회(현 한국자치경영평가원)를 이끌면서 무척 분주한데, 이 협회가 하는 일은 어떤 것입니까?

※ 지방자치경영협회는 경영전문법인입니다. 지방공기업의 설립, 운영에 관한 상담이나 지원, 지도를 하고 지방경영사업의 경영지도와 진단평가를 하기도 합니다. 또 지방경영사업과 관련된 조사연구나 경영정보를 수집하여 자료집을 발간, 배포함으로써 자치단체들이 최신 정보를 접할 수 있도록 하고 있습니다. 이외에도 지방경영사업의 타당성을 분석하고 경영담당공무원에 대한 교육을 실시하여 지역경제 활성화에 기여하고 있습니다.

예를 들면 상하수도 사업이나 공영개발사업을 진단, 분석, 평가하는 일들이지요. 제주시가 시행하고 있는 상수도 사업과 도가 추진하는 연동택지개발사업에 대한 평가를 하기도 했습니다. 관료 조직은 특성상 경직된 사회이며 업무적으로도 비능률적인 면이 없지 않습니다. 따라서 공영사업이 제대로 추진되도록 지도하고 비효율적인 면을 미리 막아 행정 경영이 민간수준이 되도록 경쟁력을 향상시키는 일을 하고 있습니다.

1984년 도지사로 취임하면서 아름답고 잘 사는 선진제주를 도정목표로 삼았는데…

※ 제주는 자연경관이 아름다울 뿐만 아니라 3무정신으로 대표되는 인정이 훈훈한 지역입니다. 그래서 아름다운 자연과 인정의 조화로 환경보전을 통한 전원도시, 풍요로운 사회, 삼무정신을 계승한 아름다운 인심을 구현하자는 뜻에서 도정목표를 아름다움에 우선 두게 되었고, 선진제주는 수준 높은 선진도민 의식으로 제주를 국내외 관광지로 발전시키자는 뜻이었습니다. 지금도 마찬가지겠지만 제주는 관광산업 비중이 큰 지역입니다. 이 점을 적극 활용하여 지역경제 활성화를 위한 관광산업을 진흥시키고자 했는데, 특히 관광시설과 더불어 운영 면에서 관광이미지를 개선하려고 노력해왔습니다.

재임 당시에 신천지 미술관 기공, 제주조각공원 기공, 표선민속촌 개촌, 민속예술단 창단 등 문화공간 확충에 대한 흔적이 뚜렷합니다.

※ 도지사로 취임하면서 문화적인 면에 역점을 두고 제주를 개발해야겠다는 마음을 가지고 있었지요. 흔히 제주도를 민속의 보고라고 합니다. 이렇듯 다양하고 보배로운 자원들을 유형화하여 활용하고자했습니다. 관광지라고 해서 꼭 관광객들에게 보여주기 위한 문화공간만을 시설할 것이 아니라 도민들이 자연스럽게 이를 이용하면서 보여줄 수 있도록 하자는 것이 본 뜻이었습니다. 지난 85년 전통문화를 개발하여 관광자원화 할 방침으로 지방문예창달을 도정 역점시책에 포함시켰던 것도 이 때문입니다. 제주도종합문예회관 건립에 착수하여 첫삽을 떴던 것도 이 무렵으로 기억

됩니다. 이 사업에는 50억원 가까운 예산이 투입되었죠. 그리고 민속예술단을 재단법인으로 창단하기도 했습니다. 이 사업은 초창기 운영상의 어려움은 예상했지만, 민간의 참여로 창의성과 수익성을 동시에 살리려는 취지였습니다. 그런데 후에 道 직영으로 바뀌었더군요.

최근 세계관광의 추세가 먹고 즐기는 단순관광에서 벗어나 보고 배우는 문화관광으로 흐르고 있는 것을 보면, 당시 기울였던 노력에 대한 긍지도 느껴집니다.

이제 세계가 하나로 변하고 있습니다. '86년 11월 25일 「제주도-하와이」간의 자매결연은 국제협력의 틀을 형성하는 초석이 되었는데, 그 추진배경은 어땠습니까?

❈ 제주관광이 세계화 · 국제화를 추구하기 위해서는 세계적인 관광휴양지인 하와이부터 알아볼 필요가 있겠다는 생각을 했습니다. 우리 제주도와 비슷한 하와이에 대하여 배울건 배워서 제주관광의 발전을 도모하기 위해 자매결연을 하게 된 것입니다.

제주도는 그후 발리와도 자매결연을 한 것으로 알고 있습니다. 이렇듯 국제교류가 있어야 상호발전이 된다고 봅니다.

'86아시안게임이나 '88서울올림픽 때 도민들은 상당한 기대감을 갖고 있었죠. 외국 관광객들이 몰려올 것이라 생각했던 거죠. 그런데 기대치 만큼 관광객은 오지 않았습니다. 막연한 생각만 갖고는 안된다는 것을 깨달은 것입니다. 물론 '86아시안게임 때는 외국관광객 유치계획을 수립하기도 했습니다. 중요한 것은 세계 관광객의 속성과 추세를 정확히 파악해야 한다는 것입니다.

제주도도 외국관광객 유치계획을 실정에 맞는 현실적 계획을 세워 주체적으로 홍보활동을 해야합니다.

보도에 의하면 제주와 중국의 경제특구인 海南島(하이난섬), 그리고 일본의 오키나와를 한데 묶는 광역 관광루트를 개발할 계획이 구체화되고 있는 것 같습니다. 이 세 지역은 공교롭게 한국과 중국, 일본의 최남단에 자리잡은 섬이면서 뛰어난 관광지라는 공통점을 갖고 있습니다.

이 세 지역을 하나의 권역으로 패키지화, 관광상품으로 개발한다면 제주관광의 국제화 전략에 상당한 도움이 될 수 있으리라 봅니다.

'93년 12월 20일 한라수목원이 개장되었습니다. 한라산에서 자생하고 있는 1,795종의 식물 가운데 목본 306종, 초본 90종이 식재되어 있는 한라수목원은 앞으로 관광지로서의 기능은 물론 도 · 시민의 휴식공간과 청소년들의 산 교육장으로 자리잡을 것으로 기대됩니다. '85년 간부회의시 제기한 사항이 8년여만에 결실을 본 것인데, 이는 진정으로 제주도의 미래를 내다본 값진 업적이라고 생각합니다. 이러한 산림박물관을 구상하게 된 배경은 무엇입니까?

❖ 한라산을 중심으로 제주도 전역에는 희귀식물들이 많이 분포되어 있습니다. 한마디로 '식물의 보고' 입니다. 그런데 도민들이나 관광객들이 제주도를 관광해도 제주의 희귀식물들을 모를 뿐만 아니라 보기도 힘들어 이들을 한곳에서 볼 수 있도록 하기 위하여 한라수목원의 조성을 발상하게 된 것입니다.

처음에는 제주시에서 계획을 수립하여 사업을 착수토록 하였는데, 보다 역점을 두기 위해 '87년 1월 24일 제주도자원관리사업소가 생기면서 업무가 이관되었죠.

다행히 1987년 4월에는 정부의 지방수목원 조성 확대 지침이 있어서, 그 후론 국비지원도 받을 수 있었습니다. 당시 한라수목원의 건립취지는 학생 및 전문인을 위한 교육과 연구의 장이 되고, 도 · 시민의 휴게공간과 산림의 공익적 기능 제공, 희귀 특산수종의 효율적 관리 및 관광자원화였습니다. 어쨌든 산림박물관이라 할 수 있는 한라수목원이 개장되어 보람을 느끼게 됩니다.

제주도지사로서 3년간 재직하는 동안 제주의 장 · 단점을 파악했으리라 봅니다. 장점은 더욱 개발하고 단점은 보완하는 방안이 있으시다면 말씀해 주십시오.

❖ 제주도민들은 억척스러운 근면성, 끈기 그리고 ᄌ냥정신이 강합니다. 과거 척박한 땅과 모진 바람, 파도 등과 싸우며 살아야했던 생활습관이라 여겨지는데, 반면 외지인에 대한 배타적인 사고방식이 엿보이기도 하지요. 제주의 역사적 · 지리적 환경 때문에 당연하다고 봅니다.

제주를 찾는 관광객들이나 개발에 관심을 둔 분들이 느낄 수 있는 이러한 정서는 이제는 제주인들의 따뜻한 인심과 포용력으로 조화되어야 할 것입니다. 어느 지역이나 이러한 현상은 있기 마련이지만 이것을 얼마만큼 적절히 조화시키느냐가 발전의 중요한 과제일 것입니다.

제주는 관광에 많은 관심과 투자를 하고 있는데, 1 · 3차 산업 연계방안도 적극 모색하여 농수산물 수입개방에 따른 산업의 균형발전을 도모해야 합니다.

지금 환경문제는 곧 생존의 문제입니다.

급속한 산업사회의 진전으로 파괴되고 있는 지구의 환경은 세계적인 관심사항입니다. 제주는 맑은 공기, 깨끗한 물을 보존하고 있는 곳입니다. 따라서 무분별한 개발로 도민의 식수인 지하수를 더 이상 오염시키는 일은 없어야 할 것입니다.

잘 아시다시피 제주의 지하수는 세계적으로도 그대로 식수로 사용할 수 있는 귀중한 자원입니다. 개발이 늦는 한이 있더라도 이 소중한 자원을 아끼고 보존하는데 온 도민이 노력해야 할 것입니다.

한라산은 곧 제주입니다.

내 몸을 아끼듯 한라산의 풀 한 포기, 나무 한 그루도 소중히 여기는 마음을 가져야 합니다. 그동안 멸종위기에 처해 있는 한라산의 야생노루가 크게 늘어나고 있다는 소식을 들었는데 참으로 반가웠습니다.

재직시인 1987년 한라산 관리업무를 정부의 지침과는 달리 국립공원관리공단에 이관시키지 않고 제주도에서 계속 관장하고, 관리사무소장 직급을 사무관에서 지방서기관으로 상향조정한 것도 한라산 특성을 감안한 보호업무를 원활히 하기 위해서였습니다. 또한 많은 등산객으로 인해 훼손된 정상 서북벽 등산로를 남벽으로 돌리고 등산로를 일정기간 폐쇄, 정비하는 등 한라산 보호에 많은 신경을 쓰기도 했습니다.

제주의 물이나 한라산, 그리고 토속적인 생활방식은 관광지로서 제주의 자랑이며 장점이지만, 또한 도민들이 주체적으로 보호해야 하는 과제를 안고 있는 셈입니다.

제주도지사로 재직하면서 남기신 많은 업적 중, 특히 기억에 남는 일과 아쉬운 점이 있으시면 말씀해 주십시오.

※ 1985년 특정지역 종합개발계획 확정과 농작물 재해에 따른 종자 대보상, 일주도로 침수지역 개량사업, 해녀복지사업 등이 기억에 남는데, 제주개발의 새 전기를 이룬 특정지역 종합개발계획은 1991년까지 7년동안 제주시 · 서귀포시를 중심으로 17개 지역에 민자 우선 유치계획을 세워 추진하도록 한 것입니다. 이 계획은 2차 종합개발계획에도 영향을 미쳤으며 제주개발의 기본 방향을 설정한 것이었죠.

종자대 보상은 태풍이나 장마 등 자연재해로 인한 농작물 피해보상인데, 처음 있는 일이었습니다. 또한 일주도로 상습침수지역 개량사업을 많이 펼쳤죠. 그리고 그 전까지는 바다 가까이 시설이 금지되었던 해녀탈의장을 해녀복지사업의 일환으로 할 수 있도록 해줬는데, 그 해에 무려 69군데 해녀탈의장이 신설되더군요.

그외 서부지역 개발의 계기가 된 제주~중문간 고속화도로 조기 개통을 위해 노력한 것이나, 좀 더 크고 알찬 문화명소로 짓고 싶었던 추사적거지 개관 등이 기억에 남습니다. 한가지 덧붙인다면, 지난 1980년 폐간된 「제주도」지를 복간한 것입니다. 1962년 창간돼 도내 최초의 종합잡지로 도정홍보화 전통문화 발굴 및 지방작가들의 창작의욕 고취에 기여해 온 책이었죠. 지방문예 창달을 도정역점시책으로 내걸었고, 또 향토사료의 정리와 제주도의 비전을 제시할 수 있는 종합 연구지의 필요성에 의해 복간하게 된 것입니다.

그리고 가장 아쉬웠던 점이 있다면 성산 해안관광단지 조성입니다. 성산 일출봉 자체로도 훌륭한 관광자원입니다만 주변의 해안 또한 빼어난 경치를 갖고 있습니다. 그래서 성산 일출봉을 중심으로 지역정비 사업을 추진했는데 그 뒤 진척이 없는 것 같았습니다. 그때 좀더 노력했더라면 하는 아쉬움이 남습니다. 언젠가는 이 지역을 관광단지로 조성해야 할 것입니다. 그리고 한라산을 보호하기 위한 보존시설들을 더 설치하고 싶었는데 미루어진것이 아쉬움이라 하겠습니다.

지금 제주는 개방화에 따른 관광객이 감소하는 등 어려운 상황에서 제주발전의 활로를 모색해야 하는 시점에 와 있습니다. 21세기를 맞이하기 위해 제주는 어떤 것을 준비해야 되고 어떠한 제주도가 되어야 한다고 생각하십니까?

※ 모두들 21세기를 전망하며 계획을 수립하고 있습니다. 제주도도 21세기 계획을 수립하고 이에 맞는 준비를 해야 되는데, 그 여건과 특성상 제주도의 미래를 세가지로 나누어 생각해 볼 수 있겠습니다. 즉, 관광의 미래, 1차산업의 미래, 자원의 미래입니다.

21세기에는 우리나라가 선진국 대열에 서게 될 것입니다. 따라서 국민의 의식주 수준이 높아지면서 문화적 욕구가 현재보다 더 강해지는데, 이때 관광이나 레저활동이 더욱 활발해질 것입니다. 또한 주변 동남아나 중국 등의 급속한 산업화가 이루어지면서 아시아 관광객의 수도 불어날 전망입니다. 제주관광의 미래는 이러한 국민의 문화적 욕구와 외국 관광객들의 기호를 얼마만큼 충족시키며 끌어들이느냐에 달려있습니다. 따라서 21세기 관광수요에 대해서 정확한 판단을 하여 관광의 고급화 · 국제화를 위한 준비를 서둘러야 합니다. 관광편의시설이나 공항 등에 정부나 민간투자가 계속적으로 이루어질 수 있도록 투자계획을 수립해야 하는 것이죠. 아무래도 정부재정은 한계가 있을 것이므로 민자유치계획을 세워 추진하는 것이 불가피할 것입니다.

도민의식도 개방에 맞춰 변화되어야 하는데 개방에 따른 피해의식 보다는 적극적으로 수용할 것은 수용하고 대응하는 자세를 가져야 할 것입니다.

다음으로 1차산업의 미래인데, 제주도는 감귤의 품질을 고급화하고 적정생산 할 수 있도록 해야합니다. 해거리 현상 등으로 불안한 감귤가격을 안정시키려면 대대적이고 적극적인 홍보활동으로 간벌 및 적과를 시켜 나가야 할 것입니다. 그리고 감귤유통시장 확보를 위해 육지에서의 홍보활동도 강화해야 할 것입니다.

지금까지 제주도는 감귤에 너무 의존하는 느낌이 없지 않은데, 앞으로는 섬이라는 특수성을 살린 수산자원에도 신경을 써야 합니다. 즉, 다양한 산업구조를 가진 제주도가 되도록 지도층의 의지와 역할, 그리고 활동이 있어야 한다는 것이죠. 지금 당장 싫은 소리는 듣더라도 미래를 위해서 필요한 것은 추진해 나가는 지도력이 필요합니다.

유 · 무형의 많은 관광자원을 가지고 있는 제주자원의 미래에 대해서 생각해보면, 유형의 관광자원은 관광객들이 볼 수 있도록 전시가 잘 되어야 하며, 무형의 자원은 발굴 · 보존 · 전승할 수 있도록 제도적 뒷받침이 되야 합니다. 즉, 민속에 대한 발굴 · 보존 · 전시를 전담하는 기구나 기능이 있어야 된다는 것이죠. 예를 들면, 제주의 돌을 들 수 있습니다.

1985년에는 제주의 돌과 송이에 대한 종합적인 보존 · 활용 계획을 수립 · 추진한 적이 있는데, 이러한 제주만이 가지고 있는 천연자원인 돌을 보존 · 활용함으로써 향토색 짙은 관광지로 변모시켜 나갈 수 있을 것입니다. 따라서 이 일들을 지속적으로 추진하는 기구가 필요할 것입니다. 꼭 행정조직으로서가 아니라 관광개발공사 등도 방안이 되겠습니다.

이상 세가지로 나누어 제주의 미래를 얘기했지만, 무엇보다 중요한 것은 도민의식의 변화입니다.

그동안의 갈등을 극복하고 다시 뛴다는 마음가짐으로 도민의 힘을 미래 지향적이고 건설적인 쪽으로 결집되도록 하는 것이 무엇보다 중요하다고 봅니다.

21세기 제주는 지사께서 도정목표를 설정하여 추진했던 데로 "아름답고 잘 사는 선진 제주"가 될 것입니다. 이는 물론 저절로 오는 것이 아니라 국제화 · 개방화의 물결을 도전으로 받아 들이고 변화와 개혁을 통하여 변화된 생각과 자세로 응전 할때만 가능할 것입니다. 대담할 기회를 마련해 주신데 대해 도지 편집자로서 감사의 마음을 드립니다.

부록

생애역정

- 행정현장
- 공익단체의 설립과 운영
- 강의 · 저서 등 발간

행정현장

출생과 중 고등학교 시절

1937. 3. 29. 경상북도 군위군 고로면 학성동 144번지에서 저자는 장순환(蔣舜桓)과 이탁순(李鐸順)을 부모님으로 하여 태어났다. 이곳에서 자라면서 특히 조부모님(蔣濟寬 · 朴洙玉)의 사랑과 보살핌을 크게 받고 자랐으며 가까운 고로국민(초등)학교를 다니게 되었다. 졸업 후 중학교로의 진학은 삼촌이 계시는 서울로 가게 되었다. 그러나 영등포 중학교에 입학하여 몇 달이 지나지도 않아 6.25전란이 발발, 피난길에 오르게 되었으며 그후 다시는 그 학교에 가지 못하였다. 그후 중학과정은 피난지인 본가(의성군 금성면 대리)에서 가까운 의성중학교에서 마치게 되고 수료증은 원래의 입학학교(영등포중학교)로부터 받게되었다.

이어서 의성공업고등학교에 진학하였으며 이때 학교는 선택이라기보다 그 지역에서의 유일한 고등학교로 가게 된 것이다. 여기서 공업고등학교의 학과(토목과)는 표방일 뿐 실제 일반 고등학교 교과와 거의 같은 내용을 익히게 되었다.

당시는 피난시절이라 학교 선생님들도 서울 등 각지에서 오신 분들이 많아 수준 있는 지도를 받게되어 다행스러웠다. 그러나 학교가 거주지(금성면 탑리)에서 12키로미터 이상 떨어져 있어 하숙을 하거나 기차통학을 하기도 하는 등 어려움도 없지 않았다.

〈화북댐에 잠기는 고향〉

고향인 군위군 고로면 현지에서는 댐 반대 운동이 몇 년째 이어졌으나 이곳의 화북댐은 결국은 설치키로 확정이 되고 잊지 못할 고향 땅은 영원히 물 속으로 잠기게 되었다. 너무나 안타까운 일이었으나 용수원 확보라는 국가적 대의 앞에 대안은 없었다. 주변 산지라도 보전되고 순환도로라도 제대로 된다면 둘러는 볼 수 있지 않을까 기대될 뿐이다.

댐은 저수나 용수의 경제성이 있기는 하지만 유역의 생태계에 주는 영향이 너무나 크고 경제성에도 의문점이 있어 일본 등지에서는 이를 중지하는 추세이나 우리나라에서는 환경 보존에 대한 이해는 아직은 미흡한 편이라 할 것이다. 면밀한 환경영향 평가와 경제성에 대한 충분한 검토분석이 있어야만 할 것이다.

서울법대입학과 고시합격

의성공업고등학교를 졸업하고 다행히 서울대학교 법과대학에 들어 갈 수 있게 되었다. 지방에서의 불우한 여건에도 불구하고 여러 선생님들의 성의 있는 가르침에 힘입어 어렵다는 대학에 들어가게 되었으나 기쁨도 잠시일 뿐 그 다음이 더 걱정이었다.

서울에서 하숙을 하면서 여유있게 대학을 다닐 형편도 아니었고 진학에 관해 부모님과 충분한 상의가 된 것도 아니었다. 다행히 고장 유학생들을 위해 숙식을 제공하는 '숭덕학사(崇德學舍)' 가 있어 숙식 문제는 우선 해결될 수 있었다.

법과대학에 입학한 다음의 과제는 고시에 합격하는 것이었으며 이는 무거운 과제였다. 여하튼 새로운 목표를 향하여 매진한 결과 졸업을 앞두고 고등고시(1958년 제10회 행정고시)에 합격할 수 있게 되었다.

대학을 졸업하자마자 공직으로서의 첫 근무 배정지는 내무부(현 행정자치부)여서 출발은 순조로운 편이었으나 한편 직장에서의 현실은 냉혹하였다. 내무부 본부에서 수습을 한 후 처음 받은 보직은 경상북도 내무국 지방과(행정계장)이었다. 도내 시 · 군 행정을 지도 감독하는 실무 담당이었다.

군 입대와 복직

대학졸업과 동시에 그동안 연기되어온 군 입대문제가 다가왔다. 더 이상 미루어 질 수도 없어 공직을 휴직하고 군 입대를 하기로 했다. 행정고시합격에는 사법고시와는 달리 군 입대에서는 아무런 특전도 없었으며 사무관에서 이등병으로 입대하여 병장으로 제대할 때까지 병영생활을 한 것이다.

때늦은 입대라 적응이 좀 어려운 점도 있었으나 잘 지탱해낼 수 있었다. 당시 병역을 기피하는 인사들도 적지 않았으나 기꺼이 현역입대를 택한 것이다. 이로 인해 군복무기간의 공백으로 다소 공직생활에 손실요인이 된 것도 사실이나 후회해보지는 않았다.

2년여 군 생활을 마감하고 나오니 5. 16 사태로 사회전반이 급변하고 있었다. 뒤늦었지만 다시 공직생활로 복귀하여 경상북도에서 지역계획과장을 맡게되고 이후 운수과장, 감사실장을 역임한 뒤 성주군수로 부임하게 되었다.

이때 도청에서 복마전으로 알려진 운수과장 보직을 받고는 비장한 각오를 다진 바도 있었다. 전후(前後)임 과장이 모두 구속될 정도였으며 따라서 업자와 차 한자도 사양하며 내방객은 문전 사절하는 자세로 업무에 임하였고 그 결과 무사히 직책을 마칠 수 있게 되었다.

이러한 바쁘고 긴장된 일과를 보내면서도 기간 중 평생의 반려자와 결혼을 하게되었으며 (1964년 5월) 상대는 경북 의성군이 고향이고 이화여대를 졸업한 최혜자였고 이어 신혼생활이 대구에서 이루어졌다. 현재 가족으로는 1남 2녀를 두고 있다.

성주군의 목민관

지방의 공직자로서는 시 · 군지역의 행정책임자가 되는 것이 우선 소망이라 할 수 있었다. 이 자리는 대개 오랜 공직 경험을 가진 연로한 분들이 갈 수 있는 직책이기도하여 예로부터 영감이란 칭호가 부쳐져 오기도 했다. 전통적으로 목민관으로 불리어 지기도 했다.

1966년 3월 군수로 부임한 성주군은 전통적인 농촌지역이며 특히 유림이 강한 지역으로 여러모로 조심스런 고장이기도 하였다. 부임 이후 우선해야 할 일이 고장의 어른들을 찾아 인사를 올리는 일이었다.

성주지역은 대구와 가까워 당시 비닐하우스 재배 등 근교원예 농업으로 첨단을 가고 있어 타 지역의 시범이 되기도 하였다. 성주 수박과 참외는 그때부터 명성을 이미 얻고 있었다.

그러나 대부분지역은 아직도 미맥위주의 전답영농으로 영세할 수밖에 없었다.

농촌 근대화의 기치하에 농업분야에서 생산성을 높이기 위한 행정지도가 당시 군정의 지상 목표였으며 따라서 품종개량 조기 이앙과 방제 독려 등이 현장행정에서의 가장 주요한 과제요, 기법으로 인정되고 있었다. 이를 위해 군에 배정된 짚차는 농촌 읍 · 면을 부지런히 돌아다니게 한 유일한 운송수단이었으며 한편 상징으로 볼 수도 있었다.

군의 재정은 취약하여 자체재원에 의한 사업은 기대할 수 없고 국가나 시도의 보조금에 크게 의존하게 되었으며 여기에는 지역구 국회의원의 역할이 컸고 따라서 한편으로는 군정에 대한 관여도 논란이 되어 왔다. 특히 선거를 의식한 청탁이 적지 않은 폐단으로 지적되고 있었다.

재직기간이 1년에도 못미쳐 목민관으로서 제대로 실적을 남기지도 못하고 중앙부서(내무부)로 떠나 아쉬움도 없지 않았다. 당시 · 군수는 물론 임명제였으며 사무관 또는 서기관급이 군세에 따라 배치되고 있었다.

내무부 근무 거쳐 경북도 내무국장

내무부 본부에서 시도의 심사분석업무를 담당하다가 행정과 기획담당을 맡게 되었다. 심사분석은 5 · 16 이후 행정에 새로 도입된 운영계획에 수반되는 행정관리체계로 기관마다 다분히 형식적인 운영이 적지 않았으며 큰 주목을 받지는 못하였다.

그런데 시 · 도정에 대한 종합적인 분석이 채점으로 서열화되고 연말 대통령상과 결부되는 실적심사제가 되면서 치열한 수상경쟁이 벌어지게 되어 한때 부작용이 나타나기도 하였다. 이후 여러 경로를 통해 제기된 행정

경영평가제에서도 기준의 설정이나 점수화에 의한 평가라면 이때의 경험이 언제나 반추되곤 했다.

지방기획담당이 되면서 지방행정제도와 공무원제도 개선의 실무 요원으로 일하게 되었다. 관련 업무에 대한 국내외 자료도 수집, 정리하기도 하고 외국연수(일본의 지방제도 연수 2개월)도 다녀왔다.

그러나 당시의 국정환경은 지방자치가 경원시 되던 시기라 의미 있는 결실이 될 수는 없는 것이었다.

그러나 당시에도 주민자치는 정지된 상황이었으나 자치법규의 제정이나 지방세정, 재정관리 등에서는 상급청의 감독 하에 어느 정도 자율적인 운영이 되기도 하였다.

여기서 법무관으로 승진이 되었으나 얼마 되지 않아 뜻하지 않게 경북도의 보건사회국장으로 전보발령이 났다. 가족계획사업을 포함한 보건사회 업무를 2년여 수행한 다음 도정의 주요참모인 내무국장으로의 전보가 이루진 것이다. 당시 내무부(지방국장) - 시도 (내무국장)- 시군(내무과장) 라인은 국정에서 중요한 행정체계였으며 지역사회 안정에의 기여가 중요한 책무였다.

또한 지방행정의 중요 시책들의 조정 경로였으며 지출책임자로서의 경리관의 역할을 함께 수행하게 된 것이다.

〈새마을의 선진사례〉

당시 지방행정은 새마을사업을 제외하고는 이야기가 될 수 없을 정도로 중점추진이 되고 있었다. 시도간부들도 새마을 현지지도가 중요한 역할이었으며 새마을사업의 성공적인 추진과 이의 확산이 주요 임무였다.

특히 새마을 성공사례의 발굴과 발표는 주요과제였다. 당시 연말의 전국

새마을 지도자대회는 이의 절정을 이루는 장소이며 행사였다.

여기서 2년여간 바쁜 나날을 보내다가 다시 내무부 총무과장으로 발령을 받게 되었다. 당시 총무과장은 대개 장관이 가까운 인사를 두어온게 관례였으나 이를 깨고 연고를 떠나 배치한 것으로 보였다.

충북부지사에서 국방대학원 입교

내무부의 총무과장에서 재정담당관을 거쳐 행정담당관으로 짧은 기간에 순환인사가 이루어져 지방행정에서의 다양한 보직을 거쳤다. 담당관제는 당시 지방국장의 업무가 방대하여 소관과를 분담하여 보좌하기 위한 직책으로 사실상 결재권을 가졌으며 부국장이라 불리워졌다. 여기서는 어느 정도 책임을 가지고 전문성에 입각한 기획과 업무추진을 할 수 있게되었다. 이어서 인사 여건상 충청북도부지사로 전보되어 외지에서 수련을 쌓게 되었다.

부지사는 지사를 보좌하는 역할이기에 활동범위와 내용은 지사의 방침에 크게 의존되었다. 당시 지사의 활동범위는 넓은 편이었다.

그러나 한편 충청북도에는 부지사의 시 · 군 순시제가 관행화되어 있어 거의 모든 시 · 군을 방문, 유지와 대화도 하고 군정보고를 받을 수 있는 기회가 있었다.

당시 새마을사업의 후속조치로 주택개량시책이 강도 높게 추진될 즈음이라 시범사업지가 되는 청원군부터 영동군까지 고속도로를 돌며 점검한 기억이 새롭다. 시대마다 국정지표에 따라 특색시책이 추진되기 마련인데 당시 새마을운동은 지붕개량에서 주택개량으로 나아가 취락구조개선으로 발전되고 있었다. 이때만 해도 시 · 도의 시 · 군에 대한 지도역할은 적지 않이 큰 편이었다.

그러나 이 고장에서의 재직기간은 6개월 남짓으로 업무를 제대로 파악하기에는 너무나 짧은 기간이었다. 전국적인 인사순환의 필요에 따라 국방대학원 입교발령을 받게 되었던 것이다. 이곳 대학원의 안보과정에서는 군 간부들과 같이 군사전략과 더불어 국정주요 과제에 대해서 연찬하는 기회가 되었다.

대구시장과 직할시 탄생

국방대학원 1년을 수료한 후 본부 감사관으로 잠시 재직하다가 1980년 7월 경상북도 대구시장으로 발령을 받게 되었다. 대구시는 당시로서는 인구 120만의 대도시이며 소속이 경북도 이긴하나 직할시 직전의 위상으로 거의 자율적인 행정을 하고 있었다.

오래되고 협소한 시청사이었으나 유서 깊은 그 곳에서 시정을 보살피게 되었으며 우선 구청- 동 · 리 등 행정 경로의 파악과 지도에 정성을 기울였다.

당시는 국민투표와 대의원선거 등이 이루어진 시기이기도 하였다. 시정에서의 역점시책은 영세서민의 복지증진, 지역의 환경개선과 시민생활 편익증진 등에 두어 졌다. 영유아 보육시설의 확충, 영세민 집단촌의 환경개선, 새마을 방식에 의한 골목정비 지원 등이 구체적인 사업이었고 어린이회관과 두류공원의 착공 등이 규모 있는 시설로 추진되었다. 산업입지를 보면 성서공단은 계획만 되어 있고 비산염색공단이나 서부산업공단이 가동되고 있는 정도로 대도시로서의 산업기반은 취약하였다.

시로서의 당시의 재정여건은 그 이상을 다룰 상황이 못되었고 또 이들 과제만도 벅차기도 했다. 직할시로서의 청사확보안도 검토해보기도 하였으나 실현에는 이르지는 못하였다. 그밖에 거수목 위주의 도시녹화7개년 계획의 수립, 신천주거지구 재개발사업의 촉진, 약령시 부활 발전대책 등이 강구되기도 했다.

그 시절 가장 고통스러웠던 일은 여름철 고지대 급수대책이었다. 당시 낙동강수원을 취수, 공급하는 시설이 갖추어져 있었으나 용량이 부족하여 금호강과 가창댐에서 일부 수원을 보충하였지만 시민들의 수요에는 절대 부족한 실정이었으며 특히 고지대 영세민 거주지구는 급수난이 심각한 상황이었다. 제한급수의 실시에다 급수차를 보내 부분적으로 해결할 수 있을 뿐이었다. 이는 상수도사업에 대한 투자가 적기에 이루어지지 못한 점에 원인이 있다고 보아 다른 부분보다 우선 재원배분을 한다고 하였으나 급수까지는 절대기간이 소요되는지라 안타까울 뿐이었다. 적기 선행 투자의 필요성을 일깨워준 사례라 할 수 있었다.

대구시는 1981년 직할시로 승격되고 그 후 광역시로 개편되어 크게 발전되어 오고 있으나 근본적으로 전통적인 섬유기계산업을 대체할만한 새로운 성장산업의 활착이 어려워 지금도 지역경제는 어려움을 떨치지 못하고 있는 것 같다.

아무튼 직할시 탄생의 기반조성과 준비작업에 분주하였으며 이는 당시 시정에 주어진 역할이기도 했다.

행정, 재정국장의 역할

대구시가 직할시가 됨에 따라 시장직을 마치고 내무부의 개발국장으로 일단 부임하게 되었다. 그러나 이 자리는 행정개혁의 대상으로 곧 폐지되고 잠정적으로 정책연구관으로 대기상태에 있었다. 당시 행정개혁의 방침으로 부처감축이 1부 1국 기준으로 추진되면서 내무부에서는 신설된 개발국 등이 우선 감축 대상이 된 것이다. 기구감축으로 대기된 인력은 정책연구관이란 직책으로 한 사무실에 모여 근무하게 되었다. 그 동안 지역개발 등 현안에 대한 자료준비나 해외연수도 다녀오긴 했지만 정말 불안한 시련기였다고 할 수 있었다. 그래도 지방재정국장으로 복직할 수 있어 다행인 편이었다.

지방행 · 재정을 실무적으로 조정하는 지방행정국장이나 재정국장은 자치단체의 조직과 재정을 지원하고 지방간부공무원의 인사 교류와 조정의 실무 역할을 담당하고 있었다.

당시만 해도 중앙집권체제였으며 더구나 상급관청이 지방의회의 권한 대행까지 하던 시기이었다.

당시의 지방재정상의 주요과제로는 지방세제의 강화와 지방교부세의 법정율의 회복이었다. 8. 3 조치로 정지된 지방교부세의 법정률을 환원하는 것이 목표였다. 관련 정책담당 부서와 협력하여 당시 내국세의 11% 수준으로 사실상 계상되던 지방교부세를 13.27%의 법정율로 고정하는 결과를 얻는데 관계자가 모두 힘을 기울였던 것이다. 종전 법정율보다는 낮아진것이지만 당시의 지방교부세 배정수준보다는 높은 수준이었으며 더구나 법정율로 고정되는 것이라 큰 성과를 얻은 편이었다.

지방교부세액 산정과 관련하여 명분상으로는 국가재정 부서에서 주장했던 지방재정수요액과 수입액을 산정하여 부족액을 보전해주는 방식이 바람직해 보였으나, 이 과정에서 국가 예산부서의 자료 제출요구나 삭감 시도, 예측곤란성 등 불안요인이 너무나 많아 지방재정운용의 입장에서는 법정율로의 고정을 절대 선호하였던 것이다.

지방행정과 관련된 당시 중요 과제로는 새마을운동의 확대 발전과 지역균형개발지원 그리고 공무원 교육의 강화 등으로 기억된다.

지방행정연수원장

이어서 지방행정연수원장으로 부임하여 지방간부 공무원의 연수교육을 맡게 되었다. 당시 연수원에 새로이 설치된 시장 · 군수 교육과정은 많은 어려움이 있었지만 성과를 얻은 편이나 중견간부과정을 위해 개발된 극기수련훈련을 고급간부과정에도 적용함으로써 적지 않은 부작용이 유발되었던 것이다.

당시 수원 교외에 자리잡은 지방행정연수원은 자연과 조화된 분위기에다 강사확보도 용이한 편이라 전국 지방간부 공무원의 교육에는 적절한 곳이었으며 시책개발에 대한 연찬센터로서의 역할도 해왔던 것이다. 연수교육의 충실화를 위해 교수제를 두며 지방행정연구소를 설립 · 운영하게 된 것도 이때의 일이었다.

지방행정연수원은 그후 다른 국가 전문연수기관과 통합, 국가전문행정연수원으로 개편 운영되었으나 2005년부터는 자치인력개발원(지방혁신인력개발원)으로 출발하게 되었으며 자치행정의 전문요원 양성기관으로 발전되어 나갈 수 있게 된 것이다.

시도지사 -제주도

연수원에서 1년 반 동안 연수과정 지도에 임하던 중 뜻하지 않게 제주도지사 발령을 받게 되었다. 연고가 있는 곳도 아니었으나 정부의 인사 방침에 따라 부임하게 되었다. 당시 전국체전 중이라 현지를 들른 다음 부임이 이루어졌다. 몇 번 가본적은 있지만 도의 행정책임자로서 부임해보니 모두가 새로운 것이었다. 많은 관광객이 오는 고장이며 주민들도 이에 자극을 받기도 하는 것 같았다.

내방객의 응대, 현지확인, 결재 등 되풀이되는 업무 속에서 어느덧 3년이 흘러갔다.

1987년 10월 하순에 이르러 지사직을 드디어 마감하게 되었으며 못다한 일에 아쉬움을 남기며 제주를 떠났다.

그러나 3년간의 세월은 결코 짧은 기간이 아니었으며 당시 임명직 지사의 재직기간으로서는 긴 편이었다. 이 기간 중 역점을 두고 추진한 시책이라면 제주도 종합개발계획의 수립추진이라 할 수 있겠다. 정부의 지원과 협력으로 처음으로 장기종합개발계획이 수립되었고, 이에 따라 중문 성산 등 3개 단지와 20여 개소의 관광지개발이 계획적으로 추진될 수 있었으며 이 계획은 그후 도정전반에 지침이 되기도 하였으며 제주개발의 비전과 가이드라인이 되었다.

그밖에 구체적으로 추진된 몇 가지 시책을 본다면,

- 잠수 해녀들의 복지시책 강구와 양식사업의 지원
- 감귤의 품질개량과 적정생산지도
- 한라산 국립공원의 책임 관리
- 하와이 주와의 자매결연체결

– 관광시설관련 투자유치 추진 등을 들 수 있겠다.

제주의 고유수종을 육성 · 전시하고자 한라수목원을 조성하고 표선민속마을의 설치, 안덕조각공원의 개원, 경마장의 설치 등이 기간 중 새로이 이루어진 사업들로 보여진다.

무엇보다 관심을 가지면서도 성과가 오르지 않는 분야는 농축산분야에서의 소득증대를 위한 유통개선사업이었다.

환경관리면에서는 야립(野立) 간판의 억제, 일주도로 해안변의 건축 통제 등 개발에 앞선 환경보전 조치에 중점을 두었으며 이는 무리한 면도 있었으나 제주다움을 유지하려는 장기적인 배려였다. 이들은 우선 행정조치로 보전대상이 되었다.

그밖에 여러번의 태풍과 그로 인한 피해도 적지 않았으나 재해대비 행정력은 그후 크게 향상될 수 있었다. 당시 재해복구 지원기준으로는 미흡한 점이 많았으나 농작물피해 보상 등에서 중앙단위의 새로운 지원기준이 마련되는 계기가 되기도 한 것이다.

당시 논란이 되었던 제주시 탑동 해안개발에 대하여는 정상적인 업무처리였으나 지가의 급등에 따른 의외의 이득이 건설업자에 귀속됨에 따라 많은 오해도 있어왔다.

도의 입장에서는 최소한 개발의 시기와 방법이라도 조정해보려 했으나 이 연안은 건설부직할 업무구역이라 어려웠다.

결과적으로 시의 해변 도시지역은 좀 넓어지기도 했지만 바다와 모래와 석양이 어울러지는 해안의 원래 모습은 이제 다시 볼 수 없어 아쉽게 된 것이다.

제주시 중심에 위치한 유서 깊은 관덕정이 여러 어려움에도 불구하고 그래도 공원으로 지켜져 다행이었다.

한편 제주 인근의 추자도, 우도, 가파도, 마라도 등 여러 도서를 가볼 수 있었고 특히 마라도에서 대한민국 영토 최남단의 의미를 되새겨보고 문주란을 이곳에 이식해 보기도 했다.

한라산 정상도 몇 번 가보았고 그때마다 토사유출 매몰 등으로 인한 회손이 안타깝고 대책이 미진함을 느끼기도 했다. 복원기법이나 재원에 애로가 있기도 하였으나 이곳은 국립공원이면서 문화재 보호구역이란 제약이 있었기 때문이기도 했다. 백록담에 이르는 서북벽 접근로부터 휴식년제를 처음으로 실시하기도 했으나 다른 길을 통해 밀려오는 관광객에 충분한 대응은 되지 못한 것 같았다. 이런 중에도 한라산 케이블카 설치와 관련된 찬반논의도 제기되었으나 갈등조정이 쉽지 않아 진척되기는 어려웠다. 비바람이 연중 세차게 몰아치는 이곳 지역의 특성에서 보면 이용시설의 건설이나 자연의 복원 등이 쉽지만은 않다는 것을 느끼게 했다.

제주의 국제관광지로서의 개발여건의 조성은 그후 제주국제자유도시특별법의 제정으로 새로운 전기를 맞이하게 되었다. 이제 제주는 중문단지에 들어 선 대규모 호텔, 국제회의장 그리고 많은 수의 골프장의 개장 등으로 급격히 국제관광지로 변모하고 있으며, 앞으로도 제주특별도의 위상과 역할이 마련됨에 따라 지역발전에 많은 변화가 예상되지만 여하튼 국가의 개발정책의 설정에 앞서 도민의 입장에서 바람직한 개발여건의 조성이 기본으로 우선 받아들여져야 하리라 본다.

공익단체의 설립과 운영

지방행정연구원 설립

중앙집권시대의 지방행정은 중앙정부 담당부처의 주도로 통제적이며 획일적으로 운영되어 왔다. 그러나 당시에도 행정목표 자체는 오히려 주민본위의 서비스 향상에 있었으며 이를 위한 다양한 시책구현과 연찬 또한 필요하였다. 국가 시책의 연구 기획분야에서는 1980년대 초만 하더라도 경제정책 등에서는 KDI(한국개발연구원)등 저명한 기관이 이미 두드러진 역할을 하고 있었고, 조세나 농촌경제분야도 연구기관이 있어 각각 상당한 역할을 하고 있었다.

그러나 지방행정에서만은 방대한 영역에서 창의적인 여러 역할이 요구되면서도 제대로 기능을 하는 싱크탱크로서의 주체가 없었고 담당 공직자의 전문성에만 주로 의존할 수밖에 없었다. 그러나 행정관료에 대한 인사가 빈번하였던 당시로서는 전문성을 갖기도 어렵고, 일관성이나 지속성을 기대하기는 더욱 어려웠다.

이에 다른 민간기업 분야의 연구원설립 운용사례도 참고하면서 우선 적은 규모나마 지방자체의 힘으로 연구소를 설립하기로 하고 주무부와 협의를 거치면서 이에 공감대가 형성되어 나간것이다.

그런데 문제는 재원 조성이었다. 국고보조지원은 처음부터 기대할 수 없었으며 당시 지방행정연수원 운영도 국비지원이 부족하여 지방비로 많은 부분을 분담하는 실정이었다.

이에 새로이 설립될 연구소는 자치단체(시 · 도)가 출연하는 형태의 재단법인으로 설립하기로 하였다.

민법상 규정된 준비 절차에 따라 1984년 9월 여의도에 있는 지적공사 회의실에서 각시도가 참여하고 지방행정연수원장이 대표가 되어 연구소 설립을 위한 재단법인 창립준비위원회가 열렸다. 각 시 · 도에서는 기획관리실장이 발기인으로 참석하였으며 참석자 모두가 이러한 연구소의 설립 취지에 찬동하여 법인의 설립을 보게 되었고 사무실은 우선 연수원에 병설하기로 하였다. 다음으로 연구인력의 확보에서는 연구소장은 지방행정 전반에 정통한 외부의 전문가를 영입하고자 하였으나 뜻을 이루지 못하고 당분간 연수원장이 겸하기로 하였다.

그리고 연구소의 1차 연구과제는 지방사무의 조사와 성질별 구분에 관한 것이었다.

한편 당초에 기대했던 지방행정연구원과 지방행정연수원의 교육요원의 연계 구상은 그렇게 발전된 것 같지는 않아 보였다.

2004년에 연구소는 출범 20년을 맞이하게 되었으며 기념행사도 가진바 있으나 오늘날의 연구원 규모에 비하면은 출발은 너무나 조촐한 편이었다. 오늘날의 큰 결실은 그 동안 관여해온 여러분의 노력의 결과로 생각되고 다행스럽게 느껴진다.

〈시 · 도 공동출연에 의한 재단 설립〉

지방행정연구소의 설립이 가지는 의의는 여러가지 있겠지만 무엇보다 자치단체(시도)가 공동으로 출연, 재단을 설립하였다는데 있을 것이다. 출연을 지원하기 위해 지방 재정당국이 지방교부세의 보전지원을 각 시 · 도에 하였지만 그럼에도 불구 기금의 매년 출연은 부담이 될 수밖에 없었다.

이제 주민자치시대에 들어서면서 시도별 연구원의 설립 등 지방행정 연구 환경의 급속한 변화는 이러한 출연체계를 더 이상 지속할 수 없게 하고 있으나 공동출연에 의한 사업은 언제든 가능한 것이며 그 의미는 적지 않다고 할 것이다. 이러한 출연 방식에 의한 재단법인으로는 지방자치경영협회(평가원), 자치단체국제화재단, 지역정보화재단(조합으로 대체) 등으로 이어져 왔다.

지방재정공제회의 개편

지방건물재해복구공제회는 1964년 내무부의 지방재산관리부서 소관의 사단법인으로 발족되었으며 본부 직원에 의한 임원의 겸직형태로 장기간 운영되어 왔다. 그 후 상임의 임원체제로 바뀌어 지게 되었다.

1989년 취임 당시의 건물재해복구공제회는 회장 외 사무국장 등 직원이 10명도 안되는 소규모였고 업무 자체는 지방청사 등의 보험에 관한 특례로써 단체간 자체적인 상조지원 업무를 수행해 왔다.

우선 역할 확대에 나서 지방청사 정비지원을 위한 융자사업을 강화하며 지방재정관련 조사연구 등 사업을 확충하면서 전면적인 정관개정을 하게 되었다.

명칭도 지방재정공제회로 개칭하여 이때부터 새롭게 출발하게 된 것이다. 명칭의 변경은 역할에 상응하게 자치단체의 상호 지원에 큰 의미를 둔다는 점이 고려된 것이었다. 당시 추가된 사업으로는 공제회기금의 활용 확대와 지방재정전반에 관한 조사 연구, 그 밖의 재산관리분야에 대한 공제보험의 확대추진 등이었다.

지방재정관련 연구사업의 지원을 위해서는 "지방재정" 지의 발간, 이관을 추진했고 "지방세"지를 창간하게 되었다. 지방재정의 확실한 기반은 지방세수에 있다고 보아 관련 전문가와 정책당국에 대한 이해를 높일 필요가 있다고 판단했기 때문이었다. 두 잡지는 지금도 지방재정에서의 정책형성과 홍보에 크게 기여하고 있는 것이다.

공제보험의 확대에는 민간 재해보험회사측의 반발도 있었으나 주무부서의 협조로 또한 감사원 당국의 효율성에 대한 이해로 극복할 수 있게 되었다.

지방재정공제회는 업무도 인적보장 공제로까지 확대되고 있으며 2004년에는 지방재정공제회관련 특별법까지 제정되면서 특수법인으로 발전하게 된 것이다.

설립취지나 조직구성, 재원의 조성 등이 어떻든 인가로 설립되는 법인은 주무부서의 시책을 구현하고 지원하는 것이 일반적이었다. 흔히 이들 단체들이 산하단체나 외곽단체로 불리어지는 이유도 여기에 있다고 하겠다. 지방재정공제회도 예외는 아니었다.

그러나 적어도 자치단체가 출연했거나 구성원인 재단 또는 사단은 자치단체의 공동이익을 위해 운영되어야 한다는 입장이 우선 반영되어야만 할 것으로 보였다.

자치경영협회의 설립

지방행정의 역할이란 잘사는 고장 만들기가 기본이라 할 수 있으며 이를 위해서는 지방행정의 경영화가 중요하지 않을 수 없게 되었다. 더구나 지방자치가 강조되는 시기에서는 자치경영 내지 지역경영은 시대적 요구로 대두될 수밖에 없었다.

이러한 1990년대의 지방행정환경에서 자치단체의 경영을 지원 · 지도하는 자치경영협회가 발족되게 된 것은 우연이 아니었다.

이러한 협회의 출발의 초기 주요과제는 자치단체의 공기업의 경영합리화이었다. 지방공기업의 운영 합리화와 기능확대, 서비스 개선에의 공동노력과 지원을 목적으로 한 조직으로 지방공기업과 소관으로 자치경영협회는 발족된 것이다.

협회는 분야별 전문위원을 채용하여 마포에 있던 지방행정회관에서 작은 규모이지만 강한 의욕을 가지고 개소를 하게되었다(1992년 3월). 협회의 설립준비를 위한 실무는 지방재정공제회가 맡게 되었다.

당초 공기업뿐 아니라 지역경영에도 상당한 역할이 기대되었으나 주무부서와의 관계상 제한적인 기능으로 발전되어 왔으며 이러한 협회의 모색에서는 일본의 지역활성화센터 등이 참고가 되기도 하였다. 그러나 지방공기업법에서 지도법인 제도가 도입되면서 급속히 협회는 지방공기업측으로 선회되었다.

또한 조직의 기능상 자치단체의 일방적인 출연은 점차 어렵게 되고 진단평가사업에 의한 수익사업으로 자립화 방향으로 가게 되었다. 출발 당시로서는 제3 섹타의 설립운용 등이 크게 관심의 대상이어서 타당성분석등 업무만도 적지 않을 것으로 보여졌다.

그러나 순조롭게 나가던 협회에는 갑자기 행정개혁의 폭풍이 닥쳤고 폐지의 위기에까지 몰렸으나 민간화를 조건으로 겨우 살아남을 수 있게 되었다.

협회의 설립기능이나 역할에서 볼 때 경영관리 인력의 양성이 보다 큰 의미를 가지게 되었다. 지방경영관련 인재의 양성이야말로 장기적으로 지방행정의 발전을 가름할 기본요소라 할 수 있었다. 따라서 협회는 교육훈련에 비중을 두고 경영교실을 개설하게 된 것이다.

지방재정에서 세외 수입의 비중은 적지 아니하였으며 조세권의 자주적이며 탄력적인 운영이 제약되어온 상황에서는 지방의 수입증대를 위한 의지를 구체화할 수 있는 유일한 길이기도 했다.

경영수익사업은 지방재정에 그만큼 긍정적인 기여를 하게 되었으며 자치경영협회는 이 분야에서 교육, 평가 등 지원 역할을 초기부터 충실히 해왔다고 할 수 있겠다.

〈최초의 지방공기업 경영평가〉

국영 공기업에 대한 경영평가는 정부(경제기획부서) 주관으로 경영평가위원회가 구성되고 매년 평가를 실시해오고 있었으나 당시만 해도 지방공기업에서는 이러한 평가가 실시된 적이 없었다. 공기업평가위원회를 지방재정공제회에 두고 실무 뒷받침을 하면서 최초의 지방공기업에 대한 경영평가를 실시하게 되었다. 정부의 평가기준을 준거로 하고 계량지표, 비계량지표로 구분, 평가지표를 마련하였으며 협회 전문위원과 외부전문인사를 위원으로 한 평가위원회에서 이를 확정, 평가를 하게 되었다.

지방자치단체국제화재단 설립

우리나라의 자치단체들도 점차 국제교류의 폭을 확대해 나가게 되었으며 특히 한국과 일본에서는 지방행정분야의 상호교류가 활발하게 되었다.

이러한 분위기는 일본에서 자치단체 국제교류 지원을 위해 설립된 단체(CLAIR)가 서울에 사무소를 개설(1993. 10.)함에 따라 더욱 고조되어갔다. 당시 내무부의 지방행정담당 부서와 일본의 상대 부서간 교류도 회의 시찰 등 명목으로 확대되고 있었으며, 산하단체장간 상호교류도 확대되어 갔다(그후 이 모임은 자치경영관계자회의로 발전).

당시 지방재정공제회는 이미 일본의 상대역인 지방재무협회와의 교류가 정례화되고 있었다.

이러한 배경에서 한국에서도 일본의 지방국제화협회와 같은 자치단체의 국제화를 지원하는 단체가 필요하다는 주장들이 크게 공감을 얻게 되었다. 이에 담당 주무부서의 후원 아래 재단 창립준비위원회가 구성되고 자치단체국제교류재단의 설립을 보게 되었다.

재단법인을 자치단체의 출연으로 설립한 사례는 이미 지방행정연구원과 자치경영협회의 전례가 있어 큰 문제는 없었으나 실제 시도의 출연에는 어려움도 있었다. 재단의 창립초기에는 무엇보다 재단의 안정적 운영 및 사업조성에 힘쓰기로 하고 자치단체의 적극 참여와 이해를 구해나갔다.

무엇보다 자치단체의 교류 업무에 도움이 되는 사업을 구체화해나가고자 하였으나 발족초기의 어려움은 적지 않았다.

한편 자치단체의 출연에 대해 부정적인 시각도 있었고, 관계부처에서는 명칭이 중복된다는 이유로 이의를 받기도 하였으며, 그로 인해 명칭이 바꾸어지게 되는 파란도 있었다.

그러나 국제화에 따른 업무는 전문성과 계속성이 필요하며 이를 지원할 필요는 누구나 느끼고 있었고, 실제 자매결연이나 통상업무분야에서 지원업무가 진척되자 점차 긍정적인 분위기가 조성되어 갔다.

〈동경, 뉴욕, 파리사무소 개소〉

설립초기 재단으로서는 무엇보다 업무기반 조직을 정비하는 것이 급선무였다. 재단업무는 자치단체의 업무지원이 주였으므로 직원은 현직공무원의 파견이 많게 되고, 이를 보완할 전문요원을 공채로 충당하게 되었다.

본부 조직에 이어 착수한 것이 해외사무소 설치, 운영이었다. 어쩌면 재단이 뿌리도 내리기 전에 자금과 인력이 크게 소요될 해외사무소를 두는 것은 무리인 것 같기도 하고 실제 반론도 있었으나 기본조직의 정비차원에서 추진되었다.

■ 동경사무소

일본 동경은 가까운 곳이나 인적, 물적 교류가 많아 그만큼 재단의 현지사무소의 설립의 필요성이 크기도 하였다. 이를 위해 필요한 사무실의 확보, 직원의 충원 등 업무가 현지에서 이루어져야 했다. 당시 파견된 사무관이 현지 준비업무는 거의 맡게 되었다. 일본의 국제화협회나 자치성의 지원이 있어 얼마되지 않아 가쓰미가세끼에 가까운 빌딩에 간판을 걸고 개소를 보게 되었으며, 개소행사에는 일본의 자치대신등 지방행정관련 각계 인사들이 참여, 격려를 해주었다.

그로부터 동경사무소에는 자치단체로부터 자료확보나 방문기관 단체의 주선 등 요청이 적지 않았다.

■ 뉴욕사무소

미국은 광활한 지역에다 자치업무도 다양하여 사무소의 설치에는 우선 위치부터 문제가 되었다. 수도인 워싱턴 D.C에 설치하자는 주장도 없지 않았으나 미국의 자치와 관련된 중심은 뉴욕이 아닌가 보여지고 방문객의 편의지원도 고려하여 뉴욕으로 정하게 되었다.

사무소 확보도 어려움이 있었으나 뉴욕시 맨하탄 구청장의 소개로 세계무역센터(WTC)에 자리를 잡게 되었다. 개소와 더불어 자료수집과 방문자 안내, 통상행사 지원 등으로 점차 정착 단계에 들어가게 되었다. 그러나 W.T.C.는 9. 11테러 사건으로 사라지고 그 후 현지사무소도 이전할 수밖에 없게 되었다.

■ 파리사무소

유럽 지역에 사무소를 어디에 둘 것인가는 더욱 이견이 제기될 수 있었다. 전통적인 입지를 보면 런던에 대개 사무소가 많기는 하였다. 그러나 유럽대륙의 중심은 파리로 보여졌으며 실제 파리는 그 비중이 높아져갔다. 서울시도 이미 이곳에 주재원을 두고 있기도 하였다. 그러나 영어권이 아니라는 언어상의 제약이 가장 큰 문제였으며, 실제 사무소의 인력 충원에 애로를 겪기도 했다. 다행히 부산시에 불어에 능통한 연고 직원이 있어 파견을 하기에 이르렀다. 사무실은 여러 곳을 물색한 결과 샹제리제 가까운 곳에 마련하였으며 서울시청 파견직원을 우선 소장으로 위촉하게 되었다.

이때 파리시청의 담당직원들은 상당히 우호적이었으며 재단사무소의 개소를 축하해 주었다.

설립 후 1년 여 만에 해외사무소 3곳을 개소하는 일은 힘든 일이 아닐 수 없었다. 그러나 보다 힘든 일은 사무소 운영재원을 마련하는 일이었다. 직원들의 특수근무수당 등이 의외로 큰 부담이 되었기 때문이며 그럴수록 예산 운영의 절감이 강조될 수밖에 없었다.

〈세계화와 통상교류〉

재단이 출범한 시기에는 세계화가 큰 조류가 되었다. 종래 국제교류는 주로 국가간 관계의 증진과 국제경쟁력 제고가 주목적이었으나 세계화는 개인, 기업, 국가 등 모든 분야에서 경쟁의 원리의 흐름으로 각 부문에서 세계적인 수준화와 최우선을 지향하게 되었다.

이와 관련하여 당시 업무 중 주요한 과제는 자치단체의 통상활동의 지원이었다. 지방자치도 경제면에서의 우위확보와 지역진흥의 방향에서 이루어져야 한다고 볼 때 올바른 방향이기는 하나 이 방면에서 지식이나 정보가 부족하여 애로가 되기도 하였다. 그러나 대한무역진흥공사(KOTRA) 등과의 협조로 점차 익숙해나가게 되었다.

해외에서 몇 차례 통상관련 행사를 하였으며 식품박람회 등에 참여하여 전시 판매의 국제간 경쟁사례도 볼 수 있게 되었다.

재단은 설립 10년을 지나면서 볼 때 동아시아 한 · 중 · 일 3국간 자치단체 교류에서 주도적인 역할을 하고 있는 등 자치단체의 국제교류 증대에 크게 기여하고 있는 것으로 보여진다.

자치정보화 지원재단(조합) 설립

21세기 정보화 시대에 들어오면서 자치단체에서는 행 · 재정운용과 지역진흥 등 전반에 걸쳐 정보화가 촉진되고 있었으며 정부에서는 자치단체의 정보화 기반조성과 S/W개발을 지원하게 되었다.

그러나 자치단체로서는 각기 분산된 체계에다 독자적인 운영으로 정보화에 대응하게 됨으로써 상당한 지체와 비효율성을 가져 올 수밖에 없었다.

이에 지방의 정보화를 중앙의 기본계획에 맞추어 자체계획을 수립시행하도록 하되 공동 협력에 의해 시스템의 개발과 유지보수를 해나간다면 상당한 효과를 얻을 수 있을 것으로 판단되었다.

예산편성운영이나 세정관리 분야만 하더라도 개별적인 S/W의 개발은 경비의 과다뿐 아니라 시스템간 연계 등 여러모로 문제가 제기됨에 따라 공동 개발과 관리가 긴요하게 된 것이 자치단체의 출연에 의한 법인설립과 운영에 이른 계기가 되었다.

지방행정연구원에서의 연구 건의도 있었지만 이러한 공감대가 지방에서도 형성됨에 따라 행정전산담당 부서의 실무준비를 기초로 자치단체대표자 회의에서는 정보화지원재단의 설립발기에 이르렀다.

그런데 이러한 운영방식에는 일본의 자치정보센터의 설립운영에 관한 사례가 큰 도움이 되었다.

일본은 시정촌 자치체제가 확고하여 자치단체간 공동사업이나 운용이 쉽지 않았고 단체별 개별 정보화가 강한 편이었으나 한국에서는 정보화기금이 중앙에서 관장되고 집권적인 시스템에 의한 개발과 운영여건이 보다 나은 편이었다.

실제로 주민등록이나 토지전산이 이미 전국 규모로 진척되어 별도 관리기관에 운영이 맡겨져 있기도 하였다. 따라서 정보화재단의 역할은 이들을 제외한 한정된 업무를 맡아 협력체계를 마련하여야만 할 처지였다.

재단설립 후에도 정부의 지방정보화와 관련된 규모있는 사업들은 특정 민간업체가 수주하여 추진하게 됨으로써 재단의 입지는 어려운 처지였다. 거기에다 재단이 설립되면서 시작된 행정개혁은 산하단체의 통폐합을 적극 추진하게 되면서 재단은 제대로 뿌리가 내리지도 못하고 폐지의 위기에 몰리게 되었다.

결국 민영화의 길로 진로가 설정되면서 S/W의 개발과 유지보수등 수익사업의 발굴에 명운을 걸게되었다.

초기 2년간 재단의 실적을 본다면, 우선 자체 시스템 확보를 위해 자치정보은행 사업의 수탁 , 호적전산화의 기본계획 수립, 민원처리와 세외수입 소프트 웨어의 보급, 공직자 재산관리 등 시스템의 개발 보급 등을 들 수 있겠다. 아울러 시 · 군 정보화사업에 참여 유지보수의 기반을 갖추어 나가게 된 것이다.

어렵게 설립된 재단도 재원확보가 난제가 되면서 설립 5년간의 활동을 끝으로 자치단체조합으로 그 임무와 역할을 이관하게 되었다.

〈정보화조합으로 대체〉

전자정부의 근거와 이를 촉진하기 위한 법률이 제정되면서 자치단체의 협력사업도 조합체계로 전환되게 되었다. 자치단체간 협력과 조정에 주안을 두면서 공공조합의 성격을 확실히함으로써 지방교부금을 받을 수 있게 하려는 취지에서 새로이 조합을 설립한 것으로 보여졌다.

당초 재단의 설립시에도 조합으로의 설립안이 제기되었으나 특별자치단체로의 설립에 따른 애로 등을 감안하여 같은 효과를 가지면서도 보다 신축성이 있는 재단으로 설립하기로 한 것이다. 그러나 재단에의 출연이 어려워지자 새로운 길을 모색하게 된 것이 아닌가 보여졌다.

강의 · 저서 등 발간

지방자치론 등 강의

〈강사 · 겸임교수〉

대학 강의에 처음 나선 때는 공직을 떠나 지방행정관련 단체에 들어간 다음 해부터였다. 지방행정에 대한 지식과 경험을 바탕으로 1988년 하반기에 서울시립대 도시행정학과에서 강의를 하게 된 것이 처음 출강이었다. 강의과목이 지방행정론이라 큰 어려움은 없었다. 강의를 진행해가면서 교재자료를 정리하기도 하였다. 당시는 도시행정학과 학생들이 수강생이었지만 그 후 동 대학 도시행정대학원에 출강하기도 하였으며 여기에서는 야간수업으로 진행되었다.

그 후 여러 대학에서 출강기회를 가지게 되었는바, 그 밖의 출강 대학과 학과를 보면,

○ 국민대학교 행정대학원
○ 건국대학교 행정대학원
○ 단국대학교 행정대학원
○ 한양대학교 행정대학원
○ 숭실대학교 행정학과
○ 영남대학교 행정학과 동 행정대학원 등을 들 수 있다

강의 과목은 주로 지방자치행정론이었으나 지방자치, 지방재정, 도시행정, 사회복지론, 토지정책 등도 있었으며 강의는 2001년 하반기까지 대체로 이어졌다.

강사료는 얼마 되지도 않았지만 이마저 종합과세에 포함되었다 . 교육과 연수를 통한 봉사를 보람으로 생각했고 스스로를 정리하는 기회로 삼게되었다. 대학원과는 달리 대학 학부의 지방자치, 지방재정 등 과목에는 100여명이 넘는 수강생을 상대로 하는 경우도 없지 않았다. 특히 학기 학년말 평가에서는 과목의 성격상 주관식출제와 채점이 이루어지게 되고 여기에 상대평가를 지켜야 하기에 생소함을 느끼기도 했다.

또한 최근에는 학생들에 의한 교수 강의평가도 실시되어 그 결과를 볼 수도 있게 되었으며 여기서는 젊은 세대의 시각을 바로 느낄 수도 있었다.

〈영남대 장학금과 국제관〉

영남대학교에서는 2000년부터 겸임교수로 위촉받아 다소 안정된 교직생활을 경험할 수 있게 되었다. 그러나 서울서 경산을 내왕하는 일이 그리 쉽지만은 않았다. 왕복 9시간이 소요되고 때로는 일박을 하여야 할 경우도 있어 학내 국제관에서 숙박 신세를 지기도 하였다.

이 기간 중 모아진 강사 사례금으로 우선 대학에 조그만 도움이 되고자 장학기금을 설정기탁하기도 하였으나 그 후 성금을 추가로 조성하지 못해 앞으로 할 일이 남아 있는 셈이다.

〈행정학 박사학위 취득〉

여러 대학에서의 강의가 가능했던 것은 지방행정현장에서의 행정경험도 중요했지만 공직을 그만둔 후 대학원(단국대)과정을 마치고 박사학위를 취득할 수 있었기 때문이기도 했다. 전공을 행정학으로 하여 소정의 과정을 거쳐 1992년 2월 학위를 받게 되었으며, 학위논문의 제목은 "한국에서의 지방토지세제에 관한 연구" 였다.

이 논문은 약간의 가필을 거쳐 "지방토지세제론(범론사, 1993)"으로 출간된 바도 있다.

이러한 주제 선택에는 당시 토지투기억제 대책으로 제시된 여러 안 가운데 종합토지세제가 처음 시행에 들어가면서 현실적인 운용이나 이론적인 기반에 의문이 제기되고 있었던 배경이 영향을 준 것이라 하겠다.

지방자치행정론 등 발간

강의를 제대로 하기 위해서는 교재가 필요하였고 출강 직후부터 간단한 요지의 교재를 만들어 나누어주기도 하였으나 충분하지 못하였으며 드디어는 이를 책자로 발간하기로 했다 .

그러나 교재를 저서로 발간하는 일은 쉽지 않았으며 어렵게 협의를 한 결과 형설출판사에서 맡아주어 빛을 보게 되었다 .

처음 발간은 "지방행재정론"이었으며 이를 재판하여 활용하기도 했다. 지방행정과 재정은 불가분의 관계이고 지방재정을 자치행정의 지원이란 입장에서 서술하고자 한 것이 "지방행재정론"으로의 출간 취지였다. 지방자치가 진전되면서 교과목도 개편되고 지방자치의 이해란 강의 과목에 맞추어 나중에 "지방자치행정론"으로 개편 출간하게 되었다. 소량 출판이라 출판사에도 애로가 있었을 것이나 개정판을 내기도 했다.

교보문고 홈페이지에서는 "이 책은 종전「지방행재정론」을 바탕으로 그

동안 변화된 내용을 수록, 지방자치행정의 제도와 운영의 실태를 정리한 참고서이며 지방자치의 의의와 발전과정, 외국지방자치의 조류, 지방자치단체, 재정관리 등의 관련된 여러 항목을 자세히 설명하였고 부록으로 지방분권특별법도 수록한 것" 으로 소개하고 있다. 주요 목차를 보면 다음과 같다.

제1장	지방자치의 의의
제2장	한국지방자치의 발전
제3장	외국지방자치의 조류
제4장	지방자치단체의 종류와 계층
제5장	지방자치단체의 구역
제6장	지방자치단체의 주민
제7장	지방자치단체의 권능
제8장	지방자치단체의 기관
제9장	지방자치단체의 국가와 타단체간 관계
제10장	지방행정개혁의 추진
제11장	지방자치단체의 재정관리
제12장	지방재정의 운용

방문교수와 일본의 주민자치연구

늦게나마 일본의 명문 慶應대학 방문교수로서 1년간 연구를 할 기회를 가진 것은 큰 보람이었다.

일본의 지방자치제도와 그 운영에 관심을 두고 자료를 찾아보고 한국과 비교 분석을 해 보려는 것이 연구의 첫째 목표였다. 광범위한 분야이기는 하나 일본과 한국에서 공통의 관심사항이 되는 분야부터 살펴보기로 하였다. 일본의 일간지(아사히, 요미우리등)기사를 발췌, 정리하기도 하고 도서관에서 자료를 찾아 정리를 해보았으나 우선 세부주제 선정이 쉽지 않았다. 그런데 법학부의 小林 교수가 한국에서의 당면과제인 주민자치와 주민투표제의 도입을 연구과제로 권장함에 따라 이 분야에 관한 조사 · 연구를 바로 착수하게 되었다. 그밖에 일본의 주민조직과 협동행정, 행 · 재정개혁 등에 관하여는 이미 어느 정도 이해가 되어 있어 정리를 쉽게 할 수 있었다.

이들을 종합하여 결국 한 권의 저서를 펴내게 되었으니 바로 "일본의 지방분권과 주민자치"이었다. 너무나 짧은 기간이라 부족한 부분이 적지 않았으나 참고자료 등으로 보완을 할 수 있게 되었다. 이 과정에서 대학도서관과 연구실은 큰 도움이 되었다.

참고로 저서의 주요항목(장별 목차)을 보면 다음과 같다.

제1장	지방분권개혁 추진
제2장	지방분권이후 과제
제3장	지방재정의 동향
제4장	지방재정의 자립
제5장	지방교부세의 개혁
제6장	주민투표제의 도입
제7장	지방선거제와 운영
제8장	지방의회 활성화
제9장	자치단체의 협동행정

제10장	콤뮤니티 정책의 새로운 전개
제11장	행정정보의 공개
제12장	지방행정의 개혁
제13장	지방행정의 평가
제14장	지방행정정보화 추진
제15장	지방자치의 연혁
부록	니세코정 자치기본조례

〈거버넌스 인터뷰〉

게이오 대학에 체재 중 일본 지방행 · 재정분야에서 많은 독자를 가진 Governance(行政) 지에 한국의 자치전문연구가로 소개되어 인터뷰를 가지기도 했다(2003년 4월호).

한국지방자치의 특징과 일본의 지방자치와의 비교를 나름대로 설명할 수 있는 기회를 가진 셈이었다. 일본의 지방자치행정은 지역마다의 개성을 가지고 자율적인 노력을 하고 있는 점이 특이하다면 한국에서는 아직도 그 자율의 폭이 적거나 어느 면에서는 전국적인 균형을 중시함에 따라 발전이 지체되어 가는 것으로 보여지기도 했다. 전국적인 온 라인 전자서비스의 증대는 이를 촉진하고 있는 것 같기도 하다.

최근의 사회활동 등

〈자치종합정보센터 운영〉

앞으로의 지방행정의 발전은 정보화와 연계 없이는 어려울 것으로 보여졌으며 따라서 시스템의 공동개발 관리와 공동의 유지보수가 절실하고 이를 위한 자치단체정보화지원재단이 설립되었고 이어 정보화조합으로 발전하게 되었음은 이미 보아왔다.

이러한 단체에서의 활동경험을 바탕으로 관련분야에서 조금이나마 도움이 되고자 자치정보종합센터를 설립 · 운영하게 되었다. 이러한 서비스 활동도 초기에는 강의와 연계되는 의미도 가지게 되었으나 근래에는 자료수집의 제한, 정보관리의 애로 등으로 기대만큼 활발한 운영이 되지 못하고 있는 실정이라 하겠다.(www.jachi.co.kr 참조)

〈자치행정연수 협회 활동〉

공직자 등에 대한 국내외 연수의 효율성 제고는 선진의식 함양이나 전문성 향상을 위한 주요과제라 할 수 있겠으나 그 동안 이 분야에서의 관심은 높지 않았으며 특히 해외연수에서 낭비나 물의 등이 자주 지적되어 왔다.

민간활동으로라도 조금이나마 도움이 되고자 가능한 지원을 한다는 의미에서 자치행정연수협회를 설립 · 운영하게 되었다.

협회에서는 우선 해외 연수프로그램의 작성과 설명, 안내, 모집 등의 역할을 해오고 있다. 비영리 인가단체에 의한 사업수행도 가능하겠으나 우선 협회로 운영하기로 뜻 있는 분들이 협의 지원을 하고 있는 실정이다.

이러한 활동은 행정과 민간의 협동행정의 사례로서 상호 협력에 의해 생산성을 증대해나가는 새로운 형태로 볼 수도 있지 않을까 생각된다.

〈기타 연구 활동 등〉

■ 서울시정개발연구원 연구위원

서울특별시가 설립 · 운영하는 서울시정연구원에 잠시나마 초빙연구위원으로 일하게 되어 서울시정 자료나 당시 서울시가 역점 추진해온 성과예산제도에 관한 추진 계획 등을 살필 수 있게 되었다. 서울시는 중앙부처와는 달리 독자성이 강하고 특히 지방행정 부처와는 교류가 충분하지 못한데다 짧은 기간이라 의미 있는 역할이나 실적은 보이기가 어려웠다고 하겠다.

■ 학회 활동 참여

연구 관심분야가 지방자치행정이라 지방자치학회의 학술활동에 적극참여 행정 실무측의 의견을 개진하기도 하고 학회의 세미나 등에 참여하기도 했다. 조직 활동을 지원하기 위해 상임이사와 부회장역을 맡기도 했다.

지방재정학회의 설립과 운영에도 관심을 가지고 적극 참여해 왔으나 함께 일하던 담당 교수가 일찍 타계하면서 이 분야에서의 활동도 저조하게 되었다.

■ 문예활동

취미 생활을 겸하여 늦게나마 문인화에 입문하였으며 새로운 관심 영역이 되고 있다. 매 · 란 · 국 · 죽으로 이어지는 선인들의 얼이 깃 든 창작을 엿 볼 수 있는 수준이라도 되기를 기대해 본다. 호를 중암(中菴)으로 하여 전시회 출품도 하게 될 것이다.(책 서두의 그림 참조)

지방자치행정 논고

| 지방의 경영화 · 세계화를 위한 제언 |

저 자 | 장병구
발행인 | 박길성
디자인 | 하나디자인(02-2285-3079)

2006년 3월 10일 초판 1쇄 인쇄
2006년 3월 15일 초판 1쇄 펴냄

발행처 | 한국행정DB센타
주소 | 서울시 중구 충무로3가 59-9
전화 | 02-2269-7206
팩스 | 02-2269-7207
등록 | 2000년 6월 14일(제1-2697호)
홈페이지 | www.admindb.co.kr
e-mail | dbcenter@paran.com
정가 | 13,000원

ISBN 89-92072-01-5 93350